万里千年

世界博物馆巡览

王 川 / 著

上海三联书店

《搏狮图》 浮雕（见第 2 章）

《克丽奥帕特拉的女佣》 恰舍雷欧作（见第 9 章）

以章鱼为装饰图案的黑绘式陶瓶（见第 16 章）

《驾车的驭手》　青铜　卡拉美斯作　德尔菲博物馆藏（见第 18 章）

海拔 4000 多米的西西里岛埃特拉火山（见第 23 章）

西西里岛人用人的头像做成陶花瓶，有不同肤色，表明了岛上人种的多元性。（见第 24 章）

在哥德堡市立博物馆展厅里悬挂着的瓷器碎片，
全是从"哥德堡号"上打捞上来的，重达 9 吨多。（见第 30 章）

梵蒂冈圣彼得大教堂前的喷泉　贝尔尼尼设计（见第 35 章）

《埃尔·摩拉比特》　水彩　塔皮罗作（见第 43 章）

收藏在埃及国家博物馆里的一件木乃伊，上有彩绘的面具，
距今已有两千多年了，脸上有比较稀罕的胡须。（见第 47 章）

阿育王时期的药叉女雕像，距今已有约 2300 年的历史。（见第 56 章）

《穆罕默德二世》 工笔淡彩 詹蒂利·贝利尼作（见第 59 章）

東埔寨大吴哥窟巴戎寺里四面雕有国王肖像的塔（见第 60 章）

泰国曼谷大王宫里的金塔（见第 61 章）

经过改装的中国青花壶，上面的盖、錾和流是后加的。（见第 63 章）

《青响》 东山魁夷作（见第67章）

《樱》 加山又造作（见第69章）

《鲁本斯和夫人》 博特罗作（见第 77 章）

卢浮宫里描绘希腊神话传说中雅典娜驾着金马车的油画（见第 80 章）

战国时期曾侯乙墓中出土的内棺上有漆绘的朱雀与蛇图形（见第 81 章）

万里千年

世界博物馆巡览

目　录

伦敦大英博物馆——宫殿中的宫殿 ...1

伦敦大英博物馆——亚述之狮 ...5

巴黎卢浮宫——卢浮看"两河" ...9

巴黎奥赛博物馆——火车站里的《火车站》...14

巴黎奥赛博物馆——库尔贝同志 ...19

巴黎奥赛博物馆——你好，库尔贝先生 ...24

巴黎奥赛博物馆——《泉》与《泉》...29

巴黎奥赛博物馆——给农民戴上光环 ...34

马赛美术馆——朝向东方的目光 ...39

马赛美术馆——以自然为唯一情人 ...44

马赛美术馆——野性与力度的较量 ...49

马赛美术馆——别样风景 ...54

马赛美术馆——内在的声音 ...59

柏林美术馆——世界之门 ...64

雅典卫城博物馆——众神之殿 ...69

雅典国家博物馆——希腊在陶瓶之上 ...74

雅典国家博物馆——神人在白石之上 ...79

希腊德尔菲博物馆——神话在"世界之脐"上 ...84

圣托尼里岛壁画博物馆——天堂在地火之上 ...89

俄罗斯博物馆 庞贝遗址博物馆——庞贝之殇 ...94

庞贝遗址博物馆——生命的"雕塑"...99

庞贝遗址博物馆——拼镶庞贝 ...104

西西里加泰罗尼亚圣阿努兹亚塔教堂 西西里希腊古剧场
——西西里美丽传说 ...109

西西里陶尔米纳科尔瓦拉博物馆——阳光西西里 ...114

西西里博物馆纵览——西西里的"拂菻嵌"...119

罗马尼亚国家艺术博物馆——画家·战士·画家 ...124

罗马尼亚国家艺术博物馆 巴巴故居——疯子国王 ...129

布加勒斯特农民博物馆——绚丽民间 ...133

哥德堡市立博物馆——哥德堡传奇（上）...138

哥德堡市立博物馆——哥德堡传奇（下）...143

奥斯陆国家美术馆 蒙克美术馆——蒙克笔下的女人 ...148

梵蒂冈美术馆——仰望天穹（一）...153

梵蒂冈西斯廷教堂——仰望天穹（二）...158

梵蒂冈西斯廷教堂——仰望天穹（三）...163

梵蒂冈圣彼得大教堂——仰望天穹（四）...168

梵蒂冈的雕塑精品——仰望天穹（五）...173

维也纳艺术史博物馆 纽约大都会博物馆——怪诞之星 ...178

维也纳艺术史博物馆——混乱之塔 ...183

莫斯科特列恰科夫画廊——诡异的天魔 ...188

巴塞罗那加泰罗尼亚国家艺术博物馆——宫殿里的教堂 ...192

巴塞罗那加泰罗尼亚国家艺术博物馆——第三幅《玛哈》...197

巴塞罗那加泰罗尼亚国家艺术博物馆——因苦难而崇高 ...202

巴塞罗那加泰罗尼亚国家艺术博物馆——水色淋漓画东方 ...207

巴塞罗那加泰罗尼亚国家艺术博物馆——闯入中世纪 ...212

丹麦的博物馆——小王国、大文化 ...217

埃及国家博物馆——被凝结在纪元前 ...222

埃及国家博物馆——事死如生 ...227

埃及国家博物馆——丑得精美 ...232

埃及国家博物馆——金身法老 ...237

埃及国家博物馆——千年纸草 ...242

埃及国家博物馆——万世碑铭 ...247

卢克索哈特谢普苏特神庙——埃及版的武则天 ...252

突尼斯迦太基博物馆——远逝的紫帆王国 ...257

突尼斯迦太基博物馆——叩击迦太基 ...262

突尼斯西迪·布·赛义德镇 突尼斯民俗与传统博物馆
——蓝白突尼斯 ...267

新德里国立博物馆——性感母夜叉 ...272

克久拉霍神庙博物馆——温香软玉 ...276

萨尔纳特考古博物馆——国徽之柱 ...281

伊斯坦布尔托普卡比王宫博物馆——苏丹与玫瑰 ...286

柬埔寨国家博物馆——苦涩的"高棉微笑" ...292

曼谷泰王宫——金殿千塔 ...298

吉隆坡伊斯兰博物馆——纸的传奇 ...303

吉隆坡伊斯兰博物馆——他乡遇故知 ...308

吉隆坡伊斯兰博物馆——金戈铁马 ...313

加德满都杜巴广场——天神之居 ...318

加德满都博达哈广场 斯瓦扬布广场——山国双塔 ...323

东京国立美术馆 奈良唐招提寺——炎夏里的冰淇淋 ...328

东京国立美术馆 福冈国立博物馆——很日本、很东方、很世界 ...332

日本国立现代艺术博物馆——"又造"的加山 ...337

安大略省美术馆——美湖集市 (上) ...341

安大略省美术馆——美湖集市 (下) ...346

华盛顿国家画廊——都市百态 ...351

华盛顿国家画廊——"小"大师 ...356

纽约大都会博物馆——"喜"大师 ...361

芝加哥美术馆——冷眼阅世、孤寂之诗 ...366

芝加哥美术馆——都市的阳台 ...371

索菲亚现代美术馆 博特罗美术馆——放肆于体积 ...376

中国各博物馆——虎虎生威 ...381

中国各博物馆——龙马精神 ...385

世界各博物馆——马, 世界之兽 ...390

世界各博物馆——蛇, 无上王者 ...394

世界各博物馆——远古牛影 (上) ...399

世界各博物馆——远古牛影 (下) ...404

后 记 ...409

伦敦大英博物馆
宫殿中的宫殿

在世界几大文明中，希腊的年代并不是最为悠久，但对于西方来说，希腊却是整个欧洲文明的起源，这个位于爱琴海之畔的半岛国家，景色单调却是阳光明媚，资源贫瘠然而文化繁茂，自从在公元前一千年崛起之后，即以它高雅的文化影响了半个世界。

即使是对英国这样傲慢而自负的国家来说，也是如此。英国有自己的历史和传统，这个曾经的日不落帝国，对其他文明一般是颇为不屑的。然而，对古希腊，它却是另眼看待，不仅馆内的希腊藏品最多最好，就是博物馆的外形设计，也选用了希腊式样，它对古希腊的尊崇和喜爱，就可窥一斑。这座在1823年由史玛克爵士设计的新古典主义风格的新馆，有着三角形的山花墙和带有凹槽和卷涡形柱头的爱奥尼亚柱式，山花墙上饰有浮雕，和雅典卫城上的那些神庙风格一致。

英国人素有收藏和研究之风，大英博物馆原先是万物皆收，但是后来随着藏品的日益增多，终于把油画、自然史和图书从馆中剥离，另建新馆，该馆从而成为一处专藏上古和中古时期世界各地文物的集大成博物馆，其中以古埃及、古希腊和中近东的文

《祭司和少女》 浮雕

物为最。该馆与大英帝国曾经拥有的辽阔疆域和雄厚国力，以及英人专注研究的国民性相匹配，与英国辉煌的历史与荣誉相印证，终而成为世界最大的艺术殿堂。

大英博物馆希腊厅里最为引人注目的展品，应是一座建筑物和另一座建筑物上的附属艺术品——涅瑞伊德纪念堂和帕台农神庙的浮雕装饰带。这两组原汁原味的希腊珍品与远在数千英里之外的希腊原件，本是出于一脉。它们能够来到这里是赖仗了一位绅士，这位绅士的名字就写在这个厅里，叫艾尔金爵士。艾尔金原本是英国驻奥斯曼帝国大使，当时希腊也在其管辖范围内。他在参观雅典的帕台农神庙旧址时，发现这处昔日的辉煌圣殿已经成了一片荒芜狼藉的废墟，无人打理。便主动向当局政府提出，愿意自费来清理这些废墟。在获得了当局的首肯之后，他花费精力从中发现了无数的珍贵文物，便又提出，这些千年文物现在保存得不理想，要把它们置放一个非常安全的地方去。在得到应允之后，他便把自己发现的这一批文物于1799年运送回了英国，最后以三万五千英镑的价格卖给了大英博物馆。馆里把它们装饰在希腊厅的墙上，形成了非常壮观的"艾尔金雕刻群"。

艾尔金从希腊所获的，并不是一般的文物，而是最为著名的帕台农神庙里的艺术品。帕台农神庙是古希腊人心中最为神圣的圣殿之一，始建于公元前五世纪，是雅典人为了庆祝长达 40 年的波希战争的胜利而建的，以奉祀他们的保护神雅典娜。当时的执政官请了最优秀的雕刻家菲狄亚斯来担当设计师，为神庙设计了规模宏大的浮雕带，这些浮雕带包括神庙顶部的山花墙、檐下的装饰带等部分，内容是有关希腊诸神的传说，以及雅典人在祭祀游行时的场面。这些饰带上的浮雕原来都有彩绘，与多利亚风格的神庙的严正肃穆相得益彰，共同组成了雅典卫城壮丽的风光。在经过两千多年岁月的侵蚀淘洗，原有的铅华丹青已经褪尽，雅典卫城上的帕台农神庙已经四壁空空，徒留下嶙峋的骨架和斑驳的石柱在兀然面对着天风海涛。

古希腊的建筑和中国一样，其平面都是矩形，在梁上两侧架以斜面的屋顶，从而形成尖盾形的两侧立面。但是，它与中国建筑不同的，并不仅仅是石木材料上的差异，中国建筑会把门开设在两个长面的墙上，使长的一侧成为正立面。而希腊的建筑则以两侧的短端为正立面，门也开在两端。中国建筑的柱子大都设在墙或建筑内部，而希腊的建筑却是以柱子为明显标志，出露在外部，成为列柱。在正立面的梁上，两面屋顶的坡面，形成了三角形墙，这叫破风，也叫山花墙，这是面积很大的一块墙体，上面都需要雕像来装饰。菲狄亚斯着力表现的也就是这一部分，但也是最难以表现的部分，因为它并不是矩形，而是三角形。菲狄亚斯选取了希腊神话的主神、也是雅典城的保护神雅典娜诞生的故事为题材，用写实的手法来雕刻出了一群诸神之像，并根据三角形的形状，使他们充填于其中，他使中间的神站立，两边的神或坐或躺，从而适合了三角形的外框。他雕刻的虽然是神祇，但根据希腊"人神同形"的原则，其实就是人，而且是充满了理想化的人。这样一种处理，使希腊诸神处于神庙最显著、也是最高的位置之上，成为统领一切的视线所在，一切精神汇聚的焦点。

在神殿梁下的檐口部分，有着长长的装饰带，每条长度达 160 米，菲狄亚斯也用浮雕对它们进行了装饰。他虽然也采用了神话的题材，但更多的部分是创作了古代雅典人庆祝和祭祀神明的场面，这种祭祀雅典娜的隆重仪式，每四年才进行一次，那时举国空城，全部身着新衣，涌上街头来庆贺，盛况空前。这两条浮雕带主要的内容是骑马游行、盛装庆祝的行列。这是人的庆典，也是世俗的节日，其气氛比较起庄严肃穆的众神之墙来，更加炽热火爆，更加兴奋忘我。神殿里尊卑有别，虽然神明在上，世俗在下，却是丝毫没有减弱艺术家的表现力，他对神和人都一样倾注了创造力。山花墙上的是圆雕，而装饰带上的则是浮雕和高浮雕，他一样倾注了创作的灵感。徜徉在厅内两条长长的浮雕带中间，虽然面对的不是帕台农神庙本体，但已恍如进入其境，深入其中，不禁令人产生无限的感慨。

在世界上几大文明体系中，希腊的艺术以其和谐、协调和高雅而最受青睐，对世界的影响也最大，西方几乎是"言必称希腊"。究其原因，是因为埃及的艺术是为了特定的宗教和法老而服务的，且具有程式化的倾向；两河的艺术神秘感和野蛮性并存；印度的文明富有的哲学意味和宗教感，繁复令人费解；玛雅文明更是血腥而恐怖，何况发现太晚；中国艺术具有的"形不似而神似"的理论和以书写性为主的造型方式更是令外国人难以效仿，所以在日后几千年的岁月中，独有希腊艺术远播世界，从西往东，随着亚历山大"希腊化"的运动，一直东行到了印度、西亚、中亚，甚至中国、日本。希腊提出的"人神同形"、黄金分割律、数的和谐、哲学和音乐的关系等规律，已经被全世界所验证、接受，它所具有的优雅与和谐，以写实为主、充分理想化的艺术风格，恰恰正是可以被全世界不同民族和阶层都能接受的普世标准和师法的圭臬，这也就是为什么半个世界都是希腊的原因。

古希腊毕竟距今年代久远，古代的珍品佚失过多，但无论是马其顿的亚历山大，还是征服了希腊的罗马帝国，对希腊的艺术都极其尊崇，他们留下了大量的仿制品和复制品。而这些从雅典卫城的帕台农神庙搬下来的艺术珍品，恰如从希腊历史上直接留下的标本切片，它原汁原味地保留了古希腊之风，面对着这些"宫殿中的宫殿"，令人起怀古之幽思，有抚今追昔之感慨。

伦敦大英博物馆
亚述之狮

　　有位西方历史学家把两河流域形容成一口沸腾的大锅，说在它的里面虽然贮放着人类初始文明的油膏，但几千年来的兵戎之战一直没有止息过。一个个相继崛起的民族，如同春秋战国时的诸侯，纵横捭阖，欺强凌弱，你来我往，此长彼消，把两河流域这口锅搅拌得灼热沸腾、岩浆四冒。

　　古代的亚述在人类文明史上所占的分量并不重，它中心区所处的地理位置也并不位于两河中心，而是在稍稍偏北的底格里斯河上游尼尼微一带。他们是塞姆人，早在公元前1700年就崛起了，由于生于绝境，四面临敌，险象环生，所以造就了他们民族的尚武精神，他们的国家从一开始起，就经历了血与火的争斗。他们能征善战，为了自己的生存而四处讨伐，拼死鏖战。这个民族经历了古亚述、中亚述和新亚述的三个时代，每个时代都曾出现过卓越的枭雄君主，领导着他们的民族，以无比的凶残杀向富饶的两河流域中心地带。最鼎盛时期的亚述帝国拥有的版图横跨亚非两洲。但是，正像他们的突然出现一样，在经历了一千多年的文明之后，他们征服了古巴比伦，又被新巴比伦所灭。一个以残暴

《获狮图》 浮雕

立国的民族，最终又因残暴而亡。

历史兴亡已经成为往事，一个如烟的神秘帝国只留下众多的艺术品供后人凭吊。即使一位并不熟悉世界历史的观众来到大英博物馆的亚述厅，面对着那样丰富的藏品，也会发出极大的惊叹，伫立在这些冷硬的碎片面前，无限地感慨。

亚述帝国的艺术品，大多数是圆雕或浮雕，它们代表着美索不达米亚艺术的最高水平。有趣的是，在这批浮雕作品中，有很多的题材都和狮子有关，形形色色的狮子，组成了亚述最具特色的风景线。不仅是在亚述，在整个两河流域，乃至波斯和希腊，狮子都是当地艺术品中比重最大的题材。

狮子的原产地在非洲和西亚，这种大型的食肉动物很早就被表现在古埃及和赫梯人的艺术品中了，后来的希腊、罗马和波斯人的艺术品中也多有狮子的雄姿。雄武的狮子成了欧亚很多文明的标志性动物，但以亚述的浮雕为甚。

亚述人原本是游牧民族，民族的习俗，养成了他们以狩猎为生、骁勇善战的性格，即使在获取了政权、住进王宫之后，国王也仍然娴熟弓马，在不需要外出征战的时候，国王喜爱外出狩猎，作为他的消遣方式，猎杀大型的危险猛兽是他们的最爱。国王骑马，或是乘坐战车，带着侍卫出猎，追逐猎杀野牛、大象和狮子——

这些动物在当时随处可见。为了显示自己的勇敢，国王往往亲自张弓搭箭，亲自射猎，有时甚至把这些猎物带回宫里豢养，择机与它们搏斗，并手刃它们。据泥版书记载，一位国王曾经猎杀了920头狮子、10头大象和6头野牛，这种滥捕滥杀造成了大象和野牛在两河地区的绝灭。

出于对狮子的尊崇和喜好，亚述人对狮子的观察和表现也相当仔细，有很多的浮雕作品中出现的狮子形象都不同凡响，可以说，唯有在亚述的艺术作品中，狮子才最具有自己的性格。它们不同于在其他文明中的狮子，只是呈现出一种雄壮而威猛状，而是千姿百态。

大英博物馆里有一幅著名的雪花石板浮雕《巴尼拔杀狮》，高达2米，这是莱亚德在尼姆鲁德发现的，它上面原来曾经着色，被装饰在亚述宫殿的墙上。图中刻着亚述的最后一位国王巴尼拔正在跃马持矛，狠劲刺入一头扑来的雄狮大张着的嘴中，威风凛凛，毫无畏惧。他身后一头雄狮，已经中箭，仍在凶狠地追扑国王的马，人兽相斗，险象环生。有一幅《国王猎狮》的浮雕，国王巴尼拔站在战车上，回身弯弓搭箭，准备发射。在战车的后面，一只雄狮正凶猛地扑来。它已身中三箭，但仍作困兽斗，双爪已经搭上了战车。国王临危不乱，稳定沉着地瞄准狮子射出最后一箭。在这幅画中，国王的沉毅刚勇，狮子的威武雄壮，都被表现得极度精彩。还有一幅《获狮图》，雕刻着一群战士扛着刚刚猎获的一头雄狮来进贡给国王，已死的狮子僵卧着，肚皮朝上、伸颈敛爪，而战士们的神情则是得意洋洋，充满了喜悦。

最精彩的是一幅《搏狮图》浮雕，画面上亚述国王正站立着，与一头直立猛扑上来的雄狮搏斗，雄狮的额头上已经中了一箭，但还有力气人立起来，扑向国王。国王身上没有弓箭，他身后的侍从手持弓箭，显然雄狮头上的那箭是国王射中的。国王伸出右手，紧紧地扼住了雄狮的喉咙，左手则持一把短剑刺穿了雄狮的胸膛。画面表现的就是这令人心悸的最后一刻，人狮相搏的紧张场面，人与兽，动与静，被表现得淋漓尽致，这也是古代不可多见的一个写实场面，因为历史记载中，亚述的国王确实有着多次与雄狮搏斗的经历。

作为国王的战利品，凶猛一世的狮子的动态在亚述艺术家的手下，被表现得惟妙惟肖。亚述人雕刻的狮子，写实性强，结构准确，筋肉饱满，不像其他民族有着概念化的不足。有幅著名的《垂死的母狮》浮雕，就是亚述时代最精彩的艺术作品，画面中，一头母狮已经身中三箭，一箭中在肩胛上，另两箭一中后臀，一中股尻，显然后部的伤最严重，所以母狮的后肢已经瘫痪在地，不能行动，但它仍然用两条前腿挣扎着，支撑起上半身，昂首张嘴，在做痛苦的呼号，在临死前不甘心就此倒下。这种充满了生命之力的写实之作，表明了亚述人细致入微的刻画手法，相当高超。还有一幅《濒临死亡的狮子》也具有异曲同工之美，描绘的也是一头狮子，不同的是这条身中数箭的雄狮已经力不能支，竟然口吐鲜血，濒临死亡了。馆里还有一幅浮雕《被射死的狮子》，上面刻着几头死狮，身上都带有箭矢，显然都是国王的战利品。这样一些表现方法，充满了"兽性"，把动物的形态和神态刻画无遗，在其他文明的类似作品中是罕见的，它们当是古代最具感染力的艺术作品之一。

亚述人不是世界上最早描绘狮子的人，但他们却是描绘狮子最多也是最传神的人，对于他们来说，狮子这种雄壮的猛兽，既是他们生存的敌人，也是他们所尊崇的对象，他们与狮子搏斗，杀死狮子，倒并非仅仅要从狮子的身上获取什么生活资料，而只是需要通过猎杀狮子的行动来表明自己的一种尚武精神。他们也给本族的神或王的身上装上狮子的肢体，以作尊崇。亚述人具有一种穷兵黩武的传统，他们的勇敢和残暴在世界上是出名的，亚述人个个都是能征善战的战士，他们都希望自己能够具有狮子那般的勇猛，对于他们来说，狮子无异就等于是亚述人的最高图腾。在资源匮乏的两河地区，石头和金属都是异常稀缺之物，都需要从远方花重金进口。亚述人四方征战，每得一地，便要用浮雕来纪录下自己的战绩。他们舍得用石头、青铜和象牙来雕刻、铸造狮子，表明了狮子在他们心底的尊崇地位。

巴黎卢浮宫博物馆
卢浮看"两河"

到卢浮宫去看什么？对于任何一位游客来说，都是一个令人感兴趣的话题。

就我的观点来看，卢浮宫首屈一指的并不是导游所推介的"卢浮三宝"——蒙娜丽莎、维纳斯和胜利女神，而是在美索不达米亚馆里的藏品，无论就其时间之远古或是体量之巨大来说，它们都堪称第一，因为美索不达米亚是人类文明的曙光。

美索不达米亚馆偏于卢浮宫一隅的黎塞留馆内，这里游人寂寂、相对冷僻。高敞的大厅里，满布着举世闻名的石雕精品，其中，最引人注目的就是那五尊人首带翼神牛，它们屹立在庭院的四周，高大威猛、器宇轩昂、森然欲搏人。每只神牛的体量极大，高度有四米二，长度达到四米三，是人身高的两倍半。每条神牛的胁下都有一对延伸到臀部的双翼，牛身上却是长着人头，是一位虬髯戴冠的男子，相貌堂堂，威风凛凛。最为奇特的是牛有五条腿，这是因为工匠在制作时考虑到：在正侧面看时，牛的后前腿被遮住了，就从腹下添了一条行走的腿，以增加牛的行走动势。这样的处理使这只牛成了世界上最早的一件超现实主义的艺术品，远比毕加索的立体主义绘画以及行动派的艺术早了近三千年。

亚述王国是一般人不太熟悉的一个文明，然而它却是世界文明史上一个不容忽略的存在。尽管美索不达米亚地区的民族轮替如同走马灯般频繁，但每一个民族所建立的王国都足以傲然于世，这其中，亚述王国以它独有的强悍和嗜血而著称。位于伊拉克北部的亚述王国，以尼尼微为首都，在世界历史上坚挺了一千年，从而给后代留下了无比灿烂的文明，一种建立在两河流域的沼泽和荒漠上的文明。亚述著名国王萨尔贡二世的英名，是与汉谟拉比、尼布甲尼撒和居鲁士等人连在一起的。亚述和乌尔、赫梯、苏美尔、阿卡德或古、新巴比伦同是美索不达尼亚的轮替主人，然而却是更加强悍、更加辉煌的主人。

"美索不达米亚"源自于希腊语，它的意思就是"两条河流之间"。是指幼发拉底河和底格里斯河之间的地域。这一带全是一望无际的平原、荒漠和沼泽，气候干热，缺少树木。从一开始起，这里的文化就是建立在泥土和芦苇上的，只有在砌盖神圣的庙宇或宫殿的时候，或是国王和祭司镌刻碑文时，才可能去使用稀缺的石料。因此，凡两河流域文化中的石雕，必是异常珍贵的艺术品。对于亚述国王来说，肯使用这样巨大体积的石料来雕刻这些圆雕和浮雕，足见他们对这些雕刻的重视。面对着这样一些贵得犹如珠宝一般的石料，工匠们当然不敢掉以轻心，他们精心设计，精心打造，使得这些冷硬无生命的石头变成了国王宫殿前的圣物，变成了神明的化身。

伫立在那些巨大的人首带翼神牛的面前，顿时觉得自己的渺小卑微，每一个来到此地的游客，无不是屏声静息地举头注视着它们，生怕有所惊动，然后又带着崇敬悄悄离开。神牛巨大的带髯头颅威严地转向观众，它的视线透过两千八百年的时空，望着厅内仰首注视着它的游客，似在聆听现代的信息。神牛是用一种叫雪花石膏的整块石料雕成。为了节省石料，也为了取得最大的体积，工匠们不是把牛的双翼收在双胁下，而是把它们处理成张开，伸展在牛的背上，这样既给牛增添了一种振翅飞翔的感觉，也填

萨尔贡二世的浮雕

满了空间。牛腹下五条腿间的石料也没有全部凿掉，以支撑牛的重量，这样的处理效果，使整个雕刻的外部成了一个矩形，充满了饱胀之感，具有一种量感之美。人首的形象据说就是萨尔贡二世，深目高鼻，神情严峻，是一位美髯公，头戴高冠，冠两侧有下垂的发髻，末端是虬曲的圆珠形卷发。人物有着长垂至胸的浓密胡须，从腮边长起，并被编成了图案状，非常威武。这种人物的造型是典型的西亚民族的形象，在两河流域的很多绘画和雕刻中都可以看到，是一直到现在也还可以从中东和伊朗等地区看到的典型人物形象。工匠们在处理牛身体时，结合了好几种艺术处理的手法：在牛的身上长翅膀和人头，这本身就是非现实的事，但工匠们却仍是用一种写实的手法来表现，无论是牛身上的结构比例，还是肌肉筋骨，都非常符合解剖学，有的部位还被特别强调，以突出牛的健美壮硕。但就是在这基本写实的雕刻上，工匠们还加了许多图案化的处理手法，他们把牛身上的须毛和缨络，以及人的胡须等处，都细细地凿出规律而整齐的图案来，它们与整体的牛身相比，显示出一种疏密对比，也更具有观赏性和细节之美。

这些硕大无朋的巨无霸们原本是位于公元前八世纪时亚述国王萨尔贡二世宫殿前的神兽。牛是游牧民族心目中的神兽，再给它添加上鹰的翅膀，使其具有两栖的力量，并添上一个人的相貌，这样就使它结合了牛的力量、鹰的自由和人的智慧，具有了陆、空两栖的作战能力，从而使得这样一种灵兽成为保卫王宫神庙的守护神。在亚述的遗址里，这样的神兽并不止一对，而是以浮雕或圆雕的形式在多处摆放着。有的位于城门的两侧，也有的被嵌入城墙的边侧，与浮雕相结合，成为宫城的装饰品。在当时，这些神牛的身上布满了彩绘，与用彩釉贴饰着浮雕的城墙相映媲美。在整个美索不达米亚长达数千年的历史中，这种带翼的人首神牛形象一直被各民族和各王国继承着，使用着，遍布中东各地，乃至后来的波斯王朝和西亚各国，它已成了一种标准的神物而被人们崇敬。

这些巨大的神牛之所以能在卢浮宫里出现，要归功于一位法国医生博塔。当时他是法国驻摩苏尔的领事，热爱考古。1843年，他在现伊拉克的豪尔沙巴德发掘时，无意间发现了原亚述王国都城尼尼微的遗址，最重要的是他发现了萨尔贡二世的宫殿都尔沙鲁金，以及大量的雕刻，人首带翼神牛就是其中最辉煌的发现。在此之前，人们虽然已经从《圣经》中得知古代有一个亚述王国的存在，但却一直没有得到确切的古代资料。博塔的这一发现使文献变成了现实，从而震惊了欧洲，法国政府立即拨出专款予以资助。1846年，博塔动用了600名男子，费尽了千辛万苦，冒着各种危险，在河上扎了木筏才把这些硕大无朋的神牛运到了海边，再用轮船运到遥远的巴黎，陈列在卢浮宫内世界上第一个亚述博物馆中。在他之后，英国人也进行了发掘，有些神牛被运到了大英博物馆。法国人普拉斯则费尽力气，把另五尊神牛装上木筏，想运回巴黎。但它们在底格里斯河上却是遭到了打劫，这些珍贵的文物大都沉到了河底，只有一尊侥幸逃脱，被运到了卢浮宫，与博塔的发现陈列在一起。

到了 1991 年，卢浮宫扩建，要把这些非凡的亚述藏品专门陈列在新建的黎塞留馆内，并仿照萨尔贡二世时期的原貌，砌造了一个豪尔萨巴德宫的拱形城门，仍把两尊神牛放置在城门的两侧，这样重现了艺术品出土前的原始状态。为了把这些重达 30 吨的巨无霸运到不远处的新展厅，神牛被装在一个特制的铁支架里固定，用拖车拉着，当时，宫外大街上的交通一度中断，万人空巷，前来观瞻。复建后的中庭里陈放着五尊神牛雕像，还有大量的亚述浮雕。

卢浮宫里博塔运回的神牛是世界上的第一次发现。就体量来说，它们是卢浮宫藏品中的最大；就时间的远古来说，它们也远超维纳斯像和胜利女神像，所以它们应是真正的卢浮宫里的镇馆之宝。

在两千八百多年前，要想用原始的工具来雕刻出这样一尊尊体量异常巨大的雕像来，似乎是匪夷所思。何况这些巨大的神牛还只是辉煌的王宫门口的一部分装饰物？出于现代人的一种狂妄之心，人们对于远古工匠们的艺术创造力，在很大的程度上往往都是渺视或忽略的，即使放在今天，要想完成这样的巨作也是相当困难的。美索不达米亚平原上的那些无名工匠们，用他们的艺术给后人上了一课。

巴黎奥赛博物馆
火车站里的《火车站》

　　巴黎是闻名世界的艺术之都，也是座博物馆城，其数量不可胜数，林林总总，各有特色。在这诸多博物馆中，奥赛博物馆以收藏印象派作品为特色。令人难以置信的是，这所庞大的博物馆原来是一个火车站。

　　这里在一百年前本是奥赛宫，以后建成了最高法院，又因失火而成废墟。1900年万国博览会在巴黎召开，为了应对蜂拥而来的游客，就在这块已经荒废了的土地上建成了火车站。这一位置濒临风光旖旎的塞纳河，与卢浮宫隔河相望，处于巴黎的市中心，铁路从郊区延伸进来，方便人们进城。任何城市的火车站总是标志性建筑，是一座城市的象征，奥赛火车站也不能免，它盖得气势恢弘、雄伟壮丽，如同宫殿，隔着塞纳河可以看到它的雄姿，晚上也可以看到它在河中璀璨的倒影。无数的人从四面八方来到这里，进入巴黎，同时也观赏它和观赏刚出现不久的新事物——火车，都以能够坐一次火车为荣。从当时留下的照片来看，这座建筑的平面呈矩形，顶部有着半圆形的穹顶，两侧是连续的拱券门，当中搭有天桥，火车就从两头进出，乘客则从拱门下的月台上下车。

但是，这座华丽的火车站在使用了三十多年之后，人们对它产生了厌烦，认为它距离市中心太近，火车发出的喧嚣声和喷出的烟尘与讲求雅致美丽的巴黎风格不符，市里已经有了更多能够代替火车的交通工具。尽管人们还是需要高速度的火车，但火车站却是必须退出市中心，于是，奥赛车站就被冷落了下来，它的作用日益减退，最后被废弃不用了。

然而车站虽废，但因为建筑很牢固，并不想把它拆除。对于它的用途，就有了很多想法。车站的股东铁路财团想把它改造成一家酒店，利用它恢弘的外观和内部的结构移作他用。当时的法国总统蓬皮杜亲自对这个计划进行了干预，他力排众议，希望把这个旧火车站改造成为一座博物馆。蓬皮杜和法国很多位总统一样，具有很高的艺术修养，他的建议获得了财团的赞许，改造成酒店的计划被搁置。四年之后继任的总统季斯卡正式提出将旧车站改造成博物馆的构想。再下任总统密特朗在位时的 1986 年，奥赛博物馆终于落成开幕，从此，巴黎又多了一处收藏美术品的场所。尽管它的收藏里包含了十九世纪中叶到第一次世界大战时的艺术品，而且藏品并不止于绘画，还有雕塑、印刷品、建筑、服饰杂件等几大项，但它的侧重点还是在印象派的作品上，因此它又被称为是印象派博物馆。因为它是昔日的奥赛宫所在，所以正式的名称是奥赛博物馆。

经历了从皇宫——法院——车站——博物馆的这一系列过程，新成立的奥赛博物馆以一种新锐之势直逼隔河对岸的卢浮宫，成为巴黎的全新名胜，并与卢浮宫、蓬皮杜文化中心和巴黎圣母院等沿塞纳河的古迹景点连成一线，昔日的车站里又恢复了游客云集的现象，不过这次他们来并不是上车，而是来看艺术品。

把旧火车站迁出城中心区并不是趋时的巴黎人的喜新厌旧，也不是随意的拆迁腾仓，实则上是经历了一个把传统文化与现代文明如何处置的过程。火车出现之初，是作为现代化工业的一大成果而被民众所喜爱，那时的实用价值超过了审美价值，直到现在，还有人喜欢跑到铁道边去看火车。但是，当城市飞速发展了之后，

《火车进站》　莫奈作

奥赛博物馆里保存的一幅《圣拉扎尔车站》　莫奈作

对于传统文化的保留便上升到了当务之急的地步，一个有着千年历史、古迹遍布、美丽雅致的巴黎，在它的城市中心，竟然还有冒着浓浓黑烟的火车穿过，这就给进步的巴黎提出了一个严重的问题，现代文明与传统文明的冲突就摆到了公众的面前。幸好巴黎是世界上这个问题解决得最好的城市，它在保留旧城的基础上，又在拉德芳斯建了一个全新的巴黎，把一切冒烟的、轰响的、有气味的、肮脏的、笨重的、粗陋的和难看的都迁出城外，让火车站退出城市中心区也成了必要之需。

但是，巴黎人做得更好的，不是单独让火车站退出，而是保留了这座优美的建筑，并成功地把它改造成了一个具有现代意识的博物馆。其实在当时，这种做法并非"孤品"，巴黎人已经把昔日的红磨坊改造成了咖啡馆区，美国人把昔日的军械库改造成了美术馆，英国人则把泰晤士河边的工厂改造成了博览会，他们成功地完成了现代文明和传统文明的结合，这是一百年前的798。

奥赛博物馆保持了原有的结构，只是把四条铁轨拆除，铺平后作为雕塑作品的展示场。两边的月台和二楼的候车室按照展览的需要来分隔成展室。原来的拱顶依然明亮辉煌，供火车进出的两头的玻璃大窗依然存在，甚至车站原有的老式时钟还是古典的原貌，依然在报时。车站原先的装饰就非常豪华，贵重的石材做成的圆柱和地板、天花板上的壁画、丝绒的帷幕，水晶的吊灯、贴金的图案，甚至还在使用着的餐厅和咖啡馆，一切都暗示着那个奥赛火车站还在，只是被时光机器凝固了而已。

然而，更加令人想起那个逝去了的时代的，还是陈列在展厅里的那些大师巨匠们的世纪绝品，那是与这个火车站同时代的艺术。其中，最能让人起秋风鲈鱼之思的，当是莫奈的那幅《圣拉扎火车站》的油画。

火车这个现代文明产生的庞然大物，这个既笨重又灵活、既粗夯又迅捷、既令人憎恶又令人无法离开的怪物，当它最初出现的时候，即使是莫奈这样的艺术大师，也按捺不住对它的好奇，因为它毕竟给人们带来了出行的方便，是个新生事物。莫奈和一切喜欢看火车的孩子一样，他兴趣盎然地提起笔来，面对着火车和火车站作画，而且一口气画了12幅，组成了一个系列，就像他画教堂、干草垛和睡莲系列一样。他喜欢火车，喜欢火车喷出的团团烟雾在阳光下幻变的奇妙效果，他喜欢火车站那被烟熏黑了的顶棚，喜欢那污浊的煤水机车，喜欢火车那震天动地的轰鸣，更喜欢火车迎面而来的那磅礴气势，那是一个强大无比的工业产品，正在打破传统的秩序和静谧。他选择了圣拉扎尔火车站来写生，圣拉扎尔站是巴黎六个火车站中最大的一个，这是他来往于巴黎和自己居住的阿尔让特伊时的必经车站。他得到站长的同意，甚至请求火车头必须停在他认为合适的位置来作画，按他习惯的方式，画了不同时间、不同光线、不同色调下的火车站。这些画以后星走云散，我先后曾在卢浮宫、纽约大都会和瑞典都看过它们，都是相似的主题，然而却有不同的色调。

印象派是现代工业的产物，那时的欧洲，工业产品还是相当时髦的东西。印象派画家们出于对旧事物的厌恶和叛逆，热衷于表现一切新出现的东西，包括关于光学和色彩学的知识。他们画冒着黑烟的烟囱，画钢铁工厂，画河上的铁桥，画机器，画电线杆，画平直的高楼大厦，画许多他们以前的画家和现在的画家都不肯画的工业景物。对他们来说，这就是时尚；对莫奈来说，这就是新的光影效果。

没想到的是，在莫奈一百年之后，当初被他无限恋着的蒸汽火车也逐步退出了舞台，现在也有无数的摄影家和画家争相在古旧的站台上追逐着老式火车头的到来，为这个历史英雄留下了值得回忆的绝响镜头。莫奈以他那高超的技艺，为这一瞬间留下了写照，使他的《火车站》与奥赛火车站一起，成为永恒。

巴黎奥赛博物馆
库尔贝同志

闲游巴黎，路过旺多姆广场，远远见到那根重新建造的旺多姆柱时，想到了与此柱有关联的库尔贝同志。

称库尔贝为同志，是基于他一生中充盈着的一种叛逆和革命精神，也基于他一生中为了艺术而做出的那些惊世骇俗的举动。库尔贝的一生，不屈不挠地与法国的封建王朝抗争，与专制的艺术审查制度抗争，与保守的学院主义和官方沙龙抗争，也与矫揉造作和因袭虚伪作抗争，从而创作出了许多深沉厚重的力作。

旺多姆柱是巴黎非常有名的纪念柱，它是法国的元老院为了纪念拿破仑在欧洲的胜利而建立的。1810 年，他们用法国军队在历次战争中缴获的 1250 门大炮为原料，将它们熔化掉，再铸成一根巨大的铜柱，直径 3.6 米，高 44 米。柱身模仿着罗马的图拉真纪念柱形式，一条长长的带饰缠绕着柱身而上，带饰有 22 圈，请 32 位艺术家来创作了浮雕，内容是拿破仑一生中最为辉煌的 45 个战役。在柱顶上雕刻着拿破仑一世的铜像，他头戴罗马皇帝的桂冠，一手执权杖，一手握金球，显示出不可一世的威风。这根柱竖立着的广场被命名为旺多姆广场，这是法国封建王朝为了尊崇皇帝而立的一个纪功碑，彰显了拿破仑无往不胜的军功，也代表着国家的荣誉。

1871年普法战争后，国内骚动，巴黎公社成立，库尔贝也投身进去，并被推举为巴黎公社的委员，担任了临时政府的艺术家协会主席。由他主持的这个协会负责保护巴黎的文物古迹，筹备开放博物馆，创办职业美术学校等事宜，他积极地参加这些要事，投入各项政治活动。这一时期的库尔贝已经变成了库尔贝同志，他彻头彻尾地投身到了革命中去。

艺术家协会还做出了一项非常重要的决定：他们认为必须拆毁旺多姆柱，他们认为它不仅只是纪念拿破仑这个人的，而是"野蛮行为的纪念物，是武力和虚荣的象征，是对军国主义的赞扬"，他们不能容忍这根象征着帝国皇权武功的柱子继续矗立着耀武扬威，哪怕它是一件非凡的艺术品。巴黎公社接受了这一观点，公布法令，下令拆毁旺多姆柱。于是，在5月16日那天的下午，在雄壮的马赛曲歌声中，由库尔贝下令，把高耸着的旺多姆柱拉倒在地，结束了它作为一个帝国荣誉象征的生命。

巴黎公社的革命失败后，作为重要成员，库尔贝也被捕入狱，获刑半年，声名显赫的艺术家受到了不明的侮辱。然而最重的惩罚是，法庭判决他破坏公共财产，要为旺多姆柱的被推倒而负责，判决他偿付重新铸造该柱的全部费用，共计三十多万法郎，必须每年偿还一万法郎，分三十二年还清。这一笔巨债压垮了库尔贝，他把自己的全部财产和绘画都交付了出来，直至他以后流亡到瑞士，得病去世之后，剩下的债务还要由他八十多岁的老父来偿还。这根旺多姆柱后来被复铸成功，又立在了广场之上。

库尔贝之所以能够成为激进社团里的骨干，这是和他的出身和性格分不开的。他出生在法国东部奥南，父亲虽然是葡萄园主，但曾参加过法国的革命，祖父还是雅各宾党人，他的家族就具有革命和反叛的血统，而奥南人又具有追求自由民主的传统，这一切都影响了库尔贝的思想，使他桀骜不驯，特立独行，即使在长大成为艺术家后也如此。库尔贝先是进入巴黎学习法律，后来改

《画室》一画中的画家和模特儿形象

学绘画，又与著名的思想家普鲁东关系密切，因而他在画中表现出深邃的思辨性和哲学意味。作为一名被贵族们所不屑的外省人，他血管中流淌着的奥南人的热血促使他参加法国的历次革命运动，他的感情一直是倾向于社会下层人民的。

作为一名艺术家的库尔贝，在创作的题材上也呈现出反叛性，从《奥南的葬礼》开始了他的革命性创作。他一向厌恶学院派笔下的那些没有生活的历史题材、宗教题材，也厌恶为皇室贵族们作画，他反对学院派的那种古典主义画风，力主以下层劳动人民的生活为题材，把那些发生在人们身边，普通得不能再普通的事件画上画布，而那些都是被古典主义或学院主义的画家所抛弃或不屑的。他画了一幅《奥南的葬礼》，它在送往沙龙展出时却是引起了反感，批评和讥讽立即蜂拥而至，官方的艺评家们都对他用这种巨大的尺寸来描绘一个乡村的普通葬礼而感到不满。因为在以前，不仅这种巨大的尺幅是只配题材重大的历史画或宗教画享有，而且民间葬礼这类题材也是画家们的禁忌。这场葬礼上被送葬的并不是什么大人物，而只是乡间的一个农民，库尔贝的一个远房亲戚，前来送葬的都是他的乡亲们。这只是乡间随时都会发生的一个场景，是最普通不过的生活，人们聚集在一起，身穿黑衣，来为他们的亲人送葬，一边有牧师来为他进行祈祷仪式。这不是什么重大的主题，也没有什么戏剧性的场面，画面上只有各种粗糙而朴陋的人物，各种土里土气的服装，以及贫瘠的景物。贵族画家们被库尔贝笔下的这些形象激怒了，批评是他在画中故意创作了这种"诚实抒写的丑陋祭典"，认为他是特意把这些农民们画得丑陋而来让城里人嘲笑，是以一种写实风格不加掩饰地表现出来的卑俗之丑。

库尔贝不明白自己为什么得罪了这些官方的艺评家，他只是如实地描绘了奥南地区的一种风俗，这只是一个小城的葬礼，然而却是代表了法国所有小城的葬礼。他不该做的只是把它画了出来，而代替了以往王公贵族们的葬礼而已。

当时的法国正在进行着一场重大的事件：1855 年，世界博览会正在巴黎举行，为了展示法国优良的文化传统，决定在工业和农业成就馆之外增加一个艺术成就馆，由皇后赞助。法国一向以具有悠久而高明的绘画艺术而自傲，官方主持的沙龙对各位画家送来的作品进行了评选。尽管库尔贝已有 11 件作品入选，但他还是听到了对这些作品尖锐的批评之声，于是愤然把它们撤回，在世博会所在的工业宫对面的香榭丽舍大街上，他自己出资搭建了一个临时的小木棚，正对着博览会。他在里面展出了自己的 40 幅作品，这其中最重要的就是《奥南的葬礼》以及《画室——我 7年艺术生涯的真实寓言》两幅巨作。他在木棚前挂一个牌子，上面写着"新写实主义"，自己对外售票和图录，以作为对官方沙龙的抗议。棚内展出的两幅画尺寸一般巨大，而后一幅则画着库尔贝的画室，画上正中是正侧背着观众在画架上作风景画的库尔贝自己，旁边站立着一位裸体模特儿，画架前有一小孩。画架左右各有一群人的组合，右边是他的朋友、亲人同事以及曾经给予他支持的人。左边则是另一个世界的人，包括民众、苦难、富裕和贫穷的人，剥削者和被剥削者们以及在死亡线上挣扎的人。也就是说，库尔贝在画中所画的并不是纯粹现实中的景象，而是有着他自己独特构思的、经过思考后才组织出来的一群真实与虚幻交织着的人物。尽管画中的人物都是根据生活中的模特儿写生画成，画右的人物也经过了挑选，有很多是支持他的人，如哲学家普鲁东、诗人波特莱尔，他的艺术赞助人、音乐家等等，都是真实存在人物的肖像。这些人物以三联画的形式排列着，库尔贝以他非凡的写实功夫画出了这些群像，表现出了一种抽象和寓意。

这两幅画震惊了当时，也影响到后世的画作。现在就存放在奥赛博物馆一楼的七号厅里，占据了整整两面墙，这里是库尔贝的世界，里面有好几幅他的杰作。库尔贝当年的绘画已经化成了历史的呼喊，他对抗的并不是世博会，而是扼杀艺术生命的官方沙龙。被他画入画中的波特莱尔曾经写道："诗就是那有着更多更好真实的东西，就是那有着更多革命性的东西。"这两句话对于库尔贝同志来说，是完全确切的，那是他用写实的手法画成的诗。

巴黎奥赛博物馆
你好，库尔贝先生

　　按照人是具有双重性格的组成这一观点来看，库尔贝可以被分为"库尔贝同志"和"库尔贝先生"这两部分。"同志"这一部分是由他是社会主义者来决定的，而"先生"这一部分则是由他是艺术家来决定的，做同志能使他热血沸腾，而当艺术家能使他热情洋溢，库尔贝成功地扮演了这两种角色，而且都很成功。

　　然而作为同志的库尔贝很冷静，他一生中多次参与了政治运动，但并没有把他的革命热情带入他的艺术，或者说直接用艺术表现出来。如果换了别人，有了他那种政治身份，杜米埃会画出更多的政治漫画，德拉克洛瓦会画出尺幅更大的《自由领导人民》，哥雅会再创作一幅《五月二日的枪杀》，但库尔贝却是从来也没有在他的画幅中直接表达出他的政治倾向，也从来没有直接画出巴黎公社如火如荼的岁月，甚至都没有画出一幅与政治有关的场面。他一生中的画，除了少量的《穷村妇》《石工》《筛麦的女子》和《奥南赶集的农民》之外，基本上都是画富裕的农民，甚或是享乐的资产阶级，像米勒那样贫苦的农民在他的笔下几乎没有出现过，哪怕是他那幅《奥南的葬礼》中有不少贫农，但也是穿戴整齐地去参加葬礼，而不是正在劳动之中。他的一生画肖像、画风景、画裸女，画风俗画，偶尔也画静物，但就是不画风云激荡的政治斗争，他把政治和艺术分得很清，他从没有把他的政治热情和革命斗士的身份带入他的画。而且哪怕是作为艺术家，他也没有表现出某种革命的美学观，没有像他的后人印象派走得那样远，他并不迷恋于单纯炫耀技法，他是一个通过传统来展示伟大的大师。

但是，库尔贝没有直接画出他的政治倾向并不代表着在他的画中没有政治倾向，相反，出现在库尔贝《奥南的葬礼》中的那些贫苦农民形象就是他的一种政治倾向，也是他对于画坛上往昔宗教偶像和皇室贵族形象的一种反拨。从画贵族到画平民，这本身就是革命，用画《拿破仑加冕》历史画的巨大尺幅去画一个普通的乡村题材，这也是一种反叛，并不一定要在画面上出现革命或流血斗争的场面才。库尔贝懂得艺术与革命还是有差别的，政治内容可以是隐晦的，可以是含蓄的，它未必要直接出现在艺术作品之中，否则会冲淡了艺术魅力，库尔贝深谙此道。

相反，库尔贝先生在他的很多作品中却是表现出一种对肉欲的强烈兴趣，他一生中多次以此为题作画，还不仅仅是指他笔下的那些裸体浴女，还有相当性欲、相当暴露的镜头。奥赛博物馆里收藏有一幅尺幅不太大的油画《世界的起源》，画上竟然画着一个丰硕的女体下半身，从胸部到大腿之间部位的特写。一个女子斜躺在那里，头脸没有被画出，却是特意让她分岔开双腿，把腿间的性器官毫无羞耻地暴露出来，纤毫毕现，正冲着观众的视线，显然具有一种肉欲的诱惑，令人难以直视。这样一种大胆的构图，不要说不可能被宗教界容忍，即使是平常的百姓也难以注视——尽管他们很想在画前多多停留，但碍于礼仪而不敢。库尔贝把它起名为《世界的起源》，就令这幅女人体上的性器官提升到了生命科学和伦理的高度，因为一切的生命都要通过这一命门来进出，这里是任何人诞生的通道。这也可以看出，库尔贝所画的，并不着意于一躯女体，而是有着更深层次的哲学思考，他已把这一具

《自画像》 库尔贝作

像升华为抽象的概念。

　　然而，正如众人入山，渔夫见鱼，樵夫观树，文人吟诗一样，对于一般的观众来说，他们并不介意库尔贝在这幅画中介入了多么深的哲学思维，他们看到的只是一个以往根本没有见过的女人的肉身，这正合小市民庸俗的喜好。因此，这幅画一出来不久就被一位土耳其外交官所收购。这位外交官是一位东方的王子，一直住在巴黎，很富有，喜艺术，嗜赌博，也爱女人，在社会上有很多的八卦新闻，这样一种纨绔子弟，喜欢收藏裸体绘画那是很正常的。除了此画之外，他还收藏有库尔贝的其他裸体作品，甚至还有安格尔著名的《土耳其浴》，那幅画上有更多的裸体女人，正迎合他的感官需求。然而就是这样一种人，出于道德的原因，他也不敢把库尔贝的《世界的起源》这幅画公开于世展出，而是一直藏匿在家中，直到130年后才流出到世间。以后就不断在国际上转手，在二战中甚至落到纳粹德国的手中，被苏联红军获得，又被人收购下来，屡经转手，直到奥赛博物馆成立才结束了它神秘而传奇的辗转，归入馆内的藏品目录之中。然而直到此时，绝少有人亲眼看过此画，它的存在成了一个谜。现在我们可以公开在奥赛博物馆一楼的七号厅里看到它，就和库尔贝的另一幅裸体《泉》置放于一室。

除了女体上的性器官之外，库尔贝还画了一些情爱性欲的场景，他一幅《梦乡》的油画，画面上两位女子裸体相拥，并枕而卧，曾被人抨击是同性恋的镜头。还有一幅收藏在奥赛博物馆里的名为《女人与狗》的油画，画着一位裸体的女子，正在与她的爱犬亲吻，这样一种暧昧亲昵的镜头也被人抨击为宣传人兽恋。我还看过纽约大都会博物馆里收藏的库尔贝的《女人与鹦鹉》和《波浪中的女人》的裸体画，画上的人体都是丰满壮硕的健康女性，画面上洋溢着青春的气息，也有着性的诱惑和温香的暗示。库尔贝在这些裸体画中，赤裸裸地表现出自己的一种需求，直接表达出一个男人的欲望。他画裸体，毫不装腔作势，不需要用古典的神话来遮掩，也不需要借助宗教的题材来转移，他直接地表明了人的欲望，直接画出了在生活中真实存在的女体之美。相比起追求理想之美的安格尔的女体来，他的画更加真实，更加浑然大器，并不刻意美化，也不把普通的民女画成不食人间烟火的圣女。这就是一种对古典传统的反叛，也是对旧有题材的一种逆反，难怪拿破仑三世在看到他的《浴女》之后，气得狠狠在画布上抽了一鞭子！

库尔贝崇尚伦勃朗和委拉斯开兹，他从他们那里学到了深沉厚重、磅礴大气的风格，他的画风粗犷豪放，反差强烈，并不屑于细微小节的琐碎表现。他笔下的那些裸女绝不柔媚纤细，是真正存在于生活之中的妇女，健壮肥硕，富有个性。他师法于伦勃朗对于光线的高明处理，有多幅作品强调光线的关系，他的《大提琴手》《朱尔斯·瓦勒斯》和《绝望的人》都是表现光线的绝佳代表作。尤其是那幅《绝望的人》，画中的人处于逆光之中，然而脸部的结构却是纤毫毕现，十分明亮。而另一幅表现逆光的

《自画像》中，人物也是沉浸在逆光之中，不过由于环境色的影响，人脸上呈冷色调的土绿色，这是非常难画的，画得不好就会带脏。然而他却是以高明的色彩对比来表现，与一角斜射的高光相对比，非常精妙。

库尔贝的画中已经开始了对室外光的追求，他虽然并没有进入巴比松森林，但却是与那一画派有着异曲同工之美。他也画过许多室内的题材，但论对光线和色彩的运用，已迥异于古典主义的酱油汤般的色彩，而是着意于光色的区别，不是一律赭色，暗部变得透明，有了冷暖色调的区分。在他的风景画中，更是光线明亮，煌煌照人，他有两幅风景画在奥赛博物馆，一是《风暴过后的堪特勒塔悬崖》，画着海边的一座奇矶，明媚的阳光下，蓝色的天空，辽阔的大海，一切都显得耀眼，无论是色彩的铺陈，还是用笔的豪放，都和古典派拉开了距离。虽然他对外光的追求还没有达到后来的印象派那样科学精微，对色彩的运用也还没有达到那样的绚烂华丽，但终究开了个非常好的头，这为后来的印象派画家们做了一个颇好的示范。

库尔贝有一幅代表作，画着他在路上与两个朋友相遇，他们互相打着招呼。这只是生活中一个极普通的镜头，然而库尔贝却能够把它画得津津有味，这幅画上也是阳光灿烂的高调子，明显的外光画。它的标题就叫作《你好，库尔贝先生》，我愿借这个标题给伟大的库尔贝先生致以崇高的敬礼！

巴黎奥赛博物馆
《泉》与《泉》

　　在巴黎的三大美术馆中，以奥赛博物馆最为年轻，迟至1986年才建成。它的收藏划界是以法国十九世纪的艺术品为中心，即从1848年巴黎的二月革命开始，到第一次世界大战前的1914年为止，所以它又称"十九世纪艺术博物馆"。与之相比，卢浮宫偏于古典，而蓬皮杜中心则全是现代派。奥赛所收的并不全是绘画，还有雕塑、建筑、海报、家具、摄影和服装装饰等艺术品，就绘画来说，也不仅限于印象派，而是包容了巴比松画派、浪漫主义画派、新古典主义画派、象征主义、学院派以及印象派和印象派后等诸艺术流派的艺术品，只不过以印象派的收藏为重点，是世界上重要的印象派美术馆之一。

　　底层第一展室展出的是1850年到1870年这二十年的艺术作品。就在这里，很意外地，我看到了安格尔的《泉》。

　　《泉》是世界上最知名的一幅女裸体作品，画上的一位少女是正面站立的姿态，全身毫无遮拦，一丝不挂，两手高举，手捧水壶面对观众。虽然在西方的艺术品中，裸体并不在少数，但这样无遮无挡地正面站着的还为数不多。而且由于这幅画的技巧极高，极为写实，几乎就是一幅逼真的彩色照片，这种逼真和酷肖，逼得大多数观众不敢在她的面前久待，生怕别人讥笑为好色和淫荡，只敢匆匆一瞥就急急离开。

之所以感到意外，是因为我知道这幅画以前一直被收藏在卢浮宫里，没想到它被移到奥赛博物馆来了。这幅画放在奥赛并无不妥，如果按照创作的时间来算，它在这里也是恰当的，因为安格尔正是那个时代的代表性画家。然而令我感到突兀的并不是时间，而是出于意识形态的考虑，因为安格尔如果在地下有知他的作品被安放在这个印象派的大本营里，那会大大地愤怒，他的艺术观点是和印象派格格不入的，而印象派的出现也恰恰正是与他所代表的学院派拉开距离，一切都与他的观念相反。当年他们各执一见，互不相让，然而是历史溶蚀了他们，接纳了他们，让他们走到了一起，都并列在这座艺术宫殿里，兼容并蓄，接受着百千观众的欣赏，因为无论是新古典派还是印象派，都为法国赢得了巨大的声誉，他们已经超越流派、超越风格、超越纷争而成为世界的瑰宝。

另一个意外，是我想到了这幅画三十年前在中国的一次际遇。

80年代初，浙江的《工农兵画报》在封底的位置上整页刊登了这幅《泉》。然而就是这一正面全裸的画，给社会带来了意想不到的冲击，这份杂志当天就在报摊上被销售一空，到处都有人在寻找这一期的杂志，放置在阅览室里面的画报都被借去，或者被撕去了封底。有的年轻人把这幅画贴在自己的房间里欣赏，有的压在桌子的玻璃台板下，更有人来把它临摹放大。但在另一方面，有的部门却是对这幅画提出了责问，认为在公开发行的杂志上印刷这种全裸的女体画影响不好，甚至还说是在侮辱妇女的形象，要求把已经发行出的画报全部收回销毁，还要在杂志上向妇女们道歉，甚至还要杂志负政治上的责任。当时正是改革开放之初，已经被禁锢了多年的中国美术界盼望着能够对外国美术解禁，他们希望能够看到曾经被视为是洪水猛兽的西方艺术。而在西方的美术中，最被禁忌的，莫过是裸体艺术。在过去的年代里，即使在美术学院里，要不要人体模特儿来写生的问题还一直悬而未决，不得不借助毛泽东的最高指示来施行。在当时的文艺政策下，一切的半裸或侧面的裸体人像都在禁绝之中，《泉》这样既正面又全裸的女体简直就从未出现过，于是，它引发出一场轩然大波。由于禁绝而产生了好奇，由于没有普及因而神秘，长期的禁锢和性压抑从反向促动了人们对裸体的渴望，这就是裸体艺术在中国的遭遇。

　　在安格尔之前和之后都有裸体画，作为西方文化根源头的古希腊就以完美的人体为美，不以裸体为耻。中世纪时的宗教对人体进行禁绝，但文艺复兴时代又得到了恢复，但对正面的且没有一丝遮掩的女人体，还是有些顾忌的。像这样全面地、大尺度地全露三点的构图，还是相当大胆的。但是，安格尔和那些前贤们的观点有所不同，文艺复兴时代大师们所画的人体是把它看成是人性的解放，用人来替代了以前冰冷木然的神，更多的是出于形而上的考虑，更多的是一种艺术革命。而安格尔笔下的女体则是被视作"永恒的美"的形象，他不把它归于政治，而是归于美学，他要借此表现出一个"标准的美"。而这种永恒和标准，非有他那高超的写实技艺不能完成。

　　创作《泉》的构想，其实是久蕴于安格尔内心的冲动，几十年来，他一直在搜集有关的人体资料，一直在进行各种变体画的创作。他画过《安吉莉卡》的素描，动态和《泉》相像。还创作有一幅《阿纳迪奥曼的维纳斯》的油画，画上的裸体少女的姿势和《泉》一模一样，不同的只是在她的身下簇拥了一群天使安琪儿。但那样一种题材和构图其实已是宗教画，和文艺复兴时期的画像类似。他又把画上的人物进行删减，只留下一个手举陶瓶的少女，左手的姿势和陶瓶的大小也作了调整，这样的内容和构图更加唯美，也不带任何神话、宗教的色彩，更加纯粹唯美。

　　就与安格尔的《泉》相距不远，斜对面的第七展室里，也陈列着一幅同名的《泉》，这是库尔贝所作，画面上一位裸体的女人，正背着身体对着观众，坐在一处山崖之下，斜侧过去，伸出

《泉》 库尔贝作　　　　　　　　　《泉》 安格尔作

左手去接从崖上流下来的泉水，右手侧攀住崖上的树枝，一条腿浸在水中。这幅画上的女人只露出小半个侧面，看不清面容。她正在山野林间的泉水里洗浴，她的人体之美已通过背影来显现出来，显然这是一位体型壮硕、丰满健康的女子，结实有力的肌肉，比例匀称的结构被库尔贝表现得非常充分，由于她是背着身子，也令人产生许多的遐想。

安格尔和库尔贝是同时代的艺术大师，库尔贝比安格尔小39岁，晚他十年去世。他们同时活跃在法国的画坛上，同样引领着一个画派，艺术成就不相仲伯，然而两人的艺术取向却不同，风格也是两样。我往返于第一展室和第七展室之间，反复对比这两位大师的异同。安格尔是新古典主义的领头人，他对表现女性裸体充满了热情，他对女色的嗜好是深刻而一贯的，拜倒在女人面前创造真正艺术品。当安格尔的天才同青春美丽妖娆的女性结合在一起时，创造力往往是空前的。美貌、肌肉、曲线、酒窝、柔韧的皮肤——一切的一切，我们都可以从他的油画上看到。安格尔把对古典美的理想和对具体对象的描绘达到了完美统一的程度。他一直在寻求创作出一幅能表现出人体的理想美的画，而《泉》经过他大半生的经营，终于如了愿。

与安格尔的《泉》相比，库尔贝的《泉》具有山野气，带有写意的成分，在表现力上要强一些。他并不像安格尔那样刻意追求人物的至美，一再地刻画人物的动态和肌肤之美，把她画成是生活在奥林匹斯山上、高不可攀的女神。他在技巧上也并不强调线的表现力，以及肉体上的质感，而是借助人体的动作来表现人体之美，即使是人物在背着身体，也呈现出一种暗示之美。肥硕的身材，粗大的臀部，有力的双腿，一切都表明了这是在生活中真实存在的女人，是活生生的人物，而非是理想化的女神。她举手等水的动作也更自然，没有刻意地把陶瓶举过头顶，呈一种摆出的姿态。他在画面上的笔触是粗犷奔放、自由挥洒的，在岩石和树叶的表现上相当写意潇洒，从而使画面充溢着一股山野之风，这和他是来自巴比松的森林有关，与安格尔所代表着的学院派有着极大的区别。它虽然有点逸笔草草，人体也不够柔美，然而却是"画"出来的艺术，而不是在模特台上"摆"出来的人体。这两幅画同样是奥赛博物馆的镇馆之宝。

巴黎奥赛博物馆
给农民戴上光环

　　一天傍晚，我从法国去卢森堡，汽车开在一望无际的平原上，燕麦刚刚收获不久，土地平荡，眼空无物，所见的唯有在苍茫暮色中的点点烟树。太阳已经西沉，在天际留下一抹余晖，路边一座小小的村庄，从教堂尖顶上传来了悠远的钟声。正是晚祷时分，飞鸟归巢，牛羊回圈，然而广袤的土地上却是少了伫立默祷的农夫，只有几辆拖拉机在麦垛旁默然蹲伏。看着窗外的景色，在脑中倏然浮现的，就是米勒的《晚钟》，那是一个已经深深印入我记忆中五十年的镜头。

　　前一天，刚刚在巴黎的奥赛博物馆见到了那幅《晚钟》，蓦然和这幅名作见面，不免感到愕然。这一则是因为以前知道它是卢浮宫里的珍藏，没想到被挪到奥赛来了。二则是觉得这幅画被置放在奥赛这种环境里显得不太协调。奥赛的前身是火车站，经过了后来的改装，已经变成全是玻璃装贴的建筑物了，充满了资产阶级的情调，米勒的那幅画被置放在这种温馨舒适的环境当中，如同一位身穿麻布衣服的农民进入了五星级酒店，显得土里土气，无所措手足。如果它被置放在卢浮宫里，也和那种王家气派不相协调。画面上正在进行晚祷的那一对农民夫妇，局促在大理石的地面上，显得很孤单很落泊。如果米勒生前有知，想必不会同意把它放在这种精致的展室当中的，他喜欢的，会是被挂在泥灰斑驳的墙上，周围是老旧的木板，最好是在巴比松森林的老屋里，这才和画面上贫穷的农民相吻合。

奥塞博物馆里观众如堵，然而一个个却都是屏声静息，蹑手蹑足地走动，驻足看画。奇怪的是，一进入挂着《晚钟》那幅画的小小展室，似乎就立刻进入了一个特殊的气场，一切的细微杂音都被屏蔽在室外，人们对旁边悬挂着的画都视而不见，只把注意力集中在那对夫妇祷告的画面上去。奥赛不是教堂，展室也不是忏悔室，然而这里的任何人都仿佛具有了一种宗教的感情，都随着画上的人物在默默祷告，庄严的宗教气氛笼罩着这个小小的空间，观众们都和画面上的人一样地肃穆虔诚。

没有钟声，然而那悠远的钟声却是一下一下地敲在每个人的心底，叩击着他的良知。

这只是一幅再简单不过的画面，画着平淡无奇的平原土地，除了他们身旁的几件简单农具之外，就是被深翻了的土地，他们是在从这地里挖掘，寻找他们耕种的土豆，以供他们度饥。日色近暮，四顾微茫，天边教堂里的钟声悠悠响起，他们俩赶紧放下手中的劳作，伫立默祷，感谢他们心中的上帝给他们赐予了这些只够果腹的粮食，仅仅如此一点，他们就已经心存感激了。这对夫妇的暗色身影被米勒安排在深色的土地之前，又让他们处于逆光之中，只有远处斜射来的一点余光照在他们的身上，打亮了他们的轮廓，整幅画上充盈着一种无比神圣的宗教气息，令人肃然起敬。就是这一在世间最普通不过的镜头，这样一幅小小的画，在一百多年里，竟然深深地打动了无数观众的心。

如果说这幅《晚钟》描绘的是劳动之后，那么米勒的另一幅《拾穗》描绘的就是劳动之中的场景，这幅名作也被收藏在奥赛博物馆里，它的尺寸较大，大约是前者的两倍。画面上的光线明朗，是在阳光照耀下的麦田里，画面也是再普通不过，画着三位正在

《拾穗》 米勒作

《筛麦的男人》 米勒作

田间捡拾麦穗的农妇。她们中的一人正弯腰站立，捆扎麦秸，另两人则弯腰俯身，在地面上捡拾，三个人的脸面都被头巾遮掩着，看不清，然而她们的辛劳却已通过她们的姿势而表现出来。她们的身体被淹没在高高的地平线之下，远处是正在收割过程中的小小村庄，中景却有一位骑马的人正在监视着她们的劳动，这暗示着他才是这片土地的主人，而她们的劳动则是被雇佣或是被强迫的。就是这一普通的场景，米勒在上面赋予了更多的诗情，使她们成为世间劳动的纪念碑。

和其他画家不同的是，米勒在他的画中所表现出的劳动，是他自己亲身所为，因为他自己就是一位农民，他画的是自己参与的农活，而其他画家们笔下的农民则多是观察而得，他们并不是农民。米勒的一家都是贫苦的诺曼底农民，所住的村子靠近一处贫瘠的海岸线，因此他从小就注定要接受饥饿和困苦的折磨。他日后也成为一位自耕自食的农民，也如他画中的农民一般，从土地里刨食吃，在土地上倚锄而息，他熟悉这一切的田间劳动。然而，米勒与其他农民最根本的区别就是，他并不甘心只做一名农民，同时也想做一名画家，他用他的绘画特长把他的另一身份深刻地表现出来。他之所以能够具有这种情怀，可能是受了父亲的濡染有关，因为父亲虽然耕作于农村，但却是一名乡村乐手，他在农闲时期参加乐队，他那苦中作乐的情绪给了米勒以感染，促使他从小就具有艺术的感悟，长大之后开始学画，最终到巴黎去成为一名画家。为了养家糊口，米勒最初也画些裸女、肖像和广告画之类的"行货"来挣点钱，然而在一次听到别人对他的这些画的批评之后有所顿悟，从而进行严肃的创作，并开始了他以农民为题材的画作。直到他迁居到巴比松森林里去之后，这一类题材的作品更是层出不穷，从而使他成了专以农民为题的画家。

米勒的家族有着非常浓重的宗教感，他们希望能借此来减轻自己从事沉重劳作时的痛苦感，从而获得一种精神上的提升。一次，他的父亲带他去看海，当看到夕阳正从海面上落下时，他立刻摘下帽子，恭恭敬敬地对米勒说："看，这夕阳就是神啊！"米勒的祖母更加虔诚，她在临终前还写信给他说："在你成为画家之前，不要忘记你是一个基督徒，绝对不可以接近伤风败俗之事，要为永恒的生命而画画！"这样一些传导，使米勒也具有了非常深的宗教感。然而他并不仅仅是画过若干的《圣经》画，更重要的是把普通的生活升华为宗教，给农民的头上戴上了光环。

米勒在晚年进入巴林松森林作画，并不如一般人想象的那般拥财隐居，更不是看破红尘而出家，而是已经对巴黎的喧嚣心生厌倦，决心与几位同道在此深居简出，潜心从艺。他在这里绝非如中国的王维一样，只是居住在乡间别墅里的大地主，整天采菊东篱下，赋诗南山中，隔水观樵夫，而是亲扶耒耜，自驱牛马，每天在田间劳作，以换取一点可怜的食物，来养活家中的九个孩子。在那段别人看似浪漫的日子里，他其实整天要为孩子充饥的面包和即将交付的房租而发愁，也为饥寒和疾病发愁，然而他却坚持着在这样一种艰苦的环境之中而绝不放弃自己艺术创作的信念，也不使自己的精神堕落，把自己平凡的生活变为艺术。

米勒所处的时代，正是法国政治上极度动荡的年代，他也经历了许多磨难。在当时特定的环境下，他的画也时有被选入沙龙展出，他却是从未在自己的画作中表现出任何一种政治倾向。然而在某些人看来，如同库尔贝的画一样，米勒的画中出现了以往从来没有的农民，这就是革命，这就是反叛，批评者认为"这三个拾穗者如此自命不凡，简直就像三个司命运的女神！"甚至还有人危言耸听地说："这三个突出在阴霾的天空前的拾穗者后面，有民众暴动的刀枪和1793年的断头台。"这样实际上是抬高了米勒此画的知名度。而他的另一幅画《晚祷》则在他去世之后屡经转手，画价不断被抬高，以至美国的巨富洛克菲勒也派人来争购此画，最终以当时的惊天价位拍出，几经辗转后终于被当成国宝而留在了法兰西，先是放置在卢浮宫，后来被移到新落成的奥赛博物馆里，成为镇馆之宝。

是米勒，给这些农民戴上了光环。

马赛美术馆
朝向东方的目光

　　一般的游客都把法国的普罗旺斯看成是一处旅游胜地，想象着在那阳光明媚的天空下，躺在薰衣草丛中，喝着波尔多的葡萄酒，或是钻进塞尚、梵高和高更们作画的麦田和向日葵里，该是多么浪漫！如果再加上艾克斯—夏纳—尼斯这一蓝色的海岸线，就更具吸引力。在他们的字典当中，普罗旺斯已成了"浪漫"的代名词。

　　但很少有人知道，普罗旺斯的首府就是马赛。对马赛，人们则是既熟悉又陌生，有人是从《马赛曲》里知道马赛，以为那是一个富于战斗和抗争的城市。有人会从《基督山伯爵》里得知马赛，以为那是一个复仇的城市。更多的人知道马赛是一个时尚之都，知道它是法国最大的商业港口，然而却是很少有人能够把这座充满了现代化气息的都市与古希腊联系起来，与迦太基联系起来，与阿拉伯人联系起来，与凯尔特人联系起来，与罗马帝国联系起来，与它那些久已被湮没的历史联系起来。

　　事实上，这座位于地中海北岸，三面被干涸枯黄的石灰岩山丘所包围着的城市，是法国普罗旺斯—阿尔卑斯—蓝色海岸大区的首府，也是罗纳河口省的首府，这四个地理名词，就足以说明它的重要性了，它拥有山海，扼住河口，左邻意大利，右通西班牙，北及瑞士，南向非洲，所以早在两千六百多年前，善于航海的希腊人就来到了这里，看中了它优越的地理位置，纳为自己的殖民地，拓为贸易港，称它为马希利亚，以后被罗马人转称为马赛利亚，简化为马赛。那时的地中海沿岸，能与希腊人相抗衡的，只有迦太基人，他们继希腊人之后，也曾把这一带纳为自己的领地，直到现在，普罗旺斯的省旗还是黄红相间的条纹，和西班牙的国旗几乎一样，只是条纹的横竖恰恰相反，因为它们都曾属于迦太基王国。

这一切，只有到马赛的博物馆里去，才能知道。

马赛博物馆和马赛美术馆位于老城区的同一座宏伟建筑里，两馆隔着一座花园相对，通过一条长长的弧形柱廊相接，左为博物馆，右为美术馆。一走上美术馆的二楼，镶嵌在华丽大厅内墙上的，就是两幅尺寸巨大的壁画，是卡瓦努斯在1869年创作的，分别画着《东方人的马赛》和《希腊人的马赛》，开宗明义地点明了马赛是移民城市的历史。《东方人的马赛》这幅壁画的色彩淡雅，里面画着的全是来自东方的人，其中的大部分是阿拉伯人，衣着长袍，裹着头巾，他们乘坐船只，正在遥望阳光下的马赛美丽海岸线，这里将会是他们的第二故乡。在另一幅《希腊人的马赛》中，历史要更古远一些，画出了这座城市最早的移民者，画中全是古代的希腊人。他们来到了这个濒临地中海的阳光海岸上，有的晒着日光浴，有的在愉快地工作和生活，表现出一种异国情调。这两幅壁画，是以一种平淡的情调在作描绘，没有故作惊人之态的姿势和表现，也没有选取重大的事件，只是画了一群人像，表明了马赛的历史。

在马赛人的眼中，不管是阿拉伯人、非洲人，还是希腊人，统通都是东方人，因此他们在两千多年的历史中，都一直把目光专注在东方。这一点，也能通过他们馆内的众多收藏表现出来。

馆内有好几尊希腊题材的雕塑，有一尊《变成了月桂树的达芙妮》，就是根据希腊的神话传说而创作的。美丽的少女达芙妮是河水之神的女儿，爱神丘比特恶作剧，用爱之神箭射中了太阳神阿波罗，却把拒绝之箭射中达芙妮。阿波罗因而疯狂地追求达芙妮，而达芙妮则在惊慌地躲避。当她来到河边时，向她的父亲求救，被变成了一棵月桂树，她就从此成了圣洁的月桂女神。阿波罗为了表示对她的爱情和缅怀，就把月桂枝叶编成桂冠戴在自己的头上。这尊由维格努创作的雕塑就是选取了达芙妮在即将变成月桂树之前的那一刻，还在扶树感怀的情景，当时人和树还没有合一。这尊雕塑不仅在题材上对古希腊进行追怀，而且在创作风格上也有意模仿希腊严格写实、追求唯美的做法，选取了希腊人最喜爱的洁白大理石来打制，把这尊唯美之神塑造得冰清玉洁，楚楚动人。

还有一尊雕塑是《潘》，他是希腊神话里的农牧之神，有着一副半人半羊的躯体。他虽然介于人兽之间，然而却是多情善感，喜欢追逐女性。无论是在古希腊还是后人的作品中，他都是头长双角，上半是人身，下半是羊腿，屁股后有尾巴的形象。然而在这尊作品中，他身上的一切兽形都消失无存，作者把他当成一位真正的人来雕塑。他的身材高大，骨骼粗壮，筋肉暴突，居然腰间还围着一条遮羞的布，这就充分表明，这位潘已不是往昔的半人半兽，而已是彻头彻尾的、知耻害羞的人了，这是与以往的一切迥然有判的。

当希腊鼎盛之时，正是埃及衰落之际，浮家泛宅的希腊人曾经在这块法老的土地上四处游荡，对埃及的历史和文明充满了好奇。在馆里，也有好几件古埃及题材的作品，而且都是集中在那位埃及艳后上的。其中一件是《克丽奥帕特拉》，就是最终导致了埃及灭亡于罗马帝国的那位旷世妖妇，这是一尊青铜雕像，是以异常酷肖逼真的写实技艺来塑造的。这位著名的埃及艳后曾经先后与罗马大将凯撒和安东尼相恋，最终导致了灭国之耻，她倾国倾城，以骄奢淫逸、妖艳性感而著称，历史上有关她的传说很多。作者罗克莱把她处理成横卧在一张床榻上，暗示了她的荒淫性感。她的大半身裸露着，有一副姣美丰满的好肌骨，只在腰胯以下搭

《埃及艳后克丽奥帕特拉》　青铜雕塑　罗克莱作

着一块布。她头戴花冠，半倚半躺，伸出的右手上还盘绕着一条眼镜蛇，暗示着法老的身份。这样一尊女体，在欧洲是普遍可见的，然而它的题材却是来自神秘而古老的埃及，则表明了马赛人对于东方的好奇心。只是这尊雕塑上的女人体是按欧洲白种人的比例来做模特的，她的相貌也是典型的欧洲人脸型，高鼻深目。因为根据历史上的画像和后来发现的木乃伊来看，克丽奥帕特拉的身材娇小玲珑，并没有如此高大，相貌也并没有传说中的那样美艳，作者在这里对她进行了大大的夸张和美化，把她雕成了一尊欧洲的性感丰满美女。展厅里还有一幅同名的油画《克丽奥帕特拉》，画着她正半裸着躺在后宫的花园里享乐、观看舞蹈的情景。

　　除了埃及艳后之外，这里居然还有一幅名为《克丽奥帕特拉的女佣》的油画，它的画幅虽然不大，然而画上的美女却是娇艳可人，相貌丝毫也不亚于她的主人。这位女佣姓甚名谁？现已无从考据，但此画肯定不是根据真人来写生的，而是作者在后世的虚构创作。他肯定也是用的欧洲白人做的模特儿，因为无论是她的相貌还是肤色，都和埃及人不同，甚至还长着一头金发。然而却是把她的那一副娇媚美艳的神态表现得淋漓尽致，画幅虽小却是足以令人玩味。

现在看来是文明发达的欧洲，在中世纪时却是曾经笼罩在一片愁云惨雾之中，1348年，一场恐怖的黑死病袭击了马赛，当时全城只有两万五千人，却病死了一万五千多人，如此一场瘟疫，对于马赛人的心理，永远都是一个挥而不去的黑色梦魇。在这座美术馆里，也有一幅关于瘟疫的油画，不过，作者加贝特并没有直接描绘马赛的瘟疫，而是取古希腊时底比斯的一场瘟疫为题材，创作出了《希腊底比斯的瘟疫》一画，来借古喻今。这幅画虽以古时的灾难为题，但绘画的语言却是现代的，在画的旁边还附有作者创作该画时的草图，除了人物的面目不辨之外，整幅画面的形象和色调已经相当完整了。画面当中是一位官员，他正扶着他的妻子巡视城市，并接受躺倒在路边的病人们的求助，然而他却是爱莫能助。这幅画充满了一种悲情的戏剧性，画得相当扎实，是一幅精彩的杰作。

经过两千多年的历史沙淘，古希腊的影响在现在的马赛身上已不多见，只有钻进这座豪华的美术馆里去，面对着那些精品，我依然感到人们对于东方文化的一种追念，它是这座城市原始文化的一个源头。

马赛美术馆
以自然为唯一情人

　　十八至十九世纪时的法国，已经超越了意大利成为世界文化的中心，这是因为法国人对文化的关注，以及拉丁人所特有的一种艺术潜质所致。它对岸的英国，虽然比它还要强大，然而在艺术上的成就却是要逊于它，特别是在造型艺术上。法国产生了无数名传后世的画家和雕塑家，仅仅从马赛美术馆里的收藏来看，不大的一座馆里，竟然就收藏有很多世界著名艺术家的作品。

　　雅克－路易·大卫是法国古典主义画派的奠基人，他那处理历史题材宏大场面的构思能力，严谨写实的基本功，以及在画面上洋溢着的英雄主义情怀，都令人心仪折服。在卢浮宫里，我久久地在他的《拿破仑一世和皇后的加冕典礼》《跨越阿尔卑斯山圣伯纳隧道的拿破仑》以及《荷拉斯兄弟之誓》等杰作前徘徊，不是为了欣赏他画中的主题，而是出于对他那种把写实技巧达到炉火纯青般精湛的内心膺服，他是一个我辈无法逾越的标杆。

　　马赛美术馆里收藏着一幅《圣·洛克为了瘟疫向圣母玛利亚求救》的油画，这并不是大卫所擅长的历史画或是肖像画，而是一幅宗教题材的画。画中的主题是有关中世纪时欧洲的大瘟疫，当时它夺去了两千五百万民众的生命。大卫在画面的下部画了几位奄奄一息的百姓，他们因为得了瘟疫，已经躺在地上，无力动弹，有的抱着已经去世的亲人在哭泣，有的仰天长号，有的干脆就坐以待毙。为了衬托出这一时日的不幸，大卫把整幅画的基调处理得比较灰暗，天空中阴云低垂，近景的病人也处于阴影之中。他把画面上唯一的暖亮之色给予了高踞于画面上部的圣母，她面容姣丽，穿着一袭红袍青衫，正在怀抱圣婴，向求情的圣徒洛克俯身。虽然这是一幅宗教题材的画，然而大卫以他非凡的技艺，把这一幅充满了人道主义光辉的题材画得丰满充实，悲天悯人，显现了他非凡的构思能力和扎实过硬的基本功。

年龄小大卫48岁的柯罗是最著名的风景画家，也是法国民族风景画的开创者，他在风景画方面的宗师作用丝毫也不亚于大卫在历史画上的作用，他应是从古典主义的风景画过渡到印象派早期风景画的一道桥梁，以他那些经典名作垂范后世。

柯罗的名字很长，很复杂，全名应该叫让－巴蒂斯特·卡米耶·柯罗，有人把他归于巴比松画派，然而他在巴比松森林里生活和作画的日子并不比他在其他地方的时间长，他与巴比松画家们之间的艺术观点相同，都是厌倦了法国日益烦嚣的都市生活，愿意把自己的生活放到远离城市的森林里去，用自己独创的艺术语言唱出对大自然的颂歌，他们终其一生都是大自然的崇拜者和表现者。

和其他的巴比松画家不一样的是，柯罗一生中大多数的作品都是风景画，只是偶尔有妇女的肖像画出现，这在西方的画家中是不多的，因为西方的画种只是根据绘画的材料来区分，并不根据题材来区分，他们并没有如中国画家一样有山水、人物或花鸟之分，而是诸样都来。柯罗一生钟情于山水，对自然的崇拜胜过了一切，他甚至为此而终生未娶，对外声称自己唯一的情人就是自然！这样一种把自己的生命和情感都投入到自然中去的艺术家，必然会创作出与众不同的杰作来。

在马赛美术馆里陈列着的，有柯罗的三幅作品，都是风景油画。一幅是《里瓦的风景写生》，一幅是《小桥》，另一幅是《桦树》，标题虽然都平淡无奇，然而画得极度精彩。

美术论者一般都认为凡西方的画，都是以对景的严格写实为主，是一种纯客观的描绘，并没有介入主观的情绪。只有中国的绘画才具有主观的情绪，才具有诗情画意，甚至有人认为，西方的绘画并无诗意，只是照景写实而已。

然而在看了柯罗的油画之后，就会对这一观点表示异议，因为柯罗的画作，虽然不是中国的文人画，但并非没有诗意，他是一个用风景画来作诗的画家，不过这种诗并不是中国的格律诗，而是西方的田园抒情诗。

柯罗的一生，沉迷于美丽的风景之中，并不仅限于法国一地，他曾在欧洲好几个国家写生，应了中国"行万里路"或"搜尽奇峰打草稿"的画论之说。柯罗有"面向自然，对景写生"的名言，宣称要朴实无华地去描绘自然，宣称自己并不夸张自然之色，但并不是把自己的画笔当成是照相机，而是充满了情感地从大自然中寻找诗意的形象，从而在自己的画中抒发出一种自己独特的声调来。所以他的那些风景画不仅和同时期的画家们不同，和后世的许多画家也不一样，他所着意的风景，并不是高山大川，也不是奇山异水，而是些普通的景物，普通的花树云山，然而这些普通之物一经他的主观之眼，便在诗意之笔之下，成为画家主观情绪的象征符号。

如果就选材来看，《小桥》一画里的风景再普通不过，画面上只是最常见的一条林荫道，两旁有绿树夹道，几株白桦，缓坡下的茅屋草舍，泥泞的村道上有一座极为普通的小桥，一个妇人缓缓而过。《桦树》的画面则更为简单，也不过只是半座山、四棵树，一座房，一个人而已。《里瓦的风景写生》一画的风景要漂亮些，视野也要辽阔得多，有山有湖，有树有船，应该是属于风景区的范畴，在岸边浓密的树阴下，水平如镜，一条小船上载着两三个人，正在翘首驶向彼岸，远处有山，水中有倒影，天地无声，然而却是有韵，一切都汇成了一首无言的诗，在向观众们

《小桥》 油画 柯罗作

诉说。柯罗在这三幅画中，并没有造出强烈灿烂的光影效果，也没有选择朝霞、落日、波涛、彩云等偶然性的景象，来烘托画面的气氛，他只是淡淡地画出了蓝天中轻淡的白云，画出了在风中轻轻摇曳的树，画出了在树下沉默地伫立的人，画出了在远山前独立的草屋，一片高雅的银灰色调，浓浓的诗情画意就充盈在观众的胸膈之中了。

树，是柯罗风景画中最为独特的个性语言，也是他的画中最重要的符号。柯罗笔下的树，并不是静止状态的，而是永远呈现着一种动感，这种动感并不是因为有风吹过而形成的，而是由于柯罗的情绪所推动的。它们总是斜斜地向上伸展着，毛毛茸茸地葳蕤成一片生命的状态。它们也不总是绿茵茵的，而是带有一种深沉的黛色，用一种蓬勃的姿态来展示着它们的生命，就在树枝头，还蹦跳着一些弹性的色点。无论是大树还是小树，它们的枝干总是有一种伸展的力度，它们不是被僵僵地描出来的，而是被写出来的。这些茸茸的树，没有整齐的树冠，也没有完美的边界，就那么与远山、与湖水融为一体。也没有过于鲜艳丰富的色调，但它能使你一眼就能看出：这就是柯罗的树，就是柯罗笔下那些有生命的树。就是这些树，我能够远远地一眼辨别出那是柯罗的画，那就是他的绘画符号，柯罗已经同他的树融成了一体。

我还不敢说柯罗笔下的画已经具有了王维的境界，然而他的画确是有着一种独特的诗意。

把风景画出独特意味的还有西涅克，这位画家的一幅大作正与柯罗的作品相邻。西涅克的画与其说是画，还不如说是科学；他的这些作品与其说是绘画，还不如说是试验。他是印象派画家中进行光色效应试验的画家，与修拉一起，把具体的形象幻化成了缤纷斑驳的色点，又用这些色点拼镶成画，从而让观众在色与光、科学与艺术的迷宫之中感受迷离。他留在马赛美术馆里唯一的一幅画是《早晨的金色角峰》，奇怪的是，画面上并没有出现角峰，而只是出现了一艘艘的帆船，它们在早晨的艳阳之中呈现出一种光怪陆离的效果，类似用马赛克拼镶的画作。

西涅克描绘的当然也是一种自然，然而却只是他自己心中的自然，是相当主观的一种自然，他的画中缺少柯罗的那般虔诚，也缺少一种如火般的热情，他这样做的起点是：总是认为自然不够完美，只有自己笔下的自然才是完美的。我无法说他和柯罗谁对谁错，只能以相同的态度来对他们的杰作进行评赏。

马赛美术馆
野性与力度的较量

　　马赛的博物馆和美术馆是一组联体的建筑物，它建在一座不高的缓坡上，正中是一座有着高大穹顶的主楼，两侧有两组高敞的柱廊，爱奥尼亚式的柱子排列成巨大的弧形，划到两边的建筑物，一侧为马赛博物馆，另一侧是马赛美术馆，建筑物上雕塑成群，装饰考究。这三组建筑物的下面则是喷泉和花园，还配有巨大宽阔的阶梯，一切尽显巴洛克风格的豪奢和气派。

　　美术馆的内部装饰非常豪华，全为洁白色的大理石贴饰，每一展厅的入口两侧都立有巨型的雕像柱、彩色的石柱，柱顶也有雕塑，楣梁和栏杆上全部有浮雕图案，天花板上还有华丽的图案和壁画。就在这样一种如同宫殿的环境里，陈放着无数的绘画和雕塑，它们的时间段集中在十七世纪前后，那正是法国最为灿烂的时光，当时全世界都为它的文化光芒照射。

　　然而，一进入这座文明高贵的宫殿，立刻就感觉有一股野性的强大气场向我扑来。这股气息不是来自建筑物本身，也不是来自豪华的陈设，而是来自挂在墙上的一幅绘画，那就是鲁本斯所作的《猎野猪》。

49

《猎野猪》 油画 鲁本斯作

《牧羊人的崇拜》 油画 鲁本斯作

　　一幅尺寸很大的油画，大约有两米宽，上面画着九个人、五只狗、两匹马，一只野猪。整个画面的中心，就是那只野猪，它的体躯庞大，神情凶猛，长着一对长长白白的獠牙，小眼睛中闪着不驯的野性光芒，它横踞在画面当中，看来刚刚对人类发起过一轮野蛮的攻击。因为在它的身下，正压着一条猎犬，还有一条猎犬全身带血地躺在地下，显然这是它獠牙下的牺牲品。然而，还有三条猎犬毫不畏惧地冲上去，紧紧地咬住它不放，敏捷的身材弯成有力的姿态，不屈不挠地向远比它们强大的野猪发起进攻。

　　然而，猎犬的进攻只是拖延了野猪的速度而已，真正对野猪发起攻击，对野猪的生命形成了威胁的，还是画上的主体——人。六个男人和两匹马，正在团团围住那头野猪，发起了进攻。画面上部的一位绅士，骑着白马，手握十字剑，显然是这场狩猎的发起者和指挥者，然而他手中的那把剑却不会对那头凶猛的野兽起丝毫的威胁，只是虚张声势而已。他左边一位骑手，除了壮势之外，也不会起任何作用。真正在威胁着野猪生命的，是画中两个赤膊汉子，他们显然是主人的奴仆，对付这种凶猛的大型野兽有着丰富的经验。他们俩都光着上身，筋肉暴突，手执一根标枪，就戳进了野猪的胸膛要害，旁边还有一两个汉子在吹着号角助威。这两位汉子虽然身强体壮，然而当他们面对着这样庞大体躯的野兽时候，特别是面对着森林中以凶悍蛮野著称的野猪之时，还是压抑不住自己内心的惊恐，从他们张口叫喊的神情来看，想必也是相当紧张的。

　　鲁本斯在创作此画时，居然还有情致在画面上添加了三个闲人：两个美貌的妇人，和一个阿拉伯佣人。这三人似乎游离于狩猎的众人之外，只是作为观众而存在的。眼看着这场血淋淋的猎杀，她们的姿态和表情一点也不紧张，而是相当悠闲地作壁上观，这反而使得整个画面的紧张气氛有所松弛。

　　就是这样一幅《猎野猪》，在展厅中形成了一股野性的气场，似乎正有一股喊杀声在厅堂中响起，有浓烈的血腥味刺入鼻中，一股力量从画面上冲溢而出，弥散在建筑物里，使人难以安身。

描绘众多的人物活动，描绘激烈的冲突场面，表现人物的力度和体积感，以夸张的动势来造成气氛，这是鲁本斯的特长，也是巴洛克艺术的特长。我曾在西班牙马德里的普拉多美术馆里见过他的多幅巨作，其中不乏这类狩猎的构思，有人在猎狮子、猎老虎，人与鳄鱼、与老虎搏斗，群马奔腾等等，无一不是激奋撼人的场景，也无一不在表现出力度。然而这幅《猎野猪》的油画，我却是从未在他的作品目录中发现，是第一次看到这一精彩的原作。

这幅画在上部五分之一的地方接了一条缝，然而却是接得不好，缝很明显，正横穿过绅士、两位妇女和阿拉伯佣人的头颈部。可能鲁本斯原先只是想画出下部的几个狩猎的人，后来才添画了上面狩猎的主人。这样一种改变是出于他的自愿，还是后来接受了别人的订单而添画的？还无法确定，但从画面的效果来看，上部的四个人显然是多余的蛇足。

不过，鲁本斯的这幅画却是画得非常精彩，这幅画的构图非常集中，主题突出，所有的焦点都围绕在画当中的那条野猪身上，通过对它凶猛、蛮悍形象的描绘，来突出了猎人们的勇敢、沉毅和强壮。画左边的两位赤膊猎人画得相当出色，无论是他们的动作、人体结构、还是神情，都给人以感染力，身上筋肉的结构，以及颜色的转化，都自然准确，冷暖色调的变化也丰富。特别是画上的人物，没有鲁本斯在其他作品中出现的那些臃肿、虚胖、肥赘的造型，没有显示出他惯有的程式化，而是以表现力度为主，并以这种力度来与野性作殊死的较量。

鲁本斯的国籍难定，他出生于德国，然而移民到了尼德兰，后来游学到了意大利，并以大使的身份被派驻到西班牙，然后又被布鲁塞尔的西班牙国王的总督任命为宫廷画师。但他仍然住在安特卫普。当时的尼德兰是隶属于西班牙王国的，所以他可以被称为是佛兰德斯画家，也可以被称为是西班牙画家，还可以说是意大利画家或是德国裔的画家。但他一生中有很多的时间是在做大使，精通七国文字，多次赴外国去处理重要的国家关系问题。

他曾说过："我的职业是画家，然而我的兴趣是做大使。"这就表明了他的身份，他可能是大使中的唯一画家，也可能是画家中的唯一大使。

作为一名巴洛克的经典画家，鲁本斯一生中最热衷画的，都是肥硕胖大的人体，他似乎对庞大的体积有一种偏好，对于激烈的动作和宏伟复杂的场面有一种熟练的驾驭能力，出现在他笔下的，绝大多数都是丰硕胖大的裸体肥妇，一个个都是骨骼粗大，肥肉赘多，已超出一般的人体比例，他也因大量对肥硕裸妇的描绘而获得了"肉铺商人"的谑称。他甚至把酒神也画成了一个极度肥胖的臃肿裸体男子，这似乎已经成了他的一种癖好。华丽、膨大、肥胖、运动、激烈和力度，这正是巴洛克艺术风格最具代表性的一种特点，鲁本斯也不可免。

鲁本斯一生富贵，声名鹊起，订货极多，不免雇人做枪手，在他的画室中进行捉刀代笔，开起了"绘画工场"，所以有很多作品并不符合他的水平。然而这一幅《猎野猪》，根据画上人物精准的解剖结构和丰富的表现力来看，应是出于他手的杰作。这幅画作于1616年，当时他38岁，已经被封为宫廷画家了，正是年富力强的年龄，还没有出现后期的代笔，也还没有出现后期人物的颓靡和臃肿。作为宫廷的上层贵胄，他有许多机会参与王室的活动，狩猎也是其中之一，此画中的场景可能是根据他的亲身所历来描绘的。

除了这幅巨作，展厅里还有鲁本斯的几幅作品，一幅是表现基督诞生的《牧羊人的崇拜》，大家围着刚刚从马槽里降生的基督，在作崇拜状，画艺也算娴熟。另一幅是《基督的复活》，也是宗教题材，画艺却是平平。但是有一幅《女性肖像》的小幅油画，却是画得肌肤红润、神采照人，此作的素描稿曾经被多次发表过，没想到根据此稿创作的色彩油画收藏在马赛美术馆里，画中的妇女虽然没有具体的署名，然而模样很像他的第二任妻子海伦·芙尔曼。有了这样一批鲁本斯的杰作做镇馆之宝，马赛美术馆的收藏质量可想而知了。

马赛美术馆
别样风景

　　马赛美术馆的建筑物虽然宏伟，但只有两层楼的展厅。然而就展品的质量来看，却是要远胜于其他地方一些大而无当的美术馆。马赛地区虽然有塞尚的家乡艾克斯，有梵·高和高更生活过的小城阿尔，然而他们的作品都设置有专门的个人美术馆来陈列，所以马赛美术馆里能够见到的，都是一些前辈作品了，时间大约集中在十七世纪到十九世纪之间的二百年。

　　除了鲁本斯、柯罗、米勒、大卫和西涅克这些大师之外，马赛美术馆里其他画家的画作不在少数，他们的名字大多不为人所知，特别是不为我们所知，然而就他们的水平来看，当不在一般之下，有很多已经足称一流。

　　在世界画坛上，法国的风景画有着一席独特的位置。虽然最早的风景画并不是出现在法国，而是由英国人来开创的，但阴冷潮湿、缺少阳光照射的英伦三岛显然不适合户外写生，也没有阳光明媚的风景，因为地理绘图的需要而产生的水彩画反而得以大行其道。法国的地域远比英国辽阔，景观的变化也远比英国显著，既有大西洋的辽阔雄伟，也有地中海岸的明媚艳丽，还有东部阿尔卑斯山的雪峰，以及内陆的森林，加之拉丁人多智敏感、善于艺术创作的特质，便使得风景这一门绘画在法兰西大地上扎下了根。上溯巴比松，下及印象派，再延伸到印象派后，无一不是靠着风光旖旎的风景画来傲然于世的。

风景画的诞生，和中国的山水画一样，也有个产生的原因和时间，早期的风景画，只是作为宗教画和历史画的背景而存在，只是到了日益城市化的现代，才分离出来，独立成科。日益增多的城市资产阶级，受日益膨胀的大都市的逼迫，已经厌倦市井的生活，便把他们的兴趣转向了旖旎的田园风光，并让这种风光通过绘画而长留于室。当然，这里面还有着人们对疆域和视野的不断开拓而形成的世界目光。经过近二百年的经验积累，法国的风景画终于蔚然成风。

陈列在马赛美术馆里的，就是这样一批佳作。

"风景"一词，在中国似乎就只是专指"山水"，然而在法国的定义里，它还包含了"风俗"或"风情"。所以在20世纪，《法国十九世纪风景画展》来华展出，我们惊异地在里面见到了许多人物画，如果照此分类，中国的《清明上河图》也应被归为风景画。这样一批风景画，应该说是"别样风景"。

面对着这批我陌生的画家，只能勉强辨出他们的作品名称、创作时间，以及作者的名字。有一位马赛当地的画家，叫蒙特切利，他的经历我一无所知，展厅里悬挂着他的四五幅作品，虽然都是尺幅不大的画作，都是习作性的写生作品，从题材的范围来看，不仅有法国国内的风景，还有他在阿尔及利亚的清真寺的写生，显然他有过非洲远行的经历。这样的一批画作，画得相当的写意，多是用重色厚堆的技法，只是寥寥数笔，就把形象和色彩表现出来，画面上的总体色彩和明暗关系全都画出来了。他只是关注总体的大关系，并不对人物的面目和细节进行精雕细刻，一切都以率意的笔触来完成，粗放的用笔、粗糙的肌理、强烈的明暗，就把阳光明媚的非洲风情表现无遗，恰似中国画中的大写意。

蒙特切利其他三幅画画的全是公园，有妇女在端着盘子，给火烈鸟喂食，也有妇女带着孩子在公园里游戏玩耍，都是当时再普通不过的生活场景，有风景有人物，当然也算是风景画。还有一幅《丘陵的练习》，画着一座不知名的山丘，山上怪石裸露，杂草丛生，并不是一般画家所中意的风景，然而他却以自己娴熟的画艺，用画、摆、堆、涂、刮等技法，画出了这座丘陵的丰富层次，画出了它的嶙峋崎岖，画出了它的斑驳杂色，虽云是"练习"，却可作成品来看。这五幅画的画风倒类似中国画的逸笔草草，只取其神，而不取其形的画法，看着有一股非常痛快的感觉。

还有一位名叫罗本的画家，也是马赛当地的画家，他有两幅非常精彩的画作，就陈列在二楼入口的正中，显然是得意之作。一幅画作的标题非常有趣，叫《在一天步行时获得的灵感》，画下的标题写着，这是他在用一天的时间，从艾克斯步行到马赛，根据沿途看到的风景来画成的。艾克斯是塞尚的家乡，从那里到马赛要有三十多公里，然而沿途的风光无限，全是美丽的蓝色海岸线，以及高大雄峻的石灰岩山崖。我在上午刚刚乘车路过，也有感于风光的美丽。如果他要步行，则要花费一天的时间，他在这一天的时间获得了灵感，画在画布上的画就是：一位牧人，正在赶着一群牛，在崎岖的道路上行走，他的头上阳光明媚，照着著名的蔚蓝色的海岸线，照着清晰的山脉和古堡，照着普罗旺斯美丽的田野和村庄，几只牧羊犬，欢快而疾速地奔跑着，把画上的气氛调节到了顶点。画家的技艺相当高超，特别着意画出了当地特有地貌的崎岖不平，整个画面上充满了阳光，光与色的效果非常优美。

罗本还有另一幅《从昂蒂布到尼斯的路》，也是画着马赛地区的道路情况，也是牧人在驱赶着牛群进行迁徙的场景，风景大致和上一幅相近，不同的只是在山区，而没有海岸线。这两幅画中，虽然也有人有牛，然而作者画出的却是如同中国山水画中的"大风景小人物"般的构图，他的重心还是放在风景上，形象扎实，色彩沉稳，明朗大气，对光线的表现非常成熟，是典型的外光派的代表作。

展厅中引人注目的还有波姆派德的作品，此人有三幅作品相当出色，一幅是《后宫》，画着一位金发的裸女，正横躺在一座阿拉伯风格的宫殿里，正在接受一位黑人酋长的爱抚，他们的旁边，还有位半裸的宫女在敲鼓奏乐，显然画着的是北非某个酋长内宫里的春宫图。然而令人感兴趣的并非是取材，而是极度娴熟的技巧，无论是横陈的人体，还是画面的明暗关系，以及对画上种种器物质感的描绘，都是成竹在胸，非常老到，在用笔和用色上也是松紧有度，只用寥寥数笔就完成，是一幅不可多得的佳作。波姆派德还有两幅作品，一幅是《纺线女》，画着一位黑人女子，身穿红袍，正站在一间土屋内纺线，虽然只是一幅肖像，然而作者的功力却是尽显了出来，画得非常轻松潇洒。另一幅也是描绘非洲风情的，名为《谢特玛绿洲的一条路》。它以一种高调子画出了北非地区的某处村落，几位白袍人物，正在倚着土屋休息，这幅画统一在一种土灰黄的色调之中，很难处理，但无论是人物还是风景都画得相当好。

如此水平的佳作在这所美术馆里到处都是。有一位叫恩加雷的画家，有好几幅优美的风景画，用色用笔的技法又和以上几位不同，他是一种非常稳健沉着的画家，并不着眼于奔放，而是有选择地画出了场面纷繁、光线复杂的《编织场》，画出了简约明快的《收获》，画出了疏朗朴素的《格拉纳达》，他是善于用减笔来画画的大家，从他作画的题材来看，他显然去过西班牙。还有一位雨果先生，笔下的风景也很出色，有好几幅《麻田街》《奥尔贡的风景》《拉罗克当泰龙风景》，然而画得拘谨一点，并不如上述几位画家。

还有一位叫兹姆的画家，有一幅《威尼斯风景》，就显得与众不同，画面上是在晨光曦微中的威尼斯海面，逆光照射着，海面上一片迷蒙，近景处用红色画着几条船只，这样就形成了一种光影迷离的效果，红雾弥漫，朦胧透明，有如透纳笔下的《战舰归航》，或是莫奈的《日出印象》，当是他独特表现的产物。展厅里还有几幅以严格写实的手法来表现马赛港口的画作，一幅是《卸小麦下

《卸小麦下船》 油画 蒙特作

船》，画着马赛的码头上樯桅如林，一群工人正在船主的指挥下
卸运从远方运来的小麦。另一幅是《阳光下》，画着两位码头工
人的肖像，此两画最早画出了码头工人的形象，技法相当严谨，
而且都专注在阳光的表现，但又有别于古典主义的拘泥，值得细
细观赏。

马赛美术馆
内在的声音

马赛收藏美术品的历史悠久，从现在马赛美术馆里收藏的两幅油画来看，当时是利用一座教堂来做美术馆的，很多油画挂得满满当当，有的甚至有三层，足见藏量的丰富。随着藏品的日渐丰富，原有的馆不够了，才又建了新的美术馆。现在馆内的设置非常专业，馆内有长廊来陈列油画，上部开有天窗，可供自然光投射进来，但不至于照射到画面上。在长廊的顶端，则有一间带穹顶的屋子，装有玻璃，非常明亮，在这里就摆放着许多的雕塑，因为硬质材料的雕塑是不怕阳光晒的，这些考虑非常周密，为参观者提供了许多方便。

在厅里最中心的位置上，摆放着一具雕塑，那独特的技法，特殊的造型，使人远远一看就能知道，必是罗丹的作品无疑。

走近一看，果然如此，那是罗丹创作的一具人体雕塑，壮硕的躯体扭动着，形成了弯曲的S形，人体的两条胳膊没有雕出，左脚的膝盖也被削去了一块，然而他那粗大的双脚紧抓着地面，人体富有的强健和力度却是不减寸分，仍然在显示着一种执拗。

他是谁？正在干什么？是什么时代的人物？

似乎都不重要，罗丹也不会作出解释。

人物低着头，下垂的双眼正在注视着地面，似乎是在进行沉思。

雕塑下的标题写着：《内在的声音》。

作为印象派的雕塑家，罗丹的雕塑，有些人物还是有衣服的，像穿着睡袍的《巴尔扎克》，身披大氅的《加莱义民》等等，但后来他主张要创作出"纯粹的人"，即一种没有阶级、没有社会身份、也没有等级的人，那就是裸体了。裸体人物的出现，并非是罗丹开始好色，喜欢看光屁股，而是他认为，他创作的人，已经超越了一切，只是代表着人类的精髓。如《青铜时代》里的那个人物，如果要给他穿衣，是该披上兽皮呢？还是扎上草裙呢？穿哪种衣服都不合适。还有《思想者》那尊雕塑，究竟该穿着哪个时代的服装？该穿希腊时期的，罗马时期的，还是文艺复兴时代的服装呢？如果要给《老娼妇》穿上衣服，那还能表现出她的沧桑和丑陋吗？大都不宜，就这样让他们光着身体，反而能够代表人。

到了罗丹的晚年，他的思想又进了一步，裸体的人物已经不够，而出现了四肢不全，甚至是没有头的躯干了。他有很多的作品，就是干脆只有一段躯干，然而是人体中最精华的一段，他最想通过它来表述的一段，都在其中了。他已把人完全抽象化，象征化了。

从这个角度来理解他的这尊《内在的声音》，似乎就可以接受了。

雕塑是没有生命的，不会发出声音，然而艺术家赋予了它生命之后，在它的躯体上注入了自己的思想，它就会发出自己的声音来。而且不同的雕塑，也会发出不同的声音。

一个人体的躯干，会告诉我们很多的语言，这就是它所发出的声音。它的造型是强健的，那就会发出雄壮的声音；如果它是纤弱的，那就只会有喑哑的低声；如果它是被委曲的，那就会发出咆哮的声音来。这些声音，是根据它的躯体的本能来发出的，是雕塑自己的语言，不可以强加于它，只有雕塑家自己，才能决定自己塑造的雕塑会发出什么样的声音。

这就是每一尊雕塑内在的声音。

在这间明亮的展厅里，在罗丹作品的周围，还置放着很多尊雕塑，有很多做得非常好，非常精美，全部是用洁白的大理石雕成的，有很多是根据希腊的神话或是《圣经》的故事来创作的，它们比例准确，栩栩如生，人物的情绪也被表现了出来，然而在我看来，这些雕塑中绝大多数是只有漂亮的外表，而不会发出内在的声音的。整座展厅里只有罗丹的这座雕塑是用廉价的石膏来制作的，雕塑的表面上还带有拼模子时的缝痕，未曾磨去，而且它还是缺胳膊少腿的，然而，能够发出内在的声音的雕塑，只有这一座，任何人来到它的面前，都会立刻驻足聆听它从内心发出的呼喊。

在展厅的另一头，也有另外一些作品在发出声音，那是杜米埃的作品。

杜米埃比罗丹小 32 岁，在法国众多杰出的艺术家之中，他算得上是特立独行的一位。在政治上，他和库尔贝一样，是位勇敢的民主斗士，积极参与巴黎公社的活动，并用自己独特的方式来反对封建王朝，争取民主和自由。杜米埃用自己的绘画来进行政治观点的表述，也用绘画为武器进行攻击。他虽然也善于油画、水彩等画种，但主要的武器还是漫画，他一生不仅画出了生活在社会底层人民的众生相，还用擅长的夸张和嘲讽手法，画出那些政客们丑恶肮脏的嘴脸。

一个人会画漫画，看来是件轻松愉快的事，然而这却是一种特殊的才能。和其他严格写实的画家相比，漫画家要求有更准确的观察能力，还要求有一种夸张和想象的能力，更要有一种表现的能力，才能把一个人的生理特征抓准，通过自己的画笔来进行概括和夸大，做到"既像又不像"，这是一种"神似"的功夫。

和现时一般的生活漫画不同的，杜米埃笔下的漫画具有深刻的现实意义，他并不讽刺那些生活在底层的小民百姓，他潜入贫民窟里去，观察他们，描绘他们，画出他们的不幸和哀苦，他甚至钻入贫民们才乘坐的三等车厢里去，坐在肮脏而拥挤的座位上，为他们写照画像，尽管他们长着粗糙而丑陋的相貌，然而杜米埃却丝毫也没有讽刺丑化他们，反而在他们的身上寄托了无限的同情，把他们的原生态向大众披露，呼吁人们要关心这些辛苦恣睢的平头百姓，为他们的生存鼓与呼。

马赛美术馆里陈列有杜米埃为《唐·吉诃德》所作的一页插图。这是一幅加彩的素描，画面上的远处是骑着马、高举着长矛瘦长的唐·吉诃德的影子，近处一条骡子旁边，他的仆人桑丘正蹲在一棵树下躬身大便。作者选取了这一题材来作画就颇有笑意，因为无论是主人唐·吉诃德的种种不合时宜的举止，还是他的仆人桑丘的做法，都已具有漫画感和滑稽感，再把他们的不雅举止画在画上，就更具有漫画性了。以大小便的动作入画，自古就少，以我所知，只有勃鲁盖尔在他的画中出现过，这次杜米埃也以此入画，足见其戏谑之意。这幅画是以类似速写的疾速线条勾勒而成，看似并不严谨，然而人体的结构却都已凸现了。他再在画出的轮廓上填以水彩，形成了一片银灰的调子，使得画面上的层次顿时立现，反差立刻分明。

就在此画背后一只橱柜中，竟然满满当当地摆放着几十尊杜米埃创作的雕塑，都是一些人物的肖像，只有拳头大小，全用青铜制成，这是一种"漫雕"，即用漫画的手法来做成的雕塑。这些人物都是些社会上层的显贵士绅，但杜米埃把他们的生理特征进行了极度的夸张和丑化，使之性格显现：有的脑满肠肥，有的志得意满，有的老谋深算，有的奸诈，有的狂妄，有的蛮横，有的猥琐，使人一眼就能感觉到他的厌恶和鄙夷。有一尊铜像，雕着一位高鼻重颐的官员，他的双眉紧蹙，嘴巴极大，脖子已经缩进了胸膛里，显现出一种不可一世的神态，下面的标题写着《军国主义者》，这可能是法国某军事部门的一位高层官员，以穷兵黩武出名，杜米埃把他那不可一世的傲然气质淋漓尽致地刻画了出来。这样一大批珍贵的"漫雕"，都在橱柜里，显示着他们不凡的性格，也在发出内在的声音。

展厅里还有一幅米勒的《喂粥》，这是普通农民家里最平常不过的一个镜头：一位母亲坐在那里，用左手抱着大概一岁左右的婴儿，右手举着一把汤勺，舀了一勺粥，正要喂给她的孩子。因为粥烫，还不能进嘴，母亲就把勺子举在嘴边吹气，等粥凉了之后再喂。这位母亲的面容端丽，双眼专注地看着手中的汤勺，正在专心吹气。她怀中的婴儿仰面躺着，张着小嘴，正在嗷嗷待哺，那副稚嫩的神态过于乖巧可爱。这样一幅油画，虽然尺寸不大，然而却是通过人物的形象和神态，发出了充满着舐犊之情的内在的声音。

《喂粥》 油画 米勒作

柏林博物馆
世界之门

    从十九世纪开始，无数的欧洲考古学家在两河流域的荒原上发掘探寻，挖出了无数的古迹废墟，找到了无数以前鲜为人知的宝藏，从而把世界四大文明之首的两河文明揭示出来，人们这才渐次知道了在厚厚的地层下，原来还蕴含着富过石油的古代文明。

    大自然对于中东未免过于吝啬，除了黏土和沙漠之外，并没有恩赐给这里过多的资源，既没有石头，也缺少金属，甚至连优质的树木都非常稀少。对于两河人来说，石头是太珍贵了，要从遥远的北部波斯运来，因此，凡是两河流域文明中的石制品，都是供王室神明之用，如著名的汉谟拉比石碑、诰令碑，以及神祇和君王的雕像等等，才舍得使用石头来雕刻。珍贵的木材也是稀缺，要从黎巴嫩的山里运来，平常只能使用椰树和棕榈树来做建材。石头和木材，这是两河流域文明中的极品。

    但是，聪明的两河人就地取材，他们就利用这遍地可寻的黏土资源来替代石木，创造出了世界上最早的文明。他们取用黏土，制作成陶瓶和陶罐，作为器皿，或是捏造神像。用黏土制成泥板，在上刻出楔形文字，做成泥板书，形成了世界上最早的文字和书籍。

他们还用土坯烧造成砖块，在平原上砌成房屋，建筑宫殿，叠成高耸的庙塔，甚至叠成高达云际的通天塔和空中花园，古代的巴比伦人用最普通的黏土在世界历史上创造出了非凡的奇迹。

但更为辉煌的是，两河人还在泥土做成的砖块上继续加工，他们在世界上第一次烧造出了彩釉砖。釉质的出现，是世界建筑史和工艺史上的一件大事，因为釉的烧造温度高，表面形成一层不透水的玻璃质，增加了材料的强度，而且美观好看，能保护建筑物不被风蚀水浸，这是一项非常了不起的发明。它开启了一扇文明之门。

就其本质来说，砖是一种陶，它和陶器一样，原料都是用黏土来低温烧造。但砖的质地较陶器为粗松，其实是一种粗陶，在中国被称为"瓦器"。虽然世界各地都有陶器，也产生了有釉的陶器，但在世界建造史上，砖的使用于建筑，却是一种首创，而泥板被用来作为书籍，更是世界上唯一的一例。虽然砖的质地疏松，但较之于泥坯来说，已经是一大进步，它已经成型，不透水，有强度，能挡雨水。在施加了釉层之后，砖的性能得到极大的提高，能历千年而不坏。当来自欧洲各国的考古学家们在两河的沙漠荒土中挖掘出这些如珠玉宝石般晶莹、闪烁着五彩光芒的彩釉碎片时，想必难以抑制得住自己内心的欣喜，这些五彩釉砖的出现，给中东灰黄单调的景观增添了一道亮色，也为人类的文明史增添了愉悦。

当欧洲的探险热逐渐成熟为科学的考古学之后，最早来到中东进行考古的是法国人博塔。他在这块昔日的诸王角逐之地发现了传说中亚述国王萨尔贡二世的新都豪尔萨巴德宫殿。在经过多次发掘后，他远涉重洋，带回了巨大的人首双翼神牛雕像放置在卢浮宫里。法国人的发现震惊了世界，英国人、美国人和俄国人也接踵而至，来到了这块荒芜的两河之地，也相继挖掘出了无数的珍宝。最后，在1896年，德国人科尔德威和他同伴的来到使发掘达到了高潮，德国人严谨的科学态度和先进的器械，帮助他们在这块尘土飞扬的荒古之地工作了18个年头，终于在一片荒墟之

纽约大都会博物馆里收藏的伊什塔门上的四腿怪兽，被称为龙或麒麟。

卢浮宫里的彩釉砖拼镶的雄狮，原来也是装饰在伊什塔门上的。

中，挖掘出了昔日为著名的国王尼布甲尼撒二世或者尼布尼德修建的新巴比伦城。这是一座巨大的都城，周长超过了十三公里，在两千多年前的古代，这应该算是一座非常雄伟的大城了，当年里面居住着好几万人。在它双重的城墙里，一共有一千多座神庙和宫殿，其中还有著名的巴比通天塔，以及埃萨吉尔神庙，甚至还有著名的空中花园，它们的被发现，印证了《圣经》上的古老传说。

在这些发现当中，最为宏伟壮观，也是最为美丽的建筑，应属于伊什塔城门了。在巴比伦的神话中，伊什塔是专司爱情和战争的女神，也是掌管宇宙的女神，相当于希腊的雅典娜。当时的人用她来命名，表明这是巴比伦最重要的城门，在它被挖掘出来之前，没有人能够想象得到它有多么辉煌而壮丽，当这座城门逐渐从厚厚的黄土中现出原貌来的时候，人们都惊呆了。这是八座城门中唯一全用鲜艳的深蓝色釉砖砌造起来的城门，它有两重瓮城，城门高达12米，分为上下三层，设有高高的塔楼和突出的马面，最上部是锯齿形的雉堞，下部是拱形的门券。城门相当厚实和宽阔，可以容四辆马车并排行驶，著名的迎神大道就通过这里，延伸为整座城市的中轴线。最令人称奇的是，蓝色的釉砖上面匪夷所思地分布着一些高浮雕的图案。这些浮雕是几种动物，一种是代表着雷电之神的公牛，一种是象征着国王权威的雄狮，也有说是代表着伊什塔神。还有一种则是只有巴比伦才有的四腿怪兽，有鳞有角，它被称为龙或麒麟。这些动物都呈侧面的行走姿势，排列有序地布满了整个城门，墙面上还有立柱和花草的图案。这些彩釉的颜色复杂而斑驳，主要有深蓝、褐色和米白几种，看上去很鲜艳。很显然，这些神兽的存在并不仅仅是为了装饰，而是基于宗教的崇信，代表着神明和君主的权威。

科尔德威和他的同伴们所发现的并不止这一座巴比伦城，以后又相继发现了多座古迹，包括六千年前的乌鲁克遗址。按照当时的惯行做法，他们把这些文物带回了德国，在柏林博物馆岛上的帕加马博物馆里把它们重新拼镶起来，又组合还原成了伊什塔门。由于城门和带有浮雕的墙面都是分块砌成的，所以以它们为模数，就可以拼装起来。这是世界上唯一存在的巴比伦的整座城门，根据城门上尼布甲尼撒二世的题词，确认它是二千六百年前新巴比伦王国时的辉煌作品。

由于先后参与两河文明发掘的国家很多，所以现在世界上多家博物馆里都保存有伊什塔门上的这种彩釉砖壁画。我就在卢浮宫、伊斯坦布尔考古博物馆、安大略省立美术馆、瑞典哥德堡市立博物馆、冬宫和纽约大都会博物馆里亲眼见到过它们，有的博物馆里还仿建了城门。据说还有一些博物馆里有这些壁画。尽管时间已经过去了两千多年，但彩釉的光泽并未褪去，残破而斑驳的墙面更增加了历史的厚重感，这些神兽们还在守护着它们宗教中的神灵。从这一意义来说，伊什塔门已成为一座世界之门。

就材质来说，这些壁画就是彩釉粗陶；就拼镶的手法来说，它们应属马赛克。事实上，发源于中东的这些彩釉砖，在日后的历史时期里，曾经一直流传到了波斯、印度和中亚，影响到伊斯兰的许多建筑装饰方法，以后又影响到中国。中国人最早是用夯土来版筑城墙，直到明朝才出现砖砌的城墙，但那是素面砖，至今还没有发现如伊什塔门这样宏大的全用彩釉砖来砌造装饰的城门。中国人也用彩釉来制作砖和瓦，用来装饰皇家的宫殿屋顶，有时也装饰皇宫的某一堵墙。在中国人的心目中，彩釉砖是十分珍贵的建材，等于是玉，所以把它命名为琉璃砖或琉璃瓦。在使用彩釉砖于建筑物这一方面，伊什塔门应是全球最早的先例，它是古代最富裕的巴比伦城的一个精美绝伦的纪念碑。

雅典卫城博物馆
众神之殿

　　无论从雅典城的哪个方向看去，卫城总是高踞于人们的视线之上。古代希腊人天才地把人、自然与诸神结合成一个令人惊心动魄的整体，在阿克罗波利斯山上用他们的才智营造了这座非凡的卫城。这里是众神的栖集之地，最重要也最显赫的位置就是祭祀雅典娜的帕台农神庙。希腊人慑于这位集美威于一身、冰火于一身的女神，把雅典授予她作专属城邦。在卫城晴空下耀然闪烁着的，就是帕台农神庙雄伟的身姿。这是卫城上最为显著也最为雄伟的建筑物。

　　希腊神庙建筑的经典形式是平面上呈矩形，覆盖的屋顶是沿着中脊线向两面倾斜。它从外形上来看如同中国普通的民居，然而却是有着本质上的不同。它以石材建成，墙壁用石块或泥砖来填充。房屋的门不像中国的一样开在长边的两侧，而是开在短边的顶头，这里就是神庙的入口处，也是重点的装饰部位。从侧立面来看，屋顶两侧的斜线与正面的柱子形成了一个五边形，并用檐楣把它分割成了上部的三角形和下部的矩形这两部位，下部的矩形则又以若干的石柱来分割，可以有两柱、四柱、六柱或八柱的变化，来适应不同的边长。顶部的三角形和长长的檐楣是最受重视的装饰部分，建筑上称为破风，也称山花墙，希腊人在这一部分填充以浮雕，题材是以该神庙被祭祀的神明为主的神话内容。

由于破风的外形是三角形，装饰的图案必然会出现当中大两头小的现象。古代希腊艺术家对于处理这些部位很有经验，他们把最主要的神祇的形象置放在三角形最高的中心部位，旁边的人物渐次矮小下去，最边缘的人物或动物则蹲伏或卧在地面上，以适应其三角的外形，这样一种处理方法，既适应了破风的几何图形，也突出了最重要的神明形象，非常巧妙。在破风的下部，则是一条长长的饰带，它可以围绕着神庙的四个面，这是仅次于破风的部位，面积更大，也更适应图形的装饰，所以多是以纷繁复杂的希腊神话故事为主题，设计出长长的浮雕带来为适合纹样。这座雅典娜神庙上浮雕带的内容就是描绘雅典民众倾城而出，欢庆祭祀雅典娜节的盛大场面，这条浮雕带日后被运到伦敦大英博物馆，成为该馆国宝级的收藏。现在仰头看去，还可以看得到破风上残存着的部分浮雕，有一只精致的马头高浮雕伸出了墙面。在神庙存在的当年，这些浮雕上都饰以彩绘，贴有金箔，流光溢彩，富丽堂皇。

希腊建筑最重要的就是柱式，它为后世所称道，也影响到后世的建筑。柱式不是希腊的创造，早在四千多年前的埃及就出现了，埃及的柱式造型远远多于希腊，装饰方法也多于希腊。但埃及的柱式只是影响了希腊，却没有传到世界去成为经典，这是因为埃及柱式上的那些神秘的宗教图案、特异的莎草纸柱头和象形文字无法在世界上普及，而只能为一地所欣赏。而希腊在接受了它的柱式之后，削去了特定的宗教内容，使之更加简洁明快，从而成为一种标准件，一种可以复制的模数，就更利于其他民族的接受。

希腊有三种基本柱式，一是多利安式，二是爱奥利亚式，三是科林斯式。它们都是古希腊的城邦名，然而却是代表着不同风格：多利安式粗壮简洁，柱身上面有顶盘，下面没有柱础，就直接置放在地板上，它的直径和长度之比相当小，一般只有四到五倍，因此它被誉为具有男性之美。爱奥尼亚式的柱身则细长纤秀，柱顶上有一个两边翻卷着的涡漩，下部有一排装饰的叶片图案。它增加了柱础，有着几圈粗细不一、或凸或凹的线脚，这样爱奥尼亚的柱式就是由三截组成，而不是多利安式的两截，由于它的纤巧，所以具有女性之美。最后发展起来的是科林斯柱式，它的比例与爱奥尼亚柱式相当，但在柱头上要复杂得多，是一种覆斗状的、上面满饰着多层翻卷的植物叶片，还保持了四角的涡漩，也有复杂的柱础，这种柱式因产生于科林斯城邦而得名。无论是多利安柱式、爱奥尼亚柱式还是科林斯柱式，它们的柱身上都剜有沟槽，这是埃及和印度的柱式没有的。有人考证，这种沟槽来源于两河流域和埃及的三角洲，那里的人们束苇为柱来建造房屋，为了增加强度，在柱里填充以黏土，干燥后就坚硬成陶柱。偶有失火，外部包着的苇秆被烧掉，露出里面的陶土，发现上面有一根根凹陷的苇秆的印痕。以后改以石材来仿制，也保留了这种沟槽。但我不明白，为什么沼泽多的两河流域和埃及的柱式上没有这种沟槽，而缺少沼泽地的希腊却有？这种沟槽根据不同的柱式还有区别：多利安柱式的沟槽平面是椭圆形的，在沟槽之间形成了尖锐的棱角，在经历了两千多年的风雨剥蚀之后还非常凌厉尖峭。但爱奥尼亚和科林斯柱式沟槽的平面却是圆形的，沟槽之间留有一道光滑的面，相对柔和，每一根柱大概刻有 22 到 24 根沟槽。

这三种柱式就是希腊建筑的基本结构，与简朴的多利安柱式相比，显然爱奥尼亚和科林斯柱式的装饰性要更强。以后，喜欢奢华的罗马人看中了它们，把它移用到自己的宫殿中去，大加发挥，又添了两种样式，最后竟然被统称为罗马柱，后人难以分别。有趣的是，作为女儿之身的雅典娜，她的神庙上却用了象征着男性的多利安柱式，或许是因为她是战神的缘故，需要威风凛凛而使然吧。

希腊还存在着第四种柱式，那就是女像柱，与前三种柱式相比，它纯粹就是装饰性的，也是爱奥尼亚柱式的变体，使用也不普遍。这一以女性雕像为柱身的范例位于帕台农神庙之侧的厄勒

雅典卫城上有六根女像柱的神庙

雅典卫城上残留的
一根爱奥尼亚式柱头

忒奥神庙的门廊侧面，姿势优美地站立着，头顶庙殿的楣梁，接受着来自世界各地游客们的目光。这种女像柱式曾被导游誉为是希腊的首创，实则上以女人为柱身的做法早在埃及就产生了，不仅卢克索神庙里有哈索尔女像柱，就在女法老哈舍普苏特的神庙里也有大量的女像柱。这一做法被后来统治了埃及的波斯人所袭用，又移用在被他们统治的小亚细亚的卡里埃蒂德地区，他们把女奴隶的形象打成石雕，来做成柱子，因此这种柱式就叫卡里埃蒂德柱，其实是一种被奴役的妇女的形象。但在这座神庙里，这六位女性却丝毫没有被奴役的痛苦表情，她们化成了献祭神明的处女，在为她们崇拜的神祇守护，因而神情泰然自若，姿态优雅。这种女像柱日后被欧洲大量引用，用在许多宫殿的柱子上，人像上的衣饰也逐渐少去，最后变成了裸体女性。最出名的就是维也纳金色大厅，里面的柱子全部是女像柱，被镀上了金箔，富丽堂皇，然而里面的观众却是难以看出它们是受了希腊女像柱的影响。

　　卫城上的神庙建筑无论是柱子还是梁楣，它们无一是直线，而是程度不等的弧线。柱子的当中突出，两头收分，檐线和梁楣也是当中突而两头低，这是因为考虑到人们站立在高大的建筑物前仰视时，眼球会产生视觉差，原有的直线会变成弧形，而经过这样一种处理之后，眼中的形象就正确了。然而这为人们在搭建神庙时提出了数学和工艺上的难度要求，必须经过精密的计算才行。

希腊神庙的这种以一个带柱的矩形来顶着一个三角形的建筑单元，在日后的两千多年里成了一种世界的经典。它首先经过亚历山大远播到印度，再被罗马帝国所吸收，纳为己有。在几百年之后又被文艺复兴时期的巨匠们所推崇，纷纷挪用，终于成为欧洲建筑文化的代表而传布四方。现在无论在哪一国，无论是英国的白金汉宫还是美国的国会，都可以看到这种单元形式，甚至联合国教科文组织颁布的世界文化遗产的标志也是根据它设计的图案，不同的是在三角形下面以 UNESCO 六个字母来代替了那六根柱子。作为一种伟大而永恒的母题，希腊的神庙应该感到欣慰和自豪。

雅典国家博物馆
希腊在陶瓶之上

一则笑话说，一位考古学家在希腊的小山村里看见一位老太太在用古陶盆喂猫，便出高价买下了那只猫。临走前佯装随意地说："那只猫食盆也给它带走吧。"岂知那位老太太说："不，我已用它卖出了八只猫！"这个笑话告诉我们：世界各地都在关注着希腊的陶器。

希腊彩陶和中国彩陶是世界上的双璧，它们一东一西，各有渊源。中国的彩陶名目繁多：长而细的为瓶，口略细的为壶，腹部粗的为罐，再大的为瓮，装酒的为瓿，粗陶的为缶，喝酒的为爵，提酒的为卣，空足的为鬲，用火加热的为甗，细长足的为豆，等等。希腊的陶器也有着瓶、罐、盘、爵、杯、盘、双耳杯、高足杯以及油灯种种造型的区别，用来装水、装酒、装橄榄油，或者装香水，也用在墓地上作装饰。但一般都以陶瓶统称之。

一进入希腊的雅典国家博物馆的展室，就可见到劈面立着的一只硕大的陶瓶，有一米五高，器形被修复得十分完整，土红色，表面细腻发亮，上面用黑彩层层地描绘着图案。与一般陶瓶相异的是，它有着四只提耳，每一侧并列着两只。这是考虑到陶瓶的体积巨大，必须要有四个人才可能抬起移动的缘故。这样巨大的陶瓶显然不可能被用于日常生活，不可能被经常搬运。这是放置在墓地上的一种陶瓶，就等于是一座墓碑，它的底部开有孔，以便供前来祭祀的后人往瓶里灌注酒，再漏到墓室里去，这是一种献祭祖先的方式。陶瓶上用几何图形的方式画出了丧葬仪式的过程：画面上有横着停放的遗体，有拉着送葬人的马车，有仰面抱头哭泣着的人，有排列成行的人群，这一切都标明了这只陶瓶的主题。用陶瓶来做墓碑的做法影响到了以后，在隔壁的雕塑展室里就有石雕的瓶子，也是墓碑，上面还刻有纹样和怀念的文字。这是典型的阿提卡陶瓶，特点是以几何形状的图案为主，它产生于三千多年前，属于早期的陶器装饰风格。希腊的陶瓶已经成为端庄、典雅、和谐和希腊文化的代表而受到世界的喜爱。

　　和中国的彩陶一样，希腊的陶器上也多有装饰，而且也多是采用彩绘和划花这两种方式。但是，无论是中国的青铜器还是彩陶，抑或是玉器瓷器，那些图案基本不会出现人物。但希腊的陶瓶就不同，它的纹样是以人物（或人形的神）和动物为主，也有纯图案和花卉，但最精彩的还是人物。尽管希腊的陶瓶有多种分期，也有多种风格，而且经过了从抽象到具象的过程，但我最喜欢的还是人物图案的陶瓶，因为这种陶瓶富有力度，有表现力和装饰感，而且内容丰富，多有变化。多年来，我就一直研习师法希腊陶瓶上的这些人物画，练习这些线条，我认为它们的艺术感染力并不亚于中国的白描，是和《八十七神仙图卷》异曲而同工的。

　　考古家一般把希腊陶瓶分为黑绘式、红绘式和白底彩绘三大类型。所谓黑绘式，就是在红底的陶器表面施上一层黑彩，然后再用硬质的棒或笔在上面进行刻划，形成犀利流畅的线条，再把形象之外的黑彩剔除掉，露出下面的红陶底，再送入窑中烧造。这样绘成的形象是红底黑纹，如同剪影，像中国汉代画像石。黑绘式技法与中国磁州窑的做法一致，也是在化妆土上进行划绘，最后形成黑花的图案。不同的只是磁州窑是瓷，而希腊是陶，质地要松软，但工匠们会在陶瓶上施一层薄釉，烧成后再细细打磨，

上部画着狄奥米德斯与阿伊亚斯决斗图案、腹部画着阿波罗带翼的马车的黑绘式陶瓶

高1.5米的阿提卡式陶瓶，是在古代墓地上用的，上面用黑绘式画着送葬的队列。下面是抽象的图案。两侧为四耳。

使陶瓶表面发出一种皮革般的光泽。

红绘式则相反，也是要把陶瓶全部施上黑彩，然后划出人物的轮廓，再把人物形象内部的黑彩剔掉，形成黑底红彩的形象。这两种绘法，一如木刻：黑绘式是阳刻，红绘式是阴刻，黑绘式是红线，红绘式是黑线。这两种绘式各有优点：黑绘式的装饰感强、图案感强，有力度感，由于都是黑色，所以也富有体积和重量感。而红绘式的人物用黑线画出，接近绘画的效果，易被人接受。黑绘式稍早，红绘式稍后，红绘式以后发展到更加写实，与富于装饰性的黑绘式的距离拉大了。

无论是黑绘式还是红绘式的陶瓶，它们的绘法并不完全是刻或划，有的也用笔来画，间或在其中填以彩色，形成第三套色，如在土红、黑之间再套上一种淡红，或者加以赭色，总体的色调也很协调。还有少数的陶瓶表面饰有浮雕图案，有的是简笔白描人物，有的还是高浮雕，有的在浮雕上加彩绘，都是非常特殊的做法。

希腊是神话之国，人形的神是区别于古埃及和亚述的一个标志，由于古希腊的许多绘画都已无法保存，所以留存在陶瓶上的画面就成了希腊三千多年历史的一种绝响，很多远古的信息便赖以保存。博物馆里多只双耳瓶上，都画着赫拉克勒斯杀死半人马怪内索斯的图形。另一只双耳大腹罐上绘着狄奥米德斯与阿伊亚斯决斗的场面，腹部则是阿波罗带着少女们乘坐着带翼马拉着的金马车。有一只双耳瓶的腹部，画着一位套着双马拉着的车的男子，马和车都是黑色的剪影，如同汉画像石的拓片，人的脸和胳膊也都是黑色，但却穿了一件白彩绘的长衫，这样形成了红、黑、白三色相套的效果，简洁明快，突出了驾车的人。

红绘式的陶瓶也多有佳作，展厅里有只敞口的双耳罐，就以一排扛矛执盾的武士的行列为装饰图案，这些武士头戴铜盔，后有流苏，穿着胸甲，下裹胫甲，这是典型的古希腊武士的装扮，为早已消失的服饰提供了绝好的资料。还有一只彩绘的桶形陶瓶上，画着一位武士和他的妻子。青年武士手挥青铜头盔，身着短袍，执盾，似乎是在向坐着的妻子作临出征前的告别，妻子短卷发，身穿半透明的长袍，脚穿凉鞋，侧坐在一张椅子上，脸上有忧戚状。还有一只巨型的双耳陶瓶，上面绘着神和巨人作战的故事，此外，还有种种诸神寻欢作乐、饮酒、弹琴、舞蹈、化妆、出行、作战。人们的生活状态都能够一一出现在这些陶瓶上。

古代的希腊男人一般都是裸体，以显示身体的强健，这就对人体的结构要有准确的表现，瓶画上的人体比例都十分准确，对人的胸、胯、腹和膝等重点部位的刻划，都十分仔细。尤其是用线描的手法来把男人的裸体结构表现出来，这难度很大，然而古代的画匠却能寥寥几笔就能勾勒概括出人体的精美之处，种种动态，变化无穷。古希腊的女人都是身着长袍，这为画匠提供了极好的表现手法，这些长袍的衣褶疏密相间，动静自如，长线短线，密集舒展，潇洒飘拂，犹如中国的白描一般。特别是对人的脚、胡须、马的四足、衣袍上的纹饰等细节，都描绘入微，令人叹服。

把人物、动物和图案结合起来，共同来装饰的方法，也是希腊陶瓶的一大特点。尽管瓶上的人物是写实风格的，但在人物的周围，都分布有各种抽象的图案，它们填充了陶瓶异形的部位，是一种适合纹样。此外，希腊的陶瓶上还使用了文字，它们巧妙地补充了画面，有的是作为铭文，有的成为画面的一部分，有的则是从画中人物的口中说出的话，如同连环画一般。

陶瓶在希腊的使用范围很广，超过了我们一般的想象。陶瓶画上的很多神和人都是手执一瓶，后代给胜利者颁发奖杯的做法就由此而来，甚至奖杯的造型都是沿袭着希腊的陶瓶。当时的奖杯里装的可能是酒，也可能是橄榄油，那都是当时的名品。古代的希腊人浮家泛宅，四海贸易，橄榄油和陶器都是最重要的商品。一部希腊史，有一半是被刻绘在陶瓶上的。

雅典国家博物馆
神人在白石之上

　　诸神对于希腊人未免过于残酷，让他们生活在一块崎岖多山、干燥荒凉的土地上，此外还搭配了无数个相隔遥远的岛屿，让他们整年在地中海炙热的阳光下暴晒，自己则栖身在清凉的奥林匹斯山上，饮酒作乐。然而，为了锻炼希腊人，诸神也赋予了他们强健的体魄，让他们能够在这艰苦环境之中创建自己的家园。

　　尽管如此，希腊人也会感谢自己的神明。世界各地的人都有自己心目中神明的形象，但这些神明究竟是什么模样？这就各有各的想法了。有的民族的神明怪诞狰狞，牛头马面。有的则是神秘庄重，倨傲难近，甚至有的民族认为神的力量无边，他的形象是变化莫测的。但是，希腊人却提出："人是万物的尺度。"即使是他们心目中的诸神，也应该是人形，不过却是最为完美的人。这就是古希腊提出的"神人同形论"。

　　根据这一原则，希腊的任何神都是相貌俊美、体格健壮的人。最漂亮的女人是阿芙罗蒂德和雅典娜，最强健的男人是阿波罗和赫拉克勒斯。诸神赐给希腊人的土地优质的大理石，让技艺高超的工匠把自己的像雕刻得精美绝伦。

只有进入雅典国家博物馆的展厅，才能体会到希腊人创造的这一原则的英明。展厅里有无数的大理石雕像，无一不是俊男靓女，漂亮而健壮。有一只雕塑的底座，上面刻着十几位古代的运动员，一个个全身赤裸，筋肉暴突，身材均称，肌肉结构都雕得十分准确清晰。古希腊人尚武，讲求健美，所以练就了一副好身板。希腊天气炎热，人们的衣着极少，甚至有裸体的习惯。开运动会时，都要停战，以示和平。大家放下武器，裸体参加比赛，就是为了显示公平，也是为了显示自己强健的肌肉，所以运动会都是强者的集会。

雅典国家博物馆展厅里占地最多的展品就是雕塑，这是希腊人最热衷的艺术，也是最值得骄傲的艺术。希腊的雕刻大都是为宗教目的服务的，他们雕刻神像，是为了放置在神殿里祭祀、或用来装饰庙宇，或作为献祭的纪念碑。在他们的心目中，祭祀是最重要的事。他们还给各种重大的事件做雕塑，包括战争胜利的纪念、英雄和死者，以及夺冠的运动员，他们有这个传统。此外，他们还会在私人的墓地上为死者立碑，为某个名人雕像。在这种风气的影响下，希腊的雕塑就蔚为大观了。

希腊的雕塑风格不可能是凭空飞来，埃及和两河文明都不可避免地给它以影响。事实上，希腊人从公元前650年起，就成为第一批定居在埃及操异国语言的人，这正是希腊最强盛的时期。古风时期的希腊雕塑还带有埃及的痕迹，比如站立着的男子雕像，肩后披着的整齐头发，脸上带着僵板的微笑，胳膊紧贴两侧，肘部微弯，一手紧握，两腿一前一后，左腿前伸站立的姿势和埃及法老的雕像如出一辙。这一时期女性的服饰，都还是平平整整地紧贴着躯体，如同最初的女像柱。无论男女的坐像，都是取正面，僵硬的坐姿，两脚紧靠在一起，双腿直角弯曲，双臂放在大腿上，衣角整齐，没有褶皱。还有那些带翼的怪兽、人首兽身、鸟首带翼的狮身等雕像，都明显有异国的色彩，埃及、赫梯、亚述、巴比伦，甚至波斯的艺术都曾给它以孳乳。但是，这些痕迹到了后来就渐渐消失了，最终形成了有希腊自己特色的雕塑。那就是以

《戴头盔的奔跑者》 浮雕

写实为主，和谐、典雅、协调的风格。

不仅是神，即使是人，希腊人也注重把他雕刻得尽善尽美。虽然说希腊境内全是俊男靓女，但要想把他们的躯体逼真地表现出来，并非是易事。希腊人雕刻的主体是神，然而却是以最俊美的人为模特的，特别是以裸体的人为圭臬的，在这一方面开了后世雕塑艺术的先河。因为在此之前，无论是埃及还是亚述的雕刻，虽然也是以人为主体，但并不是以规范准确的人体为模特来创作的，他们做出的人体，有很大程度上还带有概念和程式化的痕迹。希腊人则不然，他们讲求严格的人体标准，对人体进行研究，甚至把人体进行美化，以一种高标准来创作，把最美的人做成了神，这一做法，已经垂范两千多年了。希腊人的雕塑，都是理想化的，人体上的很多结构和细节都丝丝入扣，分毫不差。在展厅里，看着这些用冷硬的石头打制的雕塑极品，似乎能够感受得到他们的呼吸，触摸得到他们的体温。一尊青铜的《海神波赛冬像》，正在平伸着双手，作投叉状。健美的身材、匀称的体格、完美的肌肉、恰当的比例，是一个标准的美男子、伟丈夫，男人看了都会摄魂动魄。

希腊中后期的雕塑脱离了外来影响，开始确立了自己的民族特色，以严格写实为主。并将视点转移到普通人身上。早期僵硬死板的姿势渐而消失，人体的动作和表情显得多样，开始注意人物的性格差异，衣服的折褶开始飘拂，不再概念化，生活化的倾向开始出现。有许多无名人物的雕刻，都显得生机勃勃。有一幅《戴头盔奔跑的人》的浮雕，人物两手对握在胸前，两腿弯曲，姿势动态非常大，富有动感，是生活化的一个典型例子，早已和僵直的神明姿态拜拜，也和一般的神两样了。这可能是一座墓碑，却把生动的形象留存在了人间。动感的姿态在希腊的雕塑中出现很多，这不仅是因为这是一个非常喜欢运动的民族，而且还说明了雕塑家善于从生活中观察并提取形象、捕捉动态的能力非常强。无论是圆雕还是浮雕，动态的姿势都很多：《众神与巨人作战》的浮雕是动态；《球戏》和《摔跤》的运动员是动态；《赫拉克勒斯弯弓射箭》的雕像是动态；《掷铁饼者》也是动态。要把这些生机勃勃的动作表现出来，对于一位雕塑家来说是非常难的，但有了这些动作，艺术作品便显得活泼生动，也使冷硬的石头有了生命。

在希腊最强盛的五百年里，涌现出了许多雕塑大师，如菲迪亚斯、帕拉西特列斯、米隆、欧夫拉诺、卡拉美斯、西拉尼翁、莱西特拉托斯等人，他们的作品有的留存至今，有的被后来的罗马人临摹，都成为世界级的瑰宝。甚至有无数无名的雕刻家，他们的作品也都非同凡响，展厅里的那些绝世精品，都是古代天才的惊世之作。

展厅中还有无数断头断臂的雕塑，看来，每一尊"无头刑天"的后面都隐藏着一个令人心痛的故事。然而，这些无头的精品却能给人以一种想象的空间，一种独特的美感。在希腊的雕塑中，人物的衣纹是非常重要的部分，希腊人宽衣博带，身穿长袍，衣纹可以随身体的动作千变万化。雕塑家们依靠衣纹来表现人体，而且善于处理衣褶的疏密宽窄，把人体的结构从衣袍下面暗示出来。这些做法虽然在埃及已经有了，但在希腊更加彰显。光是看着那些美丽复杂的衣纹就是一种享受。希腊这种处理衣纹的方法随着亚历山大的东征，传到了阿富汗和印度，影响到了贵霜王朝时的佛像造型，再经东传到达中国。比较一下希腊雕像的衣纹和佛像的衣纹，可以从中画出一条轨迹曲线，也可以看得出其中的师承关系和传播路线。

　　和埃及、印度的雕刻作品不同的是，希腊的雕刻更喜欢选用洁白的大理石，这是他们国家丰富的出产。埃及和印度的雕刻都会用坚硬而带有斑点的彩色花岗石来打制神像。但是，希腊人的手下没有那种彩石的神像，他们全用洁白的大理石来打制雕塑，这样排除了肌理和色彩影响的雕像看上去更加纯粹，更接近白皙的人体肤色。不能想象希腊会有一尊黑石或红石的雕像。相比起坚硬的花岗石来，大理石要软得多，更易于加工。不过，希腊人有时也会在这种白色的雕像上涂上颜色，使它成为彩色的神明，以示敬重。现在有很多的雕刻上还留有当年着色的痕迹。

　　希腊人为这个世界留下了无数的雕刻艺术品，大都是能让后世赞叹不已的精品，这座人神并存的博物馆，俨然就是众神之殿。

希腊德尔菲博物馆
神话在"世界之脐"上

古时的任何民族都认为自己的所在地就是世界中心：罗马人认为罗马城是世界的中心，任何道路都必须通往这里；印度人认为须弥山才是宇宙的中心；中国认为中原正处大地之中，必须四夷来伏；古希腊也概莫能免，他们认为世界的中央就在德尔菲。

德尔菲地处希腊半岛的南部，但是，如果考虑到希腊整个带海岛的版图，加上马其顿和色雷斯，那么它确是位于整个希腊之中。希腊人是通过一个神话来确定它的位置的：他们说，众神之王宙斯为了确定何处是希腊的中央之地，便从东西两个方向放出两只鹰来，让它们相向而飞，它们相遇的地方便是德尔菲。于是，宙斯便把这块地方称之为"世界之脐"，赐给了自己的爱子阿波罗。阿波罗是太阳神，司音乐、智慧、光明和医药，也是位美男子。希腊人便在这块世界中心之地选址建庙，立祠祭祀。在千年的历史中，德尔菲的阿波罗神殿享尽盛誉，不仅以规模巨大、建筑宏伟而得名，而且因为庙里的神谕灵验而得名。

德尔菲地处纵贯希腊的品都斯山脉的末端，南部濒临科林西亚湾，隔海遥对伯罗奔尼撒半岛，阿波罗神殿就选择了一处形势绝佳之地来建造。这座神庙建造在两座峻峭壁立的大山之前，周围是深深的山谷，远处可以俯瞰大海。我算是走遍了大半个世界，但这样背山面海、气魄宏大的神庙所在地，还是少见。埃及卢克索的哈舍普苏特女法老的庙也是背负高山，然而它的面前没有大海。阿波罗神庙不只是一座庙，而是一组建筑，一层层地沿着山坡相叠上去，在视野最为开阔的高处，就是那座非凡的阿波罗神殿。经过两千多年的岁月沧桑和地震侵扰，它现在只存下了七根石柱，以及一片遗址和无数石础，当年它有九十根殿柱，规模极为可观。殿柱是多利亚式，这是希腊人早期的柱式，象征着男人的粗壮和刚劲。附近还有很多附属建筑物，包括很多座贮藏祭祀圣物和公民奉献物品的宝库，还有一座非常漂亮的圆形小殿。希腊人建造的神庙不会是单一的功能，他们在祭祀时还会举行竞技和表演，这样，在这座神庙的后面，还保留着一座运动场，一座圆形的剧场。和雅典卫城上的那座剧场一样，它也是依山形而建的，座位顺山坡而筑，层层上去，形成一个圆的扇形，当中就是观众视线焦点所在的表演区。这种设计既满足了视觉的需要，符合声学的原理，也节省了工料，是希腊人的一大发明。千年间，想必有无数的喜剧和悲剧、无数的诗歌和朗诵，都在这一整齐规范的剧场里上演，无数的运动员在这山间的竞技场上相击比赛。

　　在博物馆的展厅里，立着一尊青铜铸成的马车驭手雕像，等人大。这是在公元前478年一次赛车比赛时，由获胜的一方波利扎鲁斯邀请雅典城邦著名的雕刻家卡拉美斯来铸造的，并把它奉献给了神庙。古希腊很重视运动比赛所取得的荣誉，会给冠军塑像，获胜者也可以获得相当于贵族的头衔。希腊的浮雕上曾经多次出现过战车的图形，这位驭手是位英俊的青年，表情严峻，身穿传统的希腊带褶长袍，头扎包巾，手拉缰绳。当年他的眼睛里镶有象牙和黑石，头巾是银做的。由于阿波罗神殿毁于史前的一次地震，这尊像也被沙石埋没，十九世纪时被人挖出来，成了德尔菲博物馆的镇馆之宝，这是两千三百年前古希腊留给后人的一件稀世珍宝。

　　还能称得上是德尔菲最独特的镇馆之宝的，就是那块"世界

号称是"世界之脐"的石块

之脐"石。为了能与宙斯所说的相印证,人们做了一个标记,就
是一块椭圆形的石头,像一只倒扣着的陶瓮,上面刻着一些绳索
状的浮雕,像一张编织的网。人们说那就是世界中心。把它置放
在神庙的一处,以供人膜拜。

既是阿波罗的神庙,当年必有巨大的神像,事实上,当年在

神殿的对面山坡上，确实竖立过高达十几米的阿波罗神像，还在大理石的身体上贴饰了黄金和象牙。但是，这尊无比辉煌的雕像，以及神庙里绝大多数精美绝伦的雕塑和建筑，都毁在几次地震中了。现在能够在博物馆里看到的，是几尊小型的阿波罗雕像，裸体站立，英俊挺拔。他是希腊诸神家族中的"王太子"，标准的美男子，地位可观，加上镇守在德尔菲这块风水宝地，所享受的荣誉是无可比拟的。

和一切的希腊神庙一样，德尔菲的博物馆里也藏有多条浮雕带，最有名的当属希弗诺斯宝库前的浮雕饰带。这座宝库建于公元前530年，也是奉献给太阳神的祭品的贮藏地，全部用大理石建成，但现已倾圮无存了，考古学家们挖掘出了它的破风山墙和檐壁饰带，虽然已经残破，但经过拼缀后，大部分还可以看得到全貌。上面的图形都是高浮雕，内容是阿波罗和赫拉克勒斯在争夺三脚祭坛，这是诸神之间的争斗，只是为了争个位置的高低，但它却被作为题材而刻在神庙的顶上。站立在当中的阿波罗抱着祭坛的三只脚不放，并把拉住祭坛脚的赫拉克勒斯手往下推。旁边是观望或相助的神，还有马匹、车辆和战斗的人神。在破风的下面，是一条长长的浮雕带，内容是诸神与巨人大战的场景。这是希腊神话里最经典也是流传最广泛的传说。诸神是正义的一方，巨人代表着邪恶的一方，这一场景被艺术家表现得十分精彩。浮雕带的正中偏右，就是激烈战斗着的诸神，右边持盾举矛作抵抗的，则是巨人族。战斗群的两边，都被马匹包围，浮雕的最左面，则是群坐着辩论的人群，这是希腊最民主的传统，城邦里所有重大的事都要经过全民的辩论和选举才能决定。

如果说这一侧的浮雕带表现的内容还稍稍平和，那另一侧的浮雕带的内容则更加激烈了。它上面雕着仍然是诸神与巨人大战的题材，但人物的动感更强，场面更加残酷。人人相斗的结果已经有人被杀死，躺在地下了，旁边还有猛狮向人扑去，撕咬住一个戴头盔的巨人不放。还有两块破风的浮雕上，一只猛狮则扑到了一头牛身上，狠咬住不放，另一只咬住了一只鹿，除了人与人斗、

有阿波罗和赫拉克勒斯争夺三脚祭坛浮雕的破风和诸神大战巨人浮雕的檐壁

人与兽斗，还有兽与兽斗，凶猛残酷的场面，似闻腥膻，如听嘶吼。

阿波罗驾着他的黄金马车，停在他的父王安排好的德尔菲道场的神殿前，接受着来自四邻八方的朝拜。在一千多年的时光里，这处带有光环的圣地吸引着四海的贡奉，不仅希腊本土各城邦都在庙前建有殿堂和宝库，里面堆满了财物，就连远在黑海沿岸、小亚细亚，以及西西里和西班牙的希腊殖民地也派人来献祭。无敌的亚历山大在东征前后都亲自来或者派人来占卜求神谕，奉上厚厚的献祭。那时的阿波罗神庙被髹漆得金碧辉煌，珠光宝气。然而，巫师能够预言别人的一切，唯独无法预言神庙的未来。当铜驼荆棘，岁月沧桑，一切都已被无情的风刮去后，刮不尽的，唯有默对着天风海涛的峭壁和岩石，只剩下那横躺在冷月霜晨下的孤柱和殿础，以及后人们的凭吊叹息。

圣托里尼岛壁画博物馆
天堂在地火之上

希腊诸岛之中，圣托里尼岛无疑具有最高的美誉度，它是世界级的度假胜地，旅游者心目中的天堂。这座孤悬在湛蓝的爱琴海水之中的岛屿，这个濒海壁立的五彩危崖上，密密聚簇着无数的白色屋宇，远远看去，宛如覆盖在山顶上的白雪，俨然是众神栖居的琼楼玉宇。

这座只有数平方公里的弹丸小岛，无论从历史、地理、地质还是人文方面去看，都具有举世无双的价值。圣托里尼岛距希腊文化之源的克里特岛只有一百多公里，位于米诺斯文化圈。圣托里尼岛是个火山岛，原是座从海底升起的活火山，早就有了非常成熟的文化。然而，三千六百多年前，圣岛上的火山突然喷发，把岛炸掉了一半，火山灰和碎石冲天而起，覆盖了南爱琴海的众多岛屿，引起的巨大海啸一直冲击到克里特岛上，远古的悠久文明就此终结。

作为罪魁祸首的圣托里尼岛从此灰飞烟灭，路断人稀。直到五六百年之后才再有人前来居住。这时的圣岛已经只剩下了一个半月形的海湾。直到现在，它已成了一个举世闻名的度假胜地。

　　小岛上只有三千多居民，然而每年迎来的世界游客却有五十万。人们在这个风光旖旎的岛上观落日沐海潮，啜咖啡品海鲜，然而很少有人能知道这个岛上三千多年来的世事沧桑。二十世纪60年代，希腊考古学家马里纳托斯在岛的南部进行了挖掘，发现了在火山爆发之前的一批古代民居，里面除了一大批文物之外，还在民居的断墙残垣上发现了一些壁画，它们是世界上最早的壁画之一，只是稍晚于两河流域和埃及的那些壁画。圣托里尼岛上的大小餐馆和酒店里，到处都可以见到它们的复制品。

　　在雅典的国家博物馆，我已经看到了圣托里尼岛上的这些非凡文物，那里有部分壁画。来到圣托里尼岛上之后，才发现就在缆车站和驴道的上面，有一座圣托里尼壁画博物馆，它的名称很古怪，叫SANTOZEUM，把SANTORINI（圣托里尼）和MUSEUM（博物馆）这两个单词组合在了一起，成为一个新名词。这里位置绝佳，负山临海，馆下面就是爆炸的火山口形成的半月形万丈断崖，崖顶上聚簇着密集的白屋。当年在圣托里尼岛上发掘出来的壁画就陈列在这里。

　　圣岛的那批壁画是用彩色画在泥墙上的，墙上的泥灰抹得很细，打磨得很光滑，如同陶器的表面。作画的颜料取自岛上的花卉汁，也有少量来自岩石，这相当于中国画中的汁绿和石色，是取自自然的，因而在经历了三千六百年的悠久岁月之后，竟然还没有褪色，反而显得色调和谐而统一了。这批壁画原是画在一批民居里的，并不是宫殿，更不是军事的堡寨，因此它们的功能本是装饰家庭，画的题材和内容都是表现当时民众生活，和后来希腊绘画大都与神话故事有关的内容不一样。这些壁画的题材有在风中和阳光下盛开着的百合花，有在空中呢喃飞翔着的燕子，有在丛林间蹿跳的猿猴，有在茂密的草丛间行走的羚羊，也有在捕捉羊群的豹子，显示出当年的圣托里尼岛必是一处生态优良的天堂，岛上的动植物远比现在要多。

　　但最为宝贵的几幅壁画，还是《渔人》《两个拳击的少年》和《船队远航图》。作为古代壁画的一部分残片，它们本不应有名称，

《捧盆少女》壁画，
如同中国唐代的侍
女画一般美丽。

《渔民》是圣托里
尼岛上出土的最有
名的壁画。

当是后人根据图中的形象而后加的。

《船队远航图》是一幅横式的壁画，用紫色的颜料画着场面宏大的画幅。其中相当大的画幅中是希腊特有的那种三层多桨船，船上坐满了桨手，堆满了货物，正在向远方进发。左边画着大陆，有房屋有椰树，当中和右边还有岛屿，这些形象都是以剪影的形式出现的，呈现出三千六百多年前爱琴海上繁忙的航运景象。事实上，希腊是当时的海上第一强国，它的国土四周环海，岛屿众多，本土又相当贫瘠，物产不够丰富。当地人浮家泛宅，以船为马，四处寻找生存的殖民地，他们在意大利、西西里、西班牙、利比亚、安纳托尼亚乃至黑海沿岸都建立了许多殖民地的城邦，同时进行贸易和开发。他们被当时人称为是"海上民族"。后来，他们又建立了强盛无比的舰队，在两次希波战争和历次城邦之间的战争中都占有强势。这段壁画保存得相当完整，画面也磅礴大气，场面宏观，如同中国的《水陆攻战图》一般，再现了古代的场景。

壁画《渔民》有两幅，一幅是一位裸体的男人两手拿鱼，另一幅是一男人单手拿鱼，它们可能原本是在同一爿墙上的，发掘后被分割成了两幅独立的画。这两幅画相当完整，保存的部分较多，所以能够复原拼接出，接近原貌。两手拿鱼的是一位年轻的渔民，他全身赤裸，没有任何衣饰，颈脖上戴有一条细项链，头上是前有刘海，后有弯曲的发髻，下面是剃去的发际线，相当时髦。他左右手各拿着五条和七条鱼，用一根细绳系在鱼鳃上，串成一串。另一位侧身的渔民也是年轻人，两手只拿着四条鱼。他们身上的肤色为深赭色，显然是阳光长期照射的结果。是用颜色作平涂，原有的浅淡线条已经褪色了，只是在眉眼、生殖器和鱼身上留有一些强调性的线条，鱼身上的色彩富有变化，并不是统一一种颜色。这幅双手拿鱼的渔民画已经成了世界名作，被各种画册刊载。就是在圣托里尼岛上的餐馆和酒店里，他的形象也到处可见，作为海鲜的标志。

最精彩的一幅算是《两个拳击的少年》。画中少年的高度超过真人，他们并非打架，而是在做拳击游戏。他们一概裸体，但在颈上戴有项链，腰间束有饰带，头顶有编得非常讲究的发辫，手上戴有拳击手套，显然是富家子弟在练习搏击。和前画一样，这也是采取平涂敷色、以线为辅的画法，人体的结构写实准确。这种运动也表明远在三千多年前，希腊就在少年之间进行演武的训练了。这是一幅非常精彩的画作，把早已远逝的古时镜头再现于眼前。

　　希腊并不是世界上最古老的文明，然而却是最有影响的文明，它是欧洲文明的起源。在它之前有两河文明和埃及文明，它们都与它相邻不远，时间也接近。这些壁画虽然属于克里特岛上的米诺斯文明，却是带有上述两种文明的影响，如画中人物都是侧面，然而却有着正面的眼睛，这符合埃及"正面律"的规律。而重彩填色和图案化、装饰化的特点，也可在两河流域和埃及的画作中找到痕迹。一幅《出战图》上的许多人物，则又和东非岩画上的形象非常相像，足见希腊文明是吸收了周边地区的文明而形成的。但这种绘画在人体结构的完美，以及着重点是在画人的生活这点上，又和神秘而庄严的埃及绘画不同，因为希腊文明的中心是以人为本，以表现人们的舒适生活为主的。圣托里尼岛上的许多壁画内容都无神明的形象，也无怪异或恐怖的形象，更没有出现战争和杀戮，都是一些以装饰为目的的画作，从而给人以美的享受。

　　三千六百年前的灿美图画，表明了当时的人们如同生活在天堂之中，这可能就是柏拉图描绘的那个亚特兰蒂斯大陆？但是，就在这个天堂的地下，却是埋藏着时时奔突的地下之火，它随时要冲决上来，毁灭掉这美丽的一切，当这一天突然来到的时候，所有的美丽都被炽热的火山灰所掩埋，天堂变成了地狱。直到睿智的人们挥锹挖出这往昔的殿堂，这才让人们知道，原来这冷而黑的岩石底下，还有着如此美丽的一切……

俄罗斯博物馆
庞贝遗址博物馆
庞贝之殇

　　大自然是人们赖以生存的环境，它既慷慨地给予人们衣食庇护，但也时时以它暴戾莫测的脾气威胁人类：洪灾、火灾、风灾、雹灾、海啸，但最能带给人毁灭性打击的，莫过于地震了。罗马帝国的庞贝是一座精致美丽的名城，但它的不幸是建立在著名的维苏威火山之麓，这座暴君似的火山在休眠了几千年后，在公元79年突然爆发，炙热的岩浆和滚滚而下的火山灰顿时就把这座和平之城湮没，一代名城被夷为平地，在以后近两千年的时间里长眠地下、毫无声息。直到二十世纪才被考古学家们从冷硬的岩石里挖掘出来，人们惊异地发现了无数精美的生活制品以及已经石化了的人类遗骸。

　　无情的灾难把一切火热的生活封存，把它们化为历史。变成化石的事实固然令人惊悚，但它的故事也为无数的艺术家提供了想象的空间，那种生命消逝于瞬间的戏剧性确是可以创作出动人的艺术作品。《庞贝城的末日》就是其中成功的一例。

　　我是在圣彼得堡的俄罗斯博物馆里见到那幅名作的，虽然已经时隔两千年了，但庞贝城里那些无辜的人们在遭难时发出的绝望呼喊似乎还响在耳边。作者勃留洛夫以他非凡的想象力和超人的表现力再现了这一历史的灾难瞬间。尽管逝者已逝，历史早已定格在那一刻，但画家却用他的想象力为之作了回放。他选择以"末日"为主题，刻画了在末日来临之际人们的种种表现、种种动态、种种表情和种种心理。为了烘托出突然到来的灾难的恐怖气氛，他选取了庞贝城一个典型的环境，把画的中心置放在一个罗马式的广场上，周围是城市的建筑物，人们正从家里逃出来，聚集在一起，分成好几组，惊恐地看着临头的大难。勃留洛夫为这些人物设计了不同的年龄、职业和体态，也设计了不同的姿势和表情。他们中有惊恐地互相搂抱着的母女，也有用自己的衣袍遮盖着爱妻和儿女的男人，还有互相搀扶、互相救助的市民，尽管灾难临头、山崩地裂、人喊马嘶、雷鸣电闪，有无数人已经倒下，画面上充满了灾难性气氛，但画面上的人们没有慌乱地四处奔跑，还是心存着最后一线希望，坚持自救。为了突出灾难刺激性的视觉，勃留洛夫为画面设计了暗红的色调，这正是火山喷发、岩浆迸发的色调，这种灾难性的色调，与画面上具有强烈反差的光影效果一起给人以不安。他画的虽然是末日，但画作中表现出的人性美的光芒却永远勾人心疼，永远叩击着人们的心。

勃留洛夫是十九世纪的俄罗斯画家，他在意大利留学时，曾跟随一个考古队去庞贝考察，庞贝城的遗迹促成了他的这一名作。为了求得历史的真实，他画中的一切建筑都有庞贝城中的实物为依据，人物所穿着的一切衣饰也都经过考证。《庞贝城的末日》一出之后，顿时誉满天下，整个欧洲都在称赞这幅画，甚至有作家受它的感染，创作了一部同名小说。

面对着自然的灾难，人们表现出的并不完全是坚强，更多的是恐惧，因为在大自然面前，人毕竟太渺小了。自然的灾难毁掉了人们的家园，但更多的是留在人们心底的压抑和恐慌，人们有充分的理由感到恐惧，面对灾难，人们无助地伫立在那里，等待着命运的裁决，悲痛欲绝地忍受着不可慰藉的伤恸。

《庞贝城的末日》 勃留洛夫作
现存于圣彼得堡的俄罗斯博物馆

庞贝古城遗址中的中心广场

　　从那时我就一直向往着庞贝，那座面对着火山，倏然就消失了的城市。

　　上个月，我坐的邮轮还没有抵达码头，就远远看到了雄踞在天际的维苏威火山，那天正有小雨，低低的云层压在盾形的山顶上，好像正在喷发时的火山云。维苏威在活跃时期，常年有火山灰和蒸汽冒出，呈现出一种威严的相貌，海上航行的船只甚至依靠它来作为灯塔，根据烟柱和蒸气来标定方位。

　　维苏威火山所在的那不勒斯地区是意大利最富声名的地方，无论是那坡里民歌，还是小城苏莲托，都在世界艺术史上有着地位。它们都位于维苏威火山的脚下，濒临美丽的那不勒斯海湾。这一带的居民爱恨交集地在维苏威火山底下生活着，既受火山的威胁，又接受了肥沃的火山灰壤的养育。这里滨海依山，港湾曲折，海产丰富，气候温和，淡水资源充足，有着低缓的沿岸平原，植被茂盛，树上结的柑橘和柠檬都特别大，果实累累地挂满了枝头，这里是亚平宁半岛上最为肥沃的土地。

　　也就是这一原因，早在三千多年前，这里就出现最早的居民了，以后，浮家泛宅的海上民族希腊人来到这里，建立了几个殖民地，把它命名为那不勒斯，意义是"新城"，使它成为这一带的贸易中心。罗马帝国时期，这一地区建成了一座庞贝古城，它是一座非常繁荣的商业兼渔业的城市。

　　然而，尽管当地的居民能够乐业，但却是没有安居，因为维苏威火山一直是高悬在他们头顶之上的一柄达摩克利斯之剑，它随时都会掉下来置他们于死地。公元 62 年，这里已经发生了一次喷发，引发的地震毁坏了城市的一半。大自然其实已经在警告人们，要求他们放弃这一地区了。然而人们并不听，还在留恋自己的家园。十七年之后，当人们自认为已经战胜了地震的创伤而重返家园时，那座暴戾的火山竟然又二次爆发了，这才是真正的"灭顶之灾"，这次它彻底摧毁了这座城市。悲伤的人们永远记住了这个日子：公元 79 年 8 月 23 日。

　　摧毁庞贝城的并不是灼热的火山岩浆，而是有毒的蒸气和浓密的火山灰，毒气先把居民熏死，然后大量细密而令人窒息的火山灰从天而降，加之引起的雷雨，这等于是从天上浇下了一层又一层厚厚的水泥浆，从而把这座城市里的一切生命迹象都封存，影片就此定格在那一瞬间。

由于是整体埋葬而并非是局部的摧毁，也由于是软灰的掩埋而非爆炸的破坏，所以整座庞贝城无声无息地在火山灰下待了两千多年，被考古学家们挖出来之后，一切都还保持着原样。一切被封存在两千年前的生活都可以根据它的遗迹看得出来。

整整一座城市，它给后人能提供的资源是足够巨大的。在这里，建筑学家可以研究古罗马城市的格局和建筑物的风格，社会学家可以研究这座城市的社会构成，地质学家可以研究火山的成因和今后避免的方法，考古学家们则去研究两千年前的历史和文物。而留给艺术家的，则是充满了想象力的空间，他们似乎远比考古学家还要高明，因为他们可以复现那灾难时刻的一切——当然，这还是要考古学家们来提供资料。因为历史的缺失可以用艺术来弥补，他们有这个能力。

两百多年来，有关庞贝的绘画之作便史不绝书，无数的艺术家都在想法来表现这场史无前例的灾难，也出现了不少佳作。有的画家曾经跟随着考古学家进入庞贝的废墟，做了绘画的记录，有一幅铜版画上就画着考古学家们在庞贝的遗址上进行挖掘的场面。也有的是根据史料进行创作，如一幅《庞贝的毁灭》的油画上画着当维苏威火山喷发时，一位海军将领冒死在城市附近考察、最后致死的历史镜头。一座城市被火山所湮灭的故事极具传奇性和情节性，它不仅可以被画成画，而且还可以被编成戏剧、写成小说，甚或是拍成影视，这个悲惨的故事肯定会催人泪下，事实也正是如此。

美丽的小镇苏莲托和庞贝遗址对称地分布在维苏威火山的两侧，它位于那不勒斯海湾边的悬崖上，彩色的建筑物，结满了柑橘和柠檬的树木，一切都令人难以想到那座面貌狰狞的火山。如果它当年没有喷发，庞贝城得以保存的话，那就会和眼前的这座苏莲托一般美丽。

庞贝城遗址博物馆
生命的"雕塑"

　　世界建筑师协会曾提出了一个观点："城市是一个巨大的艺术品"，其实这个二十世纪的提法罗马人早在两千年前就实施了。他们的城市并不只是一些房屋的拼凑，而是有着若干的艺术元素，因此哪怕是在庞贝的废墟之中也能找得到相当多的艺术品。

　　地中海的明艳阳光赋予了南欧人以浪漫的天性和艺术的创造力，罗马人继承了希腊人热衷艺术的秉性，把美化城市的事做得更好，他们的城市也要比希腊人的城邦更奢华。

　　由于庞贝是被毒气和火山灰所掩埋，细密的火山灰在落下之后，等于形成了一层封闭的罩壳，它们隔绝了空气，使一切的生命窒息。火山灰并不等同于灼热的岩浆，它并没有熔融掉建筑物原有的造型，也没有毁掉里面的器物。时间久了，它们互相密实压紧，形成了一个无比巨大的水泥棺材覆盖在城市之上，反而保护了除生命之外的一切物件。

　　罗马人重视道路的建设，他们不喜欢行走在灰尘飞扬的土路上。他们使用战车，喜欢坚硬而平整的路面，用整齐的石块来铺设他们的驰道和城市的街道。在他们辽阔的疆域上，这种道路四

庞贝城中一个庭院的遗址

通八达，远至三洲，这就形成了"条条大路通罗马"的谚语。在
庞贝，这种铺路的石块是当地盛产的粗糙的黑色火山石。

　　庞贝人在重要的街区都留有宽阔的广场，广场上立有雄伟的
拱门和立柱，显示这里曾经有过豪华的建筑物。但广场上铺砌的
石块却是被换成了名贵的大理石，这显然是从外地搬运过来的。
黑白相间的地面，区分了不同的功能，划开了贵贱的街区。在白
色大理石的广场当中，散布着一些马赛克的拼攒图案。这些图案
并无实用价值，只是用来装饰地面，它们用当地产的黑白褐黄红
的小方块石头拼成，或是圆形，或是方形，或是异形，装饰着重
要部位的公共空间。如果这种马赛克画是被布置在房屋内部的地
面上，那也罢了，但罗马人却在城市广场的街道上也铺设它，甚
至在圆形剧场的地面上也全部铺设，那就是一种极度爱美的奢侈
了。这是一种地画，是壁画在水平面上的延伸，罗马人的爱美，
连被脚踏着的路面也不放过。它的出现开启了欧洲用彩石来镶嵌

广场地面图案的先河。

对于庞贝来说，致密的火山灰当是罪魁祸首，然而难以想到的是，这火山灰却是改变了人们建筑观念的一个重要材料。正是富产这种火山灰的罗马，以此发明了水泥，可以黏合砌块，它的结果是改变了建筑的形式，使希腊的平梁式建筑一变为罗马式的拱顶，平直的线条被富有弹性的弧形所取代。拱的出现改变了力学结构，也改变了美学价值，它使更多的几何造型成为可能，轻盈灵巧，圆润活泼，变化多端，从此建筑不再冷硬单一。庞贝的中心广场上，残留着雄伟的凯旋门，这也是好大喜功的罗马人最喜欢建造的一种形式，它们的城门就是由多种拱形来组合成的。它们还有单拱、半拱、连拱、拱柱廊、壁龛式的拱以及由拱演变成的半穹体等多种形式，互相结合，富于变化。

庞贝这座城市是由宽广的中心广场、雄伟的法庭和议会所、碗状的剧场、豪华的澡堂、香艳的妓院、众多的商铺和其他的建筑物拼镶起来的，一切都表达出城市主人的享乐爱好。喷泉、雕塑、柱头、门饰、壁画以及地画这些物件，如果没有它们，一座城市也可以存在，然而有了它们却能够使城市变得更美。庞贝城里一共有着几十座喷泉，还有着无数的水井，这是一个巨大而复杂的供水系统，然而他们却使每一座喷泉都成了艺术品。城市中心广场上，依然矗立着根根石柱，罗马人继承了希腊人的柱式系统，但又有所发展。他们在希腊人三种柱式的基础上，又增添了两种，但最喜爱使用的还是科林斯柱式，因为这种柱式最为繁复花哨，符合喜爱奢华的罗马人的胃口。凿造这些柱子的，不仅有当地产的多孔火山石，还有从遥远的地方运来的名贵的大理石，柱头上有科林斯的柱头花饰，柱身上也有棱槽，一根根上部顶着拱顶的券，柱身上还残留有浮雕和彩绘，拱廊的当中则立着青铜的雕像，一个个在古城的夕阳中述说着昔年的辉煌。

庞贝城里的很多民居里一般都要设一尊雕塑，他们都是罗马神话中的诸神，在这里，他们成了保佑家人平安的家神，也是庞贝城的特殊保护神。如同希腊人一样，罗马人也热衷于雕塑，他们在城市里的一切公共空间里都置放上雕塑：他们为神庙做神的雕像、为英雄和伟人雕塑、也在自己私密的场所置放雕塑，甚至在实用的器物上添置雕塑，如把喷泉安置在雕像的头上，把流水的出口雕成狮子的头，他们巧妙地把雕塑的审美和实用结合起来。

庞贝遗址里出土了无数尊雕塑，其中有一尊美丽的阿芙罗蒂德雕像，这是用大理石雕刻成的，她一手扶着小小的孕育之神，另一只手伸出去拔脚下的鞋子。然而有一个重要的细节，就是在她赤裸着的身上，竟然用颜料彩绘着一只胸罩。事实上，在庞贝城里的一些壁画上，都曾出现过戴着胸罩的妇女形象，有的还是非常性感、非常时髦的无吊带式胸罩，如同今天的比基尼。这是一个很有趣的发现，因为根据一般服装史的说法，胸罩的发明是在1913年，美国的玛丽·菲尔普斯·雅各布夫人，在二十世纪初时的一次舞会上，用两块餐巾束在胸口上，从而发明了胸罩，还因此而获得了专利。而没有肩带的比基尼式胸罩的出现要更晚。但这一胸罩的出现则把这一妇女用品的出现往前推了近两千年，它更改了世界妇女服饰史。

庞贝城里还有另一些非常特别的"雕塑"，在古城的夕阳中诉说着永久的悲伤。当亿万吨火山灰和浮石纷纷落下时，把一切的生物都包裹在里面，形成了一层层密不透风的厚厚硬壳。天长日久，里面的生物腐烂掉，形成了一个空洞。最初来挖掘的人在这些空洞里发现了一些骸骨。有一天，一位女考古学家突发奇想，她把硬壳的上部凿开一个小洞，尝试着把一种液态的合成树脂倒

庞贝城遗址里根据真人的尸体浇出的"雕塑"，还保持着当年受灾时的姿势。

进去，等它们凝固了几天之后，再慢慢凿开火山灰的外壳。她不知道里面会包含着什么，却是期待着出现奇迹。然而，里面出现的那一切带给她的却不是惊喜而是惊悸，被凿开的硬壳里突然显现出一具人的尸体来，还保持着当年火山爆发时的那种惊恐的姿势，火山灰形成了一只只模型的外壳，一个久久被封闭的镜头就此被掀开，它显示了无数详尽的生命细节。

这真正是历史的重现，两千年前的生死痛苦竟然以雕塑的形式重返在现代人的眼前，把古人的哀痛传导给了今人。这些雕塑中既有抱头遮挡火山灰的人，也有极力爬行着去救自己妻子和孩子的人。有被关在监牢里的奴隶和罪犯，也有在角斗场上的斗士，还有怀孕的女人，以及想挣脱身上的锁链最后惊厥而死的狗。有的人安详地静卧在地面上，还保持着睡眠的姿势，似乎并没有被这灾难惊动。有一个人和他的爱犬被封闭在了一起，正在奄奄一息时，他的爱犬却是因饥饿而疯狂，兽性大发地撕咬下了他身上的肌肉。有一个母亲为了护卫自己的孩子，把他保护在自己的身下，两人相拥着一起遭难。还有的人在临死之前手里还紧紧抓着满满的钱袋，然而财富却并没有能挽救他的生命。

这些僵硬粗糙的"雕塑"已不是当年真人的尸骨，不是人的化石，不是人工的创作，也不是艺术作品，而是被还原和置换出来的"人"。然而它们却是深深地触动和震撼着观者的心，世界上没有任何一种雕塑能够如此逼真地表达出生命最后一刻的真实动作，他们的痛苦和恐惧被凝固在最后一瞬间，看着他们，无人不潸然泪下，为之伤恸。那些给庞贝城带来灭顶之灾的火山灰从某种意义上赋予了这些"雕塑"以永恒，幸亏有了这些生命的"雕塑"，才再现了在庞贝最后一刻上演的一幕幕恐怖场面，也使得我们能够透过两千年的时空与他们对话，接受他们的哀诉，他们的声音似乎还在我们的耳边回荡……

庞贝城遗址博物馆
拼镶庞贝

　　一座城市依傍着一座雄伟的高山，又面对着蔚蓝色的大海，这本是绝妙的风景，可是如果它所依傍着的那座山却成了它的灾难之源，那就非常不幸了。这样的不幸发生在两千年前的庞贝，突然喷发的维苏威火山湮灭了它。

　　先是亿万立方米的有毒气体，再是亿万吨细密的火山灰从天落下，一座曾经繁荣美丽的城市就这样立时被凝固，一切都被封闭在那个灰白色的厚厚的壳里。山还在，海还在，然而曾经有过的生活全没有了。

　　直到很久很久之后，有人在这里打井，发现了里面的房屋、里面的器物、里面的文字、里面的人，这才得知，这里就是远古的庞贝。

　　从那时起，人们就开始一部分一部分地揭开覆盖在庞贝城上头的那一层厚厚的水泥壳，城市开始一部分一部分地露出来，当年的生活镜头也一部分一部分显现，于是，人们开始一部分一部分地拼镶起旧日的庞贝城。

　　世界上被火山毁灭的城市很多，然而却以庞贝最知名。因为它最靠近古代西方文明的中心，被建设得最好，又被发掘和复原得最好。如果是一座中国或日本的城市被湮灭在火山灰之中，它不可能被保存得这样完整，一切的木结构建筑都会被灼烧殆尽，一切在纸张上的绘画也都会变成灰烬。然而这里却是用石块砌造的庞贝城，厚厚的火山灰如同盖子一般包裹住了城市骨架，除了生命之外，一切都还保留着原样。

对于众多的游客来说，他们眼中的庞贝更多的是叹息和伤感，然而对于艺术家来说，却多了一份对古代艺术品的追寻和鉴赏。石块铺设的街道和地面、拱形结构的房屋以及罗马的柱式，加上雕塑和壁画，这是罗马城市的普遍规律。追求享乐和奢华的罗马人用尽一切手段来装饰自己的居所和城市，当然也不放弃庞贝这座美丽的城市。他们不仅根据实用的原则来建造城市，还根据审美的原理来美化城市，即使是在废墟之上，也能看得到处处的艺术痕迹。

罗马人最重视的生活方式是洗浴，在他们的眼中，澡堂和剧院一样重要，他们甚至不惜骑着马，跑到远在五十公里的地方去洗澡，我在任何罗马遗址里都见过装潢豪华的澡堂和剧院。庞贝城里有一处澡堂，不仅被分隔成换衣间、冷水间、热水间、冲凉间、桑拿间和休息间等许多功能间，而且在每一个房间里都有华丽的装饰：墙上嵌有神像浮雕，绘有神话的壁画，地面上贴有彩石镶嵌的马赛克图案，浴池的穹顶上也绘有天顶画，难以想象，古代的罗马人竟然把这一涤污去垢的实用场所变成了一座艺术宫。

当考古学家们一座房屋一座房屋地挖掘，并一点一点地拼镶起昔日庞贝城的时候，他们发现了另一种拼镶的庞贝，那就是绘画。

庞贝人是喜爱艺术的居民，他们在自己的城市里、在自己的房屋里，到处都装饰着绘画，这些绘画不仅显示了庞贝的富有，还为后人展示了它当年的生活和历史。有很多绘画是画在泥灰墙上的彩绘，用来装饰房屋。这些绘画的内容千奇百怪，有古希腊和罗马的神话，画着各种神祇的形象和故事，还有活跃着的各种动物，它们组成了生动的图案。有的画着美丽的大自然，画着美

《亚历山大大战大流士》 马赛克镶嵌画

丽的植物，更多的还有各种当时人的生活镜头，有人在酗酒、有人在奏乐，有人在打猎，有人在角斗，有人在拈花微笑，有人在翩翩起舞，还有人们在妓院里寻欢作乐的描绘，甚至还有男女相拥在一起做爱的画面，显然当时的罗马人对这些是毫无顾虑的。

废墟中的绘画数量更大的是马赛克画，由于它们是用彩色的碎石拼镶而成，质地坚硬，因此它们更能适应多种类型的建筑物，能够被布置在拱顶和穹顶上，或者是在曲线形的面上，也被用来作为地面的装饰。有巨大的豪宅里全部用马赛克来贴饰，场面巨大、彩色丰富、缤纷烂漫。但最为精彩的一幅要数一座农牧神邸里的壁画。这是一座豪华的府邸，已经存在了两百多年。在这所豪宅里，到处都是装饰优美的壁画和地画，然而其中有一幅在世界美术史上具有重大意义的画，它被铺在府邸中庭客厅的地面上，内容是两个国王正在率军作战。学者经过仔细地考证，确认这是马其顿国王亚历山大大帝正在与波斯的大流士三世在伊苏斯战役决战时的场面。这虽然是古希腊时的故事，然而亚历山大大帝却一直被后来的罗马人所推崇。在画面上，画的右侧是身戴头盔、身穿重甲的大流士三世，他正坐在一辆战车上，挥矛向亚历山大攻击，亚历山大光着头骑在马上，正在侧身应对。画面的左侧已经剥落，但从剩下的画面上还可感受到战马嘶鸣、长矛如林、流矢交坠的战斗场面。大流士三世虽然居高临下，处于攻势，但却是满脸的惊恐，而亚历山大却是沉着应战，显示出一种临危不乱的神态。特别是他的相貌和神情，都显示出年轻将领的英俊威武、机智无畏，显然最后的胜利者是他而不是大流士，正是这场战役决定了此胜彼败的命运。这幅画长达8米，是根据古希腊的一幅原作来复制的，用150万块彩色的小碎石块拼镶而成，画面虽纷繁却是并不杂乱，有一种总体的色调，虽然经历了两千年的时光，然而却还是保存较好。

这件画作被发现后，被人夸赞为是世界上登峰造极的杰作。它经过整理存放在那不勒斯艺术博物馆里，但我还是情愿来现场看复制件，因为壁画一旦离开了它被置放的环境，就无从欣赏了。我以前一直以为这幅画是被放置在直立的墙上的，应该是幅壁画。但到了现场才知道这是一幅地画，是被铺在地面上来作装饰的。可是我不明白，如此庄严题材的画，如此伟大的人物，如果被人们践踏，亚历山大的脑袋被鞋踩着，是否适宜？何况，在自己家温暖舒适的客厅里的地面上，有这样一幅血腥杀戮的战争场面是否适宜？家庭应该是用花草和风景来点缀着的，就像这所府邸里其他房间一样，有的是漂亮的植物和动物。何况，这样一种重大的题材，本应该是被放置在军事博物馆里或是战争纪念堂里的。

农牧神邸的规模很大，它的庭院里的各个房间里都布置有讲究的马赛克拼镶画，有的用来装饰墙面，有的用来装饰地面，还有的和彩绘结合在一起，面积也有大有小。有一幅巨大的马赛克地画被铺在花园的道路上，上面用彩色小块拼镶着一个海洋世界，上面有生活在海里的鱼类、龙虾、章鱼和鳗鱼，底色以黑色为主，显示了海洋的深邃。旁边一幅则是描绘着生活在河中的各种动物，有巨大的河马和鳄鱼、弯曲的蛇和獴，以及穿插在各种植物之间的鸟类，这是尼罗河畔的镜头，是庞贝人当时普遍喜欢的画面。

所谓农牧神邸，是庞贝古城里一座非常讲究的府邸院落，因为在庭院的水池里发现了一尊古希腊的半人半羊的农牧神潘的青铜雕像，由考古学家们来命名的，原来的主人是一位富有的太太和她的家族。从府邸的规模和考究的装饰来看，这位太太的丈夫可能是位身经百战的将军，对亚历山大非常推崇，所以才把这幅历史画用来做了家庭的装饰画。

出门就是庞贝古城的千年街道，黑色的废墟上，一根孤柱独存，遥遥面对着远处威严的维苏威火山，旁边的一面墙上，画着一对罗马的年轻夫妇，他们忧郁的目光穿透了千年的岁月与我对视，我不知道他们要想说些什么？这一镜头让人悲怆，看了后久久地震慑。

普希金曾经写道："一切都将过去，而那过去的将变为忧伤。"这句诗如果被移用在庞贝遗址上，也同样适合。

庞贝古城一座宅子里发现的绘画，画面上是一对青年夫妻，手拿书卷和书写板，正在隔着两千年的时空与现代的游客对视。

西西里加泰罗尼亚圣阿努兹亚塔教堂
西西里希腊古剧场
西西里美丽传说

　　提起意大利的西西里，立刻浮现在人们脑海中的肯定就是罪恶的黑手党，是那随时可以杀人劫货、贩毒走私而又与官府相勾结的江洋大盗，一部《教父》已经足够抹黑西西里的了，这也足可让世界上的人视如畏途，望而却步。

　　西西里黑手党的历史只有几百年，远远晚于它的开发史。早在三千多年前，就有来自世界各地的海盗或商人来到这里，西西里本土居民被外来人统治的噩运也就开始了。由于意大利半岛是突出于地中海之中的一只"皮靴"，它和它尖端的那只"足球"西西里岛连在一起，成为整个地中海的地理中心，把地中海拦腰横断成东西两部，南部又是突出向北的突尼斯，因此任何海上的民族都会看中这块土地，都会想法把它占为自己的跳板。最先来到西西里的是扬着紫帆远航的迦太基人，随后就是"海上民族"希腊人，他们都在岛上建立了自己的殖民地和商站，在这个岛上牢牢地扎下了根，有多条航线把它和自己的本土世界联结起来。

　　继希腊人之后的是罗马人、汪达尔人和拜占庭人，他们给岛民们带来了基督文明。之后，强大的阿拉伯人又来了，他们在九世纪时登陆，统治了这个岛屿近两个世纪，并对他们以前的异教文明进行清算和劫掠，建立了西西里酋长国，但西西里的黄金时期也产生于这一时期，无论是科学、农业还是文化都有很大的发展。在阿拉伯人衰退之后跟来的是诺曼底人，他们又重建了基督文明，并与原有的阿拉伯文明相结合，形成了岛上特有的一种阿拉伯和诺曼底风格。然而西西里的动荡却远未止息，它以后又相继为阿拉贡王国、西班牙王国、奥地利、法国的波旁王朝所统治，最后才归于意大利。

在这样复杂的外来势力轮番侵占之下，西西里岛上呈现的就是一种多元组合的文化。对于岛上的人民来说，频繁的统治者也必然会引起他们的反抗，于是，在1282年，一次针对法国人的起义中，备受压迫的西西里农民开始了疯狂的报复，他们喊出了"Morto Alla Francica, Italia Anela"（意大利文"消灭法国是意大利的渴求"），以后，他们建立了自己的团体，因为社会没有法律而自立法律，因为社会没有公正他们就自己来执行公正，一开始是劫富济贫，收人钱财而为人消灾，进而演变成为一种犯罪组织，又被称为是黑手党。他们自称自己是"Mafia"，就是这个口号的字母缩写。在阿拉伯语里，这个意义却是"逃难"。

然而一部《西西里的美丽传说》的电影却又颠覆了我对西西里的不良印象，打动我的不仅仅是那冷艳的绝色美人莫妮卡，还有西西里那富有风情的海滨小镇，那种宁静然而独特的异域风情。

今天，当我站在西西里土地上的时候，无论是迦太基人、希腊人还是阿拉伯人诺曼底人，都已随风逝去，即使是曾经显赫一时的黑手党也早已远遁，眼前是阳光明媚、海水碧蓝、空气新鲜，山坡下的柑橘园里果实肥大，山顶上的教堂正在发出悠扬的钟声，一派和平景象，一切都难以和罪恶、灾难、恐怖和不安挂上钩。在墨西拿港口长长的防波堤顶头立着一尊金色的圣母像，这是岛上人民根据一则民间传说而塑造的，他们派出使者去向圣母致敬，结果圣母给他们带来一封信："祝福你们的城市和人民"。他们就

西西里岛上的古希腊剧场遗址，正对着积雪的埃特纳火山。

把这句话用大字刻在雕像的底座上，进港的人一眼就可以见到，圣母就此成了西西里岛的保护神。在码头上也可看到一尊白色大理石打制的圣母雕像，手中拿着一卷书信。面对港口，建有一座华美的大教堂，全名叫加泰罗尼亚圣阿努兹亚塔教堂，在教堂的一侧，建有一座高大的钟楼，五层楼上分别有不同的雕塑，内容就是表现圣母把祝福信交给西西里使者的故事，这些雕塑的后面还装有自动装置，到了时候如同钟表一样可以自由转动来报时，从而成为最为吸引游客的一景。

　　大教堂本身无异于一座博物馆，它是在十二世纪时由从西班牙来的加泰罗尼亚人建造的，以后又经法国人改建。正立面是伦巴底风格的，但它的大门是哥特式的，有着三角形的尖顶，缀有深而繁复的门廊，青铜的雕花大门两侧还有深深的门廊和额枋，但窗棂却又是南欧伊斯兰风格的细密图案，加上旁侧有着镀金雕塑像的钟楼，整体风格虽然混搭，然而由于年代久远，所以还算协调，它就是西西里几个历史时期的一个组合和象征。

教堂内部以双排的磨光石立柱托举着尖顶式的拱廊，上部是木质的天花板，横梁上画着精致细密的彩色图案，有一位位圣徒的肖像，这种装饰方法在基督世界里还是特别的。由于两侧墙的上部都开有阿拉伯风格的雕花窗棂，因此教堂的内部并不黑暗，采光很好。沿着教堂的两侧走廊，排列着一座座神龛，里面是基督十二位门徒的雕像，后面还有历代主教的雕像，以及他们的石棺和祭坛。这些雕像全以洁白的大理石雕成，各具神态和性格，还在旁边饰有用彩色石材拼镶成的图案，在相似之中又各有不同。

教堂的深处是神圣的神坛，由于这座教堂是专门奉献给授信圣母的，所以它的主尊就是圣母，两侧才是基督和圣父，这个圣家族的三人有主有从，判然有别。圣母那一龛的正中，立有一顶彩石打造的精致华盖，下面是一尊青铜的执信圣母像。两旁的神龛前的华盖规格要小一点。三座神龛呈半圆形状，上部的穹顶上都有壁画，是用彩绘的方式来画出主尊的形象，虽然仍是中世纪时的偶像模式，仍然是没有一丝笑容的严峻形象，但却是画得比较大气，并不局促细腻，显示出华丽和尊严。

教堂当中的这些圣像，和大部分教堂中是传统油画的立体效果不同，人物的形象上并没有强烈的光影，而是以线条为主，再辅以坡面立体渲染效果，一幅圣母像由五位人物群集站立构成，衣裙垂然，密集的线条显示出一种很强的形式感，加之苍老的色彩、灿然的金箔，看上去富有力度。基督那一幅，颜色要丰富一些，人物的造型很像伊斯坦布尔索菲亚大教堂里的形象，也是同样的以线为主，依然是严峻的表情，但却是彩绘的效果，也强调了线的结构，所以并不显得僵板死硬，也没有对人形成压抑感。

最早来到西西里岛上的并不是圣母，而是迦太基人和希腊人，尤其是希腊人，把这个巨大的岛屿看成了是自己国土的延伸，因为他们也是以岛为家的民族。他们在这个岛上建立了自己的殖民地，播散希腊的文化，直到罗马人来代替了他们为止，整个西西里岛上的希腊遗迹不在少数，但以我所见，以位于陶尔米纳山顶上的那座古希腊剧场最为宏伟壮观。

剧场是古代希腊人借助自然环境来建造的一种最具有聪明才智的建筑物，它巧妙地利用了原有的地形，在自然的地貌上开挖出一层层的看台，把历史与艺术、自然与人文、神话与文化之间联结了起来，不仅满足了当时人们的理想主义和享乐主义的要求，还体现了一个民族对美的深深敬意。陶尔米纳虽然只是希腊的一个海外殖民地，然而希腊人却是兴趣盎然地在这山顶上修建了一处大剧场，按照传统的做法，利用四周的山势挖出一个巨大的碗形，利用山坡来层层铺设看台，这样不仅具有聚焦的视觉效果，而且还具有良好的音响效果。这处剧场的选址远远要超过著名的德尔菲大剧场，尽管后者也面对着雄伟的大山，然而这里面对着的却是极其美丽的西西里海湾，以及海湾上高耸着的埃特纳火山。这是整个欧洲最高的火山，海拔3326米，虽然位于温暖的西西里，然而却是终年积雪不化。

透过目前还残存的剧场舞台石柱残墙中的空隙，可以遥望雪山高耸、海湾碧蓝、山坡葱绿的壮观景象，一览无余，这一人文与自然互相交融的画卷，是何处也无法得见的。可以想见当年希腊人在欢乐的酒神节时，在这里载歌载舞，看喜剧或悲剧表演的情景。因为在山顶上的一座小神庙里，就藏有雕有酒神狄俄尼索斯形象的一座石棺，他是古代的欢乐之神。

就是这些斑斓而驳杂的多元文化，组成了西西里的美丽传说。

西西里陶尔米纳科尔瓦拉博物馆
阳光西西里

　　每到一地，我总喜欢特意去看那种小型的博物馆，固然与那些世界知名的大博物馆相比，它们的藏品有限，然而有很多却是非常具有特色，是一种"只此一家，别无分店"的展示场所，它们不求最大，只求唯一，无异是巨大的文化体上的一个细胞和切片，无论怎么小，也能从中分析得出蕴藏于其中最具有代表性的文化DNA。西西里是地中海的第一大岛，远离大陆，外来文化繁多，土地辽阔，山地阻隔，因此在岛上保留了许多独特的文化，既与欧洲大陆不同，甚至也与意大利不同。

　　两千多年前的希腊人有把握认为自己就是地中海的主人，他们把地中海看成是自己的内湖。希腊人只把警惕的眼光放在东部的波斯，那里才是他们的世仇，他们的舰队在当时天下无敌，可以横行东西。他们的商船以四海为家，载着他们盛产的橄榄油、陶器和葡萄酒四处贸易。由于自己的故乡土地过于逼仄而贫瘠，他们会在他们喜欢的地方建立殖民地，而阳光明媚的西西里岛正符合这一要求。这里与希腊本土的气候非常相近，他们因此把这当成了希腊的又一处城邦，开始大规模地移民，于是西西里岛俨然成了一个小希腊。

　　然而，历史的发展证明，世界上从来不会有一个永久的霸主，地球上也不会只有一个永久的王国。在西西里这块土地上，当一切的旗帜都飘扬过之后，只停留在海风中的，是意大利自治区的旗帜。历史上众多列强们在这块狭窄的土地上争斗的结果，是在陶尔米纳留下了一个多姿多彩的古典小镇，一个聚集着两千年历史和文化的美丽场所。

　　在西西里明媚的阳光下闪烁着的，是陶尔米纳那座用多色的火山石砌垒而成的小镇，斑驳杂色，多姿多彩。如今的小镇当然已非两千年前的旧模样，人们看到的绝大多数是中世纪之后的景象。然而在小镇石砌的层层阶梯下面，就叠压着悠久的历史和文化，它们也如火山一般，不时会选择地方冒出头来，让人们惊叹。陶尔米纳的多处山头上，既有堂皇的古希腊时期和古罗马时期的大型剧场，镇中也有着小型的音乐厅，虽然都已是遗址，然而总是能够令人发思古之悠情。

　　就在这座小型的音乐厅前面，建起了一座小小的教堂，然而两者却是相差了一千多年。在音乐厅的对面，隔着一条小巷，一处幽静的院落，有如《唐·吉诃德》电影里一样深邃，二楼的正立面墙上开着一扇阿拉伯风格的门和两扇窗子，迎面挂着一块粉红色的标牌，虽然我不识意大利文，然而却是从中认出了"MUSEO"和"ARTE"的字样，以我对英文的知识，认定这是个有关艺术的博物馆，进去一看，果然如此。

　　这是一个小小的民俗博物馆，是属于西西里博物馆的一处分馆，由于此楼房最后属于岛上的科尔瓦拉家族所有，所以它也被称为是西西里科尔瓦拉博物馆。从里面陈列的文物来看，多是有关西西里民俗的一些图片和器具。迎面整整一堵墙上，画着一幅巨大的壁画，当中是西西里地形图，下面还打有整齐的方格线，标上了号码，显然是经纬度线。在图中出现的西西里岛呈三角形，与它实际的平面图相符合。在岛屿的周围，用写实的手法画着一些形象，然而就在这些形象上面，却能透露出一些潜在的信息。

雕刻有战争题材的马车栏杆

鱼盘

　　图上岛屿的东部，与亚平宁半岛相接的海峡，画着一条渔船，船上有两位水手，光着上身，正在升起风帆。船的正上方，岛屿的北方，画着一个裸体的男孩，正趴在一条大鱼的身上，回身眺望西西里岛，这种娃娃骑鱼的形象是迦太基文化中经常出现的。图的左上部，岛屿的西北部分，则画着一个人首狮身的怪兽，这是在希腊的美术上经常出现的形象。在它的下面，画着一条大大的船只，正扬着风帆，向岛屿破浪进发，桅杆已被猛烈的海风吹折断了，船上挂着的，是一种紫色的风帆，而紫帆则是腓尼基人特有标志。在岛屿上，则根据各个不同的方位，画着一些建筑物标志着城镇。有的地方画着几件典型的希腊陶器，标志那里生产陶器。还画有一些人物，有坐有卧，但都是裸体的，有的动作是典型希腊化的，曾在雕塑中出现过，估计那里是希腊人的殖民地。整幅地图上，既没有出现与基督教有关的形象，也没有出现伊斯兰教的形象，这就令人联想到古迦太基人和古希腊人的历史。这样一幅壁画，尚不知它的创作年代，只是根据画面泥灰剥落、颜色消褪的模样来看，必是有了年份。它即使不是出于希腊人存在的年代里，也是后人为了追怀当年迦太基人和希腊人的业绩时而画的。

博物馆里还有一些令人感兴趣的器物，那就是陶器。陶器是希腊人最为擅长的制品，他们曾经向当时的世界各地都贩卖过这种陶器，西西里各地的博物馆里也都有展示。但是，希腊人所制作的陶器，是一种绘制的彩陶，一种无釉的陶。而这里陈列着的却是一种有釉的彩陶。它们分为两种，一种是陶盘，制作的质量并不算太精致，然而盘子上的画面却是非常生动，除了有些画着西西里特产的柠檬之外，量最大的就是鱼，不同于中国瓷器鱼盘的是，这都是各种海鱼。西西里四面皆海，海产丰富，画海鱼当是一种必然。然而这却不是普通的鱼，而是一种隐语。因为在基督世界里，希腊文中鱼（Ichthus）这个单词，是由耶稣（Iesous）、基督（Christos）、神（Theou）之子（Uios）和救世者（Soter）这些单词的开头第一个字母拼缀而成的。这是因为在早期时基督教还没有合法化，信徒们不得不使用隐晦的象征词来表示。后来西西里岛被阿拉伯人统治时，基督教又成了异教，那时的信徒又想起了这个希腊文的单词，于是便在陶盘之中屡屡出现鱼来表示。那么这一批处于特殊时期的鱼盘便具有了特殊的意义。

与这些陶盘处于同一时期的，是馆中陈列的一些陶器。这些陶器都是用彩色釉陶做成的人头像，它们的做工并不精致，然而塑造出的形象却是很有性格。有的大眼圆睁，长着一副八字胡；有的是头戴花格包巾的妇女；有的是肤色黝黑、戴着包巾的阿拉伯人；有的是面貌凶恶的海盗；有的则是头戴高帽的突尼斯人。它们的头部中空，置放在那里，俨然组成了另一个世界。我一时难以揣测它们的用途，然而后来到了街上一看，一家陶器店里也摆放着两只类似的人头陶器，是用来插花的花瓶！这大概是世界上最为奇特的花瓶了。它们产生于中世纪时的阿拉伯人统治时代，所以才有这些种类各异的装扮，这也和那些陶盘所处的时代是相符的。

西西里岛上的彩陶制作方法是传自希腊的克里特岛，远在两千多年前，他们就教会了当地人制陶的方法，然后又发展出彩釉陶。以后阿拉伯人又带来了全新的装饰方法和图案，并在定居于此的加泰罗尼亚人的手中得到了繁荣和发展，现在岛上还有一所陶瓷艺术学院，也办有陶瓷博物馆。这个馆中收集的虽非精品，只是一些使用于民间的用品，但已足够精彩的了。

馆中还有一种器物也非常奇特，那是一种木雕板，它们并不是规整的几何形状，而是一种长长的异形，两头伸出去形成环。木板上用民间的技法来雕出了人们生活的各种镜头，有的是打牌，有的是拉车，有的是战争，雕法比较稚拙粗放，然而却是非常生动，雕完之后还涂上了彩色的油漆，下面还刻有年代的文字，大致是在十八世纪。这是西西里特有的一种装饰物，是用来装饰在马车两旁的雕花栏杆。由于西西里岛的地域辽阔，从沿海通往内陆道路上需要用马车来运输，马车是很受人关注的交通工具。不甘寂寞的马车夫们把装饰自己的马车当成是一种炫耀的手段，他们的马车非常讲究，如同工艺品般美丽绚烂，直到现在还要进行马车装饰的比赛，而且根据地理方位的不同有着不同的风格和流派。西西里民风的独特，也由此可见一斑。

这样一些产生于一个孤岛上的草根艺术，在西西里的阳光下熠熠发亮，令人兴趣盎然。

西西里博物馆纵览
西西里的"拂菻嵌"

　　熟悉一点世界地理的人都知道，意大利的地形就像一只皮靴，在它的脚趾顶端还踢着一只球，那就是西西里岛。然而西西里这只球却呈三角形，因此在长久的历史年代里，它被踢着就非常地不顺溜，有很多时候根本不顺着意大利这只脚，而是被其他的脚踢着。在西西里数千年的历史上，它就被无数更迭的统治者当成球来踢，因而留下了相当复杂的文化。

　　要想把西西里的历史弄明白是相当困难的，即使它不是相当于一部世界史，也相当于半部欧洲史，还兼有一点亚洲史和非洲史。

　　西西里的开发很早，七千年前就有了人类居住的痕迹，当航海民族腓尼基人来到这个岛屿的时候，它已经是一片被人开发了的土地。稍后来到的希腊人把它纳为自己的殖民地，称之为"三角岛"。继希腊人之后来的是罗马人，他们接管了希腊人的一切，把西西里纳为帝国的一个行省，皮球开始和皮靴连在了一起，它成了罗马帝国的粮仓。这种联系长近五个世纪，稍后先有汪达尔人，后有东哥特人来，他们都被称为蛮族。以后它被划归东罗马的麾下，成为拜占庭帝国属地，一直到裹着头巾的阿拉伯人的到来。阿拉伯人在西西里岛上的统治长达两百多年，这是他们仅次于西班牙的最重要地区，他们颠覆了以往基督教的一切，但也为该岛留下了若干值得纪念的东西和文化，这也是西西里岛上最辉煌最灿烂的时期。这里是阿拉伯人掌握着的地中海地区最繁华的商港之一。诺曼底人击退了阿拉伯人，来到这个岛上，又恢复了基督教的文化，阿拉伯的文化被清除一净，岛上很多壮观的大教堂就在这一时期建立。随后，西班牙的阿拉贡王国统治了这个岛，很多哥特－加泰罗尼亚式的建筑开始兴建。由于西班牙和阿拉伯文化的特殊关系，这些建筑物上还保存着很多阿拉伯的元素，还有西班牙浓烈的巴洛克风格。接着西西里落入奥地利的手中，又在法国的波旁王朝手中统治了近三十年，最后终于被并入意大利王国。从文化的角度来看，整个西西里岛就无异于一座博物馆。

一般的游客参观似乎无须知道这些复杂的历史，然而在博物馆里面对着那些复杂而多元的文化，能够多一些对该岛的了解，对深入地探究毕竟是件好事，因为西西里岛上的文化积淀太丰富太绚烂了，甚至可以用"驳杂"来形容：你在一座清真寺的旁边就可能看到一座希腊的剧场，而在诺曼底的教堂旁边又可能立着一座巴洛克的教堂，它的廊柱则是阿拉伯式的。在西西里岛上行走，随处可见的就是这种历史的符号，就是这种因政治上更迭而积淀下的缤纷文化。即使是在博物馆里，也是在希腊的陶瓶旁边就摆着基督教的石棺，旁边又是当地典型的陶壁画。一切都毋庸惊奇，只当历史老人是一群兄弟，他们都给西西里留下了礼物罢了。

不过，作为画家，我还是特别注意美术作品，特别注意那个地区所特有的画种，那就是"拂菻嵌"。

"拂菻嵌"是一个中国名词，它其实就是马赛克镶嵌。"拂菻"这两个怪字，是古代中国对拜占庭的称呼，那里的这一画种特别多。其实马赛克并非是拜占庭人的发明，然而却是由拜占庭人把它发挥到了极致。早在希腊时代的克里特岛遗址上就发现了用黑白石块镶嵌的马赛克图案，或为地板，或为浴池，或为墙壁，以后又经由罗马人发扬光大。因为罗马人发明了混凝土，能够把

《驾着马车去竞技的骑士》 马赛克镶嵌画

这些细碎的小石块镶嵌得更牢固，更结实。以后这些小石块的镶
嵌技术传到了拜占庭，在教堂和宫殿里显示着它们的绚丽和斑斓。
由于题材已经从昔日的动、植物和山水图案渐变成了宗教偶像和
神话传说，题材的崇高化已经不可能使它们被铺在地下任人用脚
来踩踏了，所以马赛克的镶嵌也渐而从地面升高到了墙壁的上端
和穹顶受人崇拜。从技术上来说，希腊的建筑都是平直的梁柱，
整块石板上可以打浮雕。然而到了罗马时代发明了穹顶，有了曲
线的转角，浮雕已经无法转折，使用无数小块材料进行拼镶的马
赛克则解决了从穹顶到柱角的转折变化等问题，因为大块的材料
不可能对这些复杂的曲线进行铺装。

在西西里的很多博物馆里都有着精彩的马赛克镶嵌画，它们
是各个历史时期的产物，但最主要还是希腊和罗马时期的。我见
到最为宏伟的一处是在皮亚扎－阿尔梅里纳市的一个古罗马庄园

里，这是由一千六百年前的罗马人建造的，在一个圆厅里面，富丽堂皇的马赛克镶嵌画令人大饱眼福。和在庞贝一样，它们被布置在墙面和地面上，足可以和突尼斯的迦太基遗址博物馆里的藏品媲美。事实上，这两者的风格非常相像，有人判断这是来自北非的工匠们铺设的，因为他们在这一方面具有非常丰富的经验。

这些马赛克镶嵌画的题材大致可以分为生活和神话两类。神话的题材在其他地方都可以见到，不外是驾着马车的阿波罗、举着三叉戟的海神波塞冬、骑着海豚的仙女们等等，然而生活的镜头就非常宝贵了，它为人们提供了消逝已久的那一段历史，可以弥补以前人们所知的不足。这当中有一幅镶嵌画，画着许多年轻的美女，她们正在进行运动，最重要的是，这些美女们身上穿着的是极度简易的比基尼装！也就是说，她们的上身只戴胸罩，下身只穿三角裤衩，而且还是那种没有肩带的极狭的束胸式胸罩。美女一共有十位，她们就这样几乎是裸体地在进行运动，有的手握哑铃，有的在伸展肢体，有的手执风车，有的在打球。头发的样式也是多种多样，有披于肩头的，有束于头顶的，还有挽成髻的，身材都十分健美。由于这十位美女的存在，这间铺有镶嵌画的庭院因此而获得了"十女厅"的美名。从这些美女们头发的颜色来看，有金黄色，有栗壳色，也有黑色，显然她们并不全是南欧的希腊人或是意大利人，可能是来自西欧或北欧。

马赛克的制作非常复杂，也非常昂贵，它几乎不可能由个人来完成，而需要很多人的通力合作，耗费很多的时间。细碎的马赛克要由专门的作坊来加工，将各种颜色的石料切割成一立方厘米的小块，并将其中的一个面打磨光滑，然后运到现场，由画家根据画面的构成进行拼贴镶嵌，有的还要进行现场切割加工，以便适合图形。初期的马赛克全部是用石料来制作，但天然的石料颜色有限，其色调不够丰富微妙，后来就用人工的材料来代替，或者是涂色，或者选用彩色玻璃来制作。拜占庭的玻璃制作工艺非常先进，是继承了罗马帝国的传统，以后又把彩色的陶砖补充为制作马赛克的材料。在最重要最神圣的殿堂里，甚至会用土耳其玉、绿松石和青金石来镶嵌，再配上贴有金箔的底面砖，其灿烂程度无可比拟。

在马赛克的基础上，发展出了珐琅这一工艺。珐琅是经过烧造而形成的硅酸盐结晶，颜色非常漂亮，呈半透明状。珐琅传到中国之后，就叫拂菻嵌，珐琅是拂菻嵌的音转。世界上喜欢使用马赛克镶嵌的地区都围绕着地中海和中西亚，无论是基督教还是伊斯兰教的建筑都用，不同的是，基督教用来拼镶圣像，而伊斯兰则用来贴饰图案和书法。如果翻开历史地图，就会发现：这些地方正是罗马帝国、拜占庭帝国和阿拉伯帝国的旧日版图。

罗马尼亚国家艺术博物馆
画家·战士·画家

　　对一个画家来说，看博物馆无疑是他最重要的盛餐。一座博物馆就是一个国家、一座城市的窗口，当我万里迢迢来到罗马尼亚之后，第一件重要的事就是参观国家艺术博物馆。

　　罗马尼亚全国有 370 多所具有全国意义的博物馆，仅布加勒斯特就有很多座，而且各具特色。对我来说，艺术博物馆无疑是第一选择，它既等同于我国的美术馆，却又区别于我国的美术馆，因为里面陈列着的主要是各类画作和雕塑，从古画到现今的作品都有，不像我国分门别类：古画放在博物馆里陈列，现当代的美术品放在美术馆里陈列。罗马尼亚的国家艺术博物馆以其丰富的收藏在国际上也享有声誉。

　　艺术博物馆位于胜利大道上，正处于市中心。这里在 19 世纪时曾是罗马尼亚大公的王宫，当时请了德国的建筑师来设计，是一组非常豪华的建筑，占地相当大。罗马尼亚人民共和国成立，这里就成了共和国宫。宫殿的正面供国家举行重要礼仪用，左翼成了国务委员的办公处，右翼则辟为国家艺术博物馆，供人自由参观。艺术博物馆与国家礼仪场所同居一宫，足见艺术品在罗马尼亚人心目中地位的崇高。

我是以访问学者的身份应罗马尼亚文化基金会的邀请，来研究格里高莱斯库和巴巴并举办个展的，因此，我能获准进入戒备森严的藏品库，与他们的那些绝世精品面面相对，这是一名外国人绝难得到的殊荣。

作为一代大师的格里高莱斯库出生于布加勒斯特郊外的一个小乡村，荒僻贫瘠的环境使他没有机会接受正规的绘画训练，他的绘画生涯是从为教堂绘制圣像开始的。二十六岁时，他有机会获得了一笔奖学金而去了法国。他从巴黎进入了巴比松森林，很幸运地结识了柯罗、卢梭和米勒这样一批世界级的大师，他与他们过从甚密，跟随他们一起作画。格里高莱斯库这一段的艺术生活使他终身受益匪浅：幽静美丽的风景，随意自由的艺术创作，朴实无华的乡村生活，与世无争的心态，使他在自然的呼吸中找到了与之共鸣的热烈感情，也学会了从这些美丽的自然中寻找诗意的灵感的方法，他把绘画创作作为表达自己这一情绪的回声。

巴比松对格里高莱斯库的影响无疑是巨大的，但他始终还是没有忘记自己是一个罗马尼亚的画家。尽管他融入了巴比松的画派，但却没有变成法国的画家。在法期间，他曾两次回国，在罗马尼亚各地旅行写生，搜集创作素材。在那段时间里，他画了大量的乡土风景画和罗马尼亚农村人物的肖像画，他把这批作品送到在法国举办的万国博览会上去展出。他画作中洋溢着的那种浓厚的罗马尼亚乡情引起了与会者的关注，给人留下了深刻的印象。格里高莱斯库的视点集中在罗马尼亚贫穷但却优美的农村上，把罗马尼亚人民的生活底层、那些美丽的少女和农妇介绍给世界。大家从他的画幅上认识到了自己故乡的美丽，罗马尼亚人也认可了这位祖国的儿子，认为正是他的画才揭示出了罗马尼亚生活的真谛，也向他们展示了人们以往熟视无睹然而却无限美丽的生活。

1877年，俄土战争爆发。罗马尼亚民族长期以来饱受着奥斯曼帝国的侵略和压榨，加之与斯拉夫民族有相近血缘的关系，要求独立的情绪高涨，立刻宣布站在俄罗斯一边与奥斯曼帝国作战，并宣布罗马尼亚"是一个独立和自由的民族"，开始了争取独立的民族解放战争。当听到这一振奋人心的消息后，格里高莱斯库立刻义无反顾地从法国回国，并立刻携笔从戎，参加了军队，奔赴集结地，当了一名随军记者。

本来，按照格里高莱斯库当时的状况，他完全可以留在巴黎享受他初出道便崭露才华而带来的成功。但是，作为一名爱国的热血男儿，他却毅然选择了奔赴战场。罗马尼亚的血液在他的血管里汩汩流动，他胸中贲张着的是民族的情怀。作为一名文弱之士，他虽不能握枪投弹，但却可以以自己的技艺来为这一壮阔的民族解放战争留下一些画面。所以，格里高莱斯库的上战场并不是一般人的"投笔从戎"，而是"携笔从戎"——他带着他的画笔上了战场。作为一名战地记者，他可以把这一难得的场景画下来，留给历史。在俄土战争进行的两年多时间里，格里高莱斯库完全像一名士兵一样，来到生死厮杀的战场上，来到两军对垒的堑壕里，来到伏尸遍野的荒原上，他参加了好几次重大的战役，经历了杀声震天的场面。他充满了战斗激情地画着所见到的一切：从青年士兵的肖像到骑马将军的英姿，从奔驰的战马到束手投降的敌军战俘，从伏地侦察的斥候到挥刀斩首的骁骑，从汲水劳军的村妇到倒伏在地的尸体。这些极其难得的素材是他冒着生命的危险而获取的，在矢石横飞的战场上，他画了大量的战地速写，最终，他终于画下了骄横不可一世的奥斯曼帝国的士兵向罗军投降的激动场面，画下了一行行垂头丧气地走向落日的土耳其俘虏，画下了罗马尼亚军队胜利的行列。当战争结束以后，格里高莱斯库又根据这些珍贵的素材画成了一系列历史画，如著名的《进攻斯米尔塘》《轻骑兵》《炮队》《夜巡》和《冬天的俘虏群》等，画上的场面非常壮阔，表现技法也十分高超，从而为罗马尼亚的民族解放史留下了极其珍贵的文献史料，给一个刚刚成立的、独立的、完整的罗马尼亚献上了一份厚礼，这也奠定了他作为一名军史画家的重要地位。格里高莱斯库的这些描绘战争的名作就悬挂在国家艺术博物馆的专用展厅里，供后来者瞻仰。

《冬天的俘虏群》 格里高莱斯库作

　　《进攻斯米尔塘》是格里高莱斯库最具代表性的军事画，也是罗马尼亚最著名的军史画，它的尺幅巨大，长近四米，占了整整一爿墙。这是俄土战争中的重要一役，罗军趁着夜色进攻奥斯曼军队，在小镇斯米尔塘取得了胜利。格里高莱斯库并没有如其他军事画家那样把整个战役收纳在一个全景式的画面之中，也没有把画中的人物作为中远景来处理，而是作了巧妙的艺术安排：这幅画的场面巨大宏阔，但画中实际上只重点刻画了两三个人物，中心人物只有一位握枪冲锋的战士，就把这场战役的气氛烘托出来了，显示了画家以少胜多的能力。与其他史画不一般的，他的用笔非常大胆，笔触奔放跳跃，并不拘泥于具体形象的刻画，有如处理一幅风景画般轻松。

　　格里高莱斯库删繁就简、举重若轻的艺术处理能力令人惊讶，有许多场面巨大的画幅，如《炮队》和《冬天的俘虏群》两画，仅仅只有二三十厘米高，只能算是小品，但无论是战场的气氛，还是总体的色调，都达到了完美，难以看出是尺幅小画。

在经历了"从画家到战士"的角色转变后，战争一结束，格里高莱斯库又完成了"从战士到画家"的角色回归。残酷的战争并没有磨灭掉他的艺术灵感，相反更加激发了他珍视美好生活、继续作画的信心。两年后，格里高莱斯库重返法国，重新融入了浓重的艺术氛围之中，并开始了他对印象派画家的追随，开始了他对光与色的追求。1887年，游倦思返的格里高莱斯库回到罗马尼亚的坎皮拉定居，开始了他"白色时期"的创作。

格里高莱斯库的一生充满了传奇性，他的艺术作品充满了诗意。如果把他与中国的文人相比，他有点像唐代的大诗人王维。王维的一生恬淡宁静，但也曾有过从军疆场的经历，也有过因"陷贼官"而受贬的传奇经历。出现在他笔下的既有"大漠孤烟直，长河落日圆"和"何日斩楼兰"的雄浑诗篇，也有过"劝君多采撷，此物最相思"的婉约诗句。在世界上，能够把阳刚和阴柔相结合起来的艺术家是不多的，能够把"画家"和"战士"这两种角色顺利转换成功的人物也是鲜见的。格里高莱斯库，这位农民的儿子，这位民间的圣像画匠，能够以他六十九年的生涯而为罗马尼亚人民的光辉历史树碑立传，能为罗马尼亚的人民传神写照，从而奠定了他作为"罗马尼亚现代绘画之父"的不朽地位。

罗马尼亚国家艺术博物馆
巴巴故居
疯子国王

　　一生以画农民和肖像为主的罗马尼亚画家巴巴，在他耄耋晚年的绘画题材上出现了一个显著的变化：他画了许多疯子国王。

　　将疯子和国王联系起来，这似乎不可思议，但世界上许多国王是疯子的事确是史不绝书。执掌一国大权的国王是独断独行的独裁者，他的纵心所欲即使荒谬也无人敢去干涉。如果他是疯子，那种荒谬则又会增加百倍。一个人由国王而变为疯子，这里面固然有许多的外部因素和心理因素去追究，但将疯子国王画成画，变成人人都可看见的具体形象，巴巴却是第一人。我在布加勒斯特的罗马尼亚国家艺术博物馆的藏品库里，见到了很多幅这样的画。后来在巴巴的家里，也见到了不少类似的作品。

　　出现在巴巴笔下的并不是那种处于疯癫狂乱状态的疯子，他没有手舞足蹈，也没有胡言乱语，更没有手持棍棒去乱打乱砸，他是一种满怀恐惧、心底胆怯的疯子，满身的肮脏邋遢，蓬头垢面地紧裹着大氅，或是循着墙角蹑手蹑脚地悄然而行；或是全身赤裸、头戴王冠；或是匍匐在地，颓然作行乞状。这样的形象已与街头经常所见的疯子无异，但他身上披着的紫红色大氅和头上的那顶王冠却是表明了他君临天下的身份。也正是有了这顶王冠，才使得他身上的疯子和国王两种角色互相反衬，愈显得反差强烈。

巴巴是现实主义的画家，他以写实的手法来完成的这类图画却是具有着深厚的象征意义。由国王而疯狂，这当然不是他亲眼所见，而是他意象性的、观念性的创造，也必然有所指。巴巴的一生虽然历尽坎坷，但他性格坚毅，意志刚强，他早期和中期的作品都是以坚实而奔放的风格为主，显示出一种与命运相抗争的力度和量感，显示出一种桀骜不驯的傲岸和高贵。但在这一类作品中，巴巴的风格变了。当然这不是他有意的改变，而是他已经无法画得如以前一般的坚实，他已经心有余而力不足了。但也正是这种转变，反使得"疯子—国王"这种特定的题材被得到了恰

《疯子国王》 巴巴作

当技巧的表现，使画的形式和内容也得到了统一。巴巴这一类的画有多幅变体，但其基调却都是一致的，都是那种暗红色的深色背景，画中的人物形象都是委琐而瘦削，画得很概念，缺少具体可辨的细节。他的用笔也琐碎而不肯定，在表现力上逊色了许多，缺少那种令人振奋的感染力，相反令人为之悚然、为之唏嘘、为之惊愕，最终陷入沉思。

巴巴的这一系列疯子国王，必然有所指。国王是一国之主，权力最集中的人物，画中的他是谁？是以前被推翻的那位老国王米哈依？还是齐奥赛斯库？联系到齐氏后期的独裁统治和他的所作所为，人们必然会将他与疯子国王相联系。可是，巴巴的夫人断然否定了我的这一类问题。巴巴也在他的日记中认为，他画的国王并不是指齐奥赛斯库，或者说不仅仅指齐奥赛斯库，而是一群以疯子国王为代表的少数人，他只是一个象征。诚如巴巴自己所说的那样："戏剧化的人类命运正体现在这些无名的人身上。这些画以没有固定身份的人物为主题。"这样的一个非常极权化的人物，这样的一个高踞于万人之上的人物，但是他却是个疯子。他虽然可以以自己执掌的权力，派兵去镇压屠杀人民，可是在他的心底却是个懦夫，是个时刻恐惧被人弒害的弱小人物。他一到夜晚就如同幽灵一般地沿墙恐惧地蹑足行走，生怕有刺客前来取他的性命。他头戴王冠，看似是万乘之尊，可他已经是失去了理智的疯子，他手中的权力根本不可能挽救他失败的命运。一个这样反差强烈的人物，你当然可以从历史和现实中找到若干人物去对照。

巴巴在他的晚年不断地画这种人物，并非是一时好奇，也并非是偶然为之，是有他深刻思索的。我在他那三大本厚厚的速写兼日记本里，发现有许多页上都画着这一类疯子国王的形象，他反复琢磨他的形象，反复勾描，还在旁边用密密的文字加上许多批注和提示，以加深印象，显然他对这类人物的思考已经费心多时了。巴巴一生中经历了许多悲剧性的社会事件，哲学专业出身的他具有一种思辨性和敏感性，晚年的他已经洞悉了人生。当他已经不能走出户外去直面自然而写生时，他便根据他对生活透彻的思考而进行了意象性的创作，他画出了疯子国王这一形象来作为他对他一生所厌恶的角色的批判。然而，由于年迈无力，他已经没有足够丰富的技巧来完成它们了。

就在巴巴本应安度享乐的晚年，罗马尼亚发生了一连串的大事件：先是天崩地裂的大地震，使无数的人无家可归。然后就是东欧的政治动荡：抗议的人群上了街，坦克上了街，军队上了街，政府倒了台。紧接着令人难以置信的，昨天还不可一世的齐奥赛斯库夫妇双双被送上了断头台！改朝换代就在一瞬间，这太令巴巴难以接受了，巨大的落差使一个耄耋老人的心理产生了失衡，原先就有的恐惧现在更加加剧。就在他的面前，一个世界崩塌了，而另一个不可知的新世界正在努力生长出来。他从一个噩梦中逃出来，期待奇迹的出现，却又迷失了自己。这样，业已年老的他只能完全沉浸锁闭在他自己的世界里，其中之悲悯自无可言说。

巴巴在晚年着力反复表现的是"恐惧"主题。无数满脸恐惧的人们匍匐在地上，以一种宗教般的虔诚在祈求上苍，人的渺小和脆弱被表现得淋漓尽致。在述及这两个主题时，巴巴写道："戏剧化的人类命运正体现在这些无名的人身上，这些画以没有固定身份的人物为主题……年老时的噩梦将异教徒般的鬼怪从一个陌生的世界带到我身边，带到我的直觉中。这些噩梦变得混乱奇怪而又带有威胁性，渐渐向我逼近。我的《疯子国王》和《恐惧》都是在这种夜晚的混乱状态中产生的创作灵感。它们都在为生存而祈祷，使我意识到了为命运而战的意义。……我喜欢把自己当成伟大绘画艺术的最后一个捍卫者，我认为在现今这个时代能够画出一幅过时的却可以使看画人陷入深思的作品是一种美德。"

巴巴具有王者般的性格，坚强而高贵，他的心灵深处是"一片辉煌的正在熏烧之中的王国废墟"。他真正是一个艺术王国里的国王。

布加勒斯特农民博物馆
绚丽民间

　　要想了解一个国家，最好去看它的博物馆；要想了解一个民族，那就要去了解这个民族的习俗和风尚，而体现习俗和风尚的最好标本，则是这个民族的民间工艺品。

　　民间工艺品是一个民族文化的活化石，它是物质性的，然而却是具有精神性的内含；它看似普遍性的，然而却是一个民族最典型的精魂之所在，通过一件小小的民间工艺品，可以折射出一个民族的性格和精神。即使仅仅从审美上来说，也可以给予人们以一个独具个性的惊喜。

　　罗马尼亚是工艺美术之乡，由于长期处于农业经济社会之中，以农业产品为主，所以有许多别具一格的民间工艺品，地域特点和民族特点都很强，美学价值很高。

　　在来罗马尼亚之前，我的罗马尼亚朋友鲁白安大使曾送给我一只五彩釉的陶挂盘，我把它挂在我的书房墙上，和那些唐三彩工艺品混在一起。朋友来见了，以为都是中国的产品，经我解释后再仔细打量，才发现了那些异国情调的图案和典型的中国图案的不同。就釉胎来看，罗马尼亚的陶器不如中国的唐三彩精细，但就其釉彩的浓艳和光泽度来看，是与唐三彩毫不逊色的。鲁白安还送我一只青花纹样的陶烟缸，其青花彩的浓艳度要超过中国的青花瓷，只是没有中国明代最名贵的那种"苏麻离青"，但猛看上去也几可乱真。

到罗马尼亚后才发现，彩陶釉是彼国的一种非常具有特色的民间工艺品，在全国分布很普遍。我在罗马尼亚的好几个博物馆里都发现了独具特色的彩陶器，其造型、胎质、釉色和纹饰都相当精美。在布加勒斯特的农民博物馆里，有整整一面墙上全挂满了各色各样的彩釉陶盘，绚丽满壁，吸引得我在它们面前流连忘返。罗马尼亚民间多有在屋内挂彩釉陶盘来装饰的习惯，他们用彩釉画成盘子，挂在墙上装饰墙面，非常美丽。这种彩釉陶和我国的唐三彩陶非常相似，都是低温铅釉，赭、蓝、白、黄、绿、紫、黑诸色釉都有，就是缺少大红釉，因为大红是氧化铜的还原，对烧造温度的要求最高，陶器轻易烧造不出来。根据胡内多阿拉民间艺术保护中心研究人员的介绍，罗马尼亚几乎全国各个县都会生产彩釉陶器，而且根据地域的不同具有不同的风格。这些彩釉陶的装饰方法也多种多样，有以色釉为主的，也有以彩绘为主的，还有两者结合的。还有不拘形式在色釉或彩绘的器皿上加以捏塑手法的。有的色釉是深黑色，上面绘上红色和白色的纹饰，看上去就和漆器一般光泽锃亮，斑斓晶莹。还有的黑釉上加了本色的浮雕，如同中国的黑陶一般凝重。有一种绿釉的陶器用了浮雕和填色双重装饰方法，先在陶坯上刻出浮雕的花纹，再用黑彩填上，这样看上去既有立体效果，又有色彩效果。

彩绘陶的品种也很多，几乎在各种釉色的器皿上都可以加以彩绘。有有釉的，也有无釉的。彩绘的纹样几乎都是随手画成，不假思索，寥寥数笔，率真简朴。即使是几何图案形的纹样也大多不借助于仪器，并不如中国瓷器的图案那样非常讲究整齐精细之美。有很多图案出自民间艺人之手，稚拙质朴，几乎是率性而为。其中有一种青花图案的陶器比较特别，浓艳的青花釉彩画出的效果单纯明快，看上去和我国的青花瓷器特别相似，只不过这是陶

青花釉陶烟缸

器而非瓷器，烧造的温度低，此外青花图案的风格也是异国情调
的。这种青花陶和五彩陶引起了我的好奇心，因为它们和中国的
青花瓷和唐三彩陶都有异曲同工的相似。我大胆地揣想：尽管罗
马尼亚与我国相距有万里之遥，两国在历史上也没有互相交往的
纪录，但罗马尼亚在历史上曾先后被匈牙利和奥斯曼帝国统治过，
而这两个国家却是和中国有着密切的关系：匈牙利就是原本居住
在中国西北的匈奴的后代，而建立了奥斯曼帝国的塞尔柱人则是
原本居住在中国西北的西突厥人，这两个民族都是从中国的本土
迁移过去的，它们长期以来与中国的文化密不可分。到十三世纪
成吉思汗率领他的铁骑横扫了亚欧大陆的时候，他的"上帝之鞭"
也曾掠过巴尔干的土地，蒙古人也曾在喀尔巴阡放过牧，在多瑙
河饮过马。那么，在这些民族大迁徙的时候，是否也有可能把中
国的制陶技术带到了这一带呢？中国的瓷器在元代时用的一些青
花钴料是从国外进口的，罗马尼亚的青花釉彩的颜色十分浓艳，
是否也有可能出产那些名贵的青花钴料呢？当然，无论是从造型

来看还是从图案来看，罗马尼亚的陶器已经是非常民族化、非常地方化了，即使在历史上在技术上有所借鉴，但最终也融化成了本民族自己的工艺品。这一点，在世界大同的现在，意义非常重要，因为唯有文化上的多样化才有可能显示世界民族各自不同的特点。

罗马尼亚的制陶技术发达，在国内各地到处都可见到一种特殊的壁炉。尽管壁炉是欧洲各国都有的一种设施，但它们和西欧的壁炉在材料和形式上都不一样。罗马尼亚的壁炉不是用石材来打制的，而是用陶砖来贴饰的。这种壁炉的形式非常特别，在罗马尼亚随处都可以见到，甚至在国王的宫殿里也有。它不仅仅成了人们家里的一种取暖工具，而且成了家庭里的一件美丽的装饰品，有好几次我都没有发现它是壁炉，而认为是一种装饰墙，忍不住上前摸摸它。画家格里高莱斯库的故居里壁炉上贴饰的陶砖就非常漂亮，一问才知道这是他的儿子亲自烧造出来的，他的儿子是一名优秀的陶艺匠人。我在坎皮纳一位朋友的别墅里见到一只装饰非常精美的壁炉，全部是民间风味。上面放着几只彩釉陶壶，木板墙上挂满了彩绘的陶盘，非常别致。中国虽然是瓷器大国，但鲜见得有人用大量的瓷盘来装饰居室，装饰的只有整只器皿而已。

我在罗马尼亚各地的博物馆里都见到一些造型精致的民间工艺品，但苦于不知在何处可购？一天，我们经过一家加油站边的路边店，发现里面琳琅满目地挂着各种各样的工艺品，急忙冲进去狂购一番，木雕、陶盘买了一大包，一算价钱才合人民币三百多元。其中最有趣的就是木雕了，我选了一组三人的乐队，这是用木头做成的人俑，一个吹排箫，一个拉小提琴，一个弹琴。人物的造型既传神又幽默风趣，还有一只国王的头像壁挂也别具一格。

罗马尼亚的民间服装也值得一提。罗马尼亚长期处于农业经济社会，牧业也占了相当的比重，但国内不产棉花，所以他们服装的材料是以麻布和皮革为主。有一种用光板本色的皮革做的背心似乎很普遍，是他们的民族服装。上面用彩线绣着纹饰图案，有的还饰有银泡钉，既具有保暖的实用价值，又具有审美价值。和世界上绝大多数民族一样，这种服装平时在城市里根本看不到，只是在表演的场合或节日才取出来穿。我在几家酒店里见到演奏的乐手和歌手们穿的都是这种彩色皮背心，露出宽大的双袖，很精干的样子。

罗马尼亚还有一种风俗，就是画彩蛋。它有点像我国的红蛋，但要比红蛋精致漂亮。遇到喜庆的事，罗马尼亚人会取来大大的鸡蛋，将它们的表面染上色，大多是偏暖的红色调，然后在上面画上各种图案和花纹，无数的彩蛋堆放在一起，斑斓夺目，非常好看，这也是他们民族性的一种独特表现。就是这样多的工艺品，组合成了罗马尼亚绚丽斑斓的民间艺术。

现代的工业文明和世界的一体化正在扼杀着民族个性，世界上很多民族的文化正令人心痛地走向消亡。而某些民族则顽强地用他们独特的文化来与之相抗衡，这当然是一场无日无之的无形战争，即使不能最终取胜，也可以延缓它的消亡。

民间木雕的国王头像

哥德堡市立博物馆
哥德堡传奇 (上)

2007 年，我从丹麦的赫尔辛格过海，路过瑞典的赫尔辛堡，沿着海岸线一直北上去挪威。傍晚时分，进入哥德堡市区，那天正逢欧洲青年运动会在这里召开，满街都是沸腾的人群，狂欢着的人们喝着啤酒，把街道挤得水泄不通，我们的车子只得龟爬蛇行，慢慢磨蹭。刚拐过一个弯，前面出现了码头，猛然见到左侧的车窗外有一个巨大的影子，转晴看去，我发现那就是鼎鼎大名的"哥德堡 3 号"，正静静地泊在码头上。

哥德堡以造船业在欧洲闻名，历史上有许多条远航的船只都是在这里建造的。即使在现在，这里也没有沉寂，沿岸的码头上到处都可见到巨大的船厂和港口。在超级巨轮众多的当今，论吨位，"哥德堡 3 号"算不上是老大，但它的名气却在世界历史上很响。或许是庆祝运动会的召开，它升起了全部的三角帆，船上挂满了各种颜色的彩旗，显得喜气洋洋。我紧盯着这艘富有传奇故事的大船，如同看到了刻印在它船舷上的那三百多年的风霜和印痕。赤霞满天，夕阳映得船帆一片紫红，衬着暗蓝色的北海，无比的壮丽。

　　在今天的中国，已经很少有人知道这艘帆船与中国的一种特殊的关系了。

　　只有登上这条船，或者是进入哥德堡市立博物馆，才能读到深藏已久的哥德堡传奇。

　　哥德堡市是因为这里有一条哥德河而得名。而哥德河则又是因为这里在古代活动着著名的哥德人而得名。哥德人又被译成是哥特人，他们是古代生活在北欧一带的海盗和商人，骁勇善战，四处征伐，后来曾经南下入侵了罗马帝国，改变了欧洲的历史。380 年前，当时的瑞典国王古斯塔夫二世下令在这里建造一座全新的城市，哥德堡市就此建立。它的意义在于，由于瑞典的国土是大半朝向波罗的海的，波罗的海是内海，所有船只要想航行到大西洋去，都得经过由丹麦控制的厄勒海峡，而瑞典以前是从属于丹麦的，它们之间的关系并不太好。建立哥德堡市的意义就等于是向北海打开了一扇窗户。船只从这里出发，可以不受任何控制地驶向世界各地，瑞典也就此成为海洋强国，并开始了它与中国不平常的贸易和交往。为了纪念国王的这一英明决定，在港口旁边建了一个古斯塔夫广场，市立博物馆也就在不远的港口边。这里的地理位置十分优越，西出北海，邻近挪威和丹麦，东部有宽阔的维纳恩湖和狭长的韦特恩湖为腹地，水路通畅，所以建有三道要塞，四周环绕着城墙和护城河，从此，它成为北欧的一座贸易名城，通达四方。直到今天，哥德堡还是北欧最大的城市，也是瑞典的工业中心，著名的"沃尔沃汽车"和"哈斯相机"的总部都在这里。

　　在历史上，北欧存在过作为海盗的维京人和哥特人，他们都毫不耻于自称是海盗，甚至以海盗为荣。这些海盗们勇敢地到过世界很多地方，为开拓领土而做了许多努力。虽然我至今还搞不清楚维京人和哥特人究竟是不是一个民族（很多专家也对此争论不已）？但对于他们的战绩却是了然于心的。也正是这些海盗，为他们的后代远征东亚而激发了勇气和信心。就像后来的西班牙人和葡萄牙人曾经瓜分了世界一样，北欧的维京人也有默契：丹

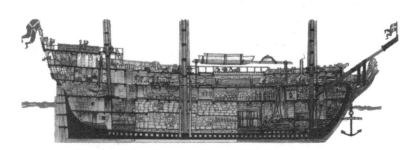

远航中国的帆船舱内所装货物示意图

重新复制的"哥德堡3号"

麦的维京人向法兰克和英格兰进发，挪威的维京人向冰岛、格陵兰和美洲探险，而瑞典的维京人则向东，朝着莫斯科进发，他们甚至逆着伏尔加河到达了里海，他们的这一系列远征为千年后的瑞典人指点了方向和提供了经验。

在哥德堡建立的那些年里，瑞典是一个非常强大的国家，但日后的持久战争，消耗了它的精力和财富，在决定放弃武力政策、采取了和平中立的国策之后，瑞典决定用贸易来重振它的经济。当时的世界上，几乎所有列强们的眼光都集中在东方，哪怕是发现了美洲的哥伦布，他最初的目的地也是印度。在英国和荷兰相继成立了东印度公司之后，很多国家都发现，尽管远渡重洋是一项非常艰险的工作，但从这项工作中所获得的利益却是相当可观的，甚至是超出人们的想象的。于是，瑞典也随后成立了自己的东印度公司，向遥远的中国派出了自己的远航船只"哥德堡号"。

时至今日，当年瑞典东印度公司的旧址已经成为哥德堡市立博物馆，这是一座坚固而宏伟的建筑物，就位于运河边，靠近大海。土黄色的墙面上是北欧典型的青铜屋顶，还耸立着一座红砖青铜顶的塔楼。里面的陈设简朴然而现代，还能感受到当年的豪华和气派，展览把瑞典东印度公司和哥德堡号的传奇和他们贸易的收获都一一陈设出来，那是一部活着的历史。

和一切的西方国家一样，瑞典人最为眼热的中国商品是瓷器、丝绸和茶叶，这是他们最梦寐以求的物品，也是他们最稀缺的奢侈品。他们无法理解聪明的中国人怎么能制造出了这些稀世珍品，而他们却只能用木碗，穿麻布衣，喝白水（那时咖啡还没有传入欧洲）？最初建造的哥德堡号并不大，只有八百多吨的载重量，它要从北海出发，绕过半个地球，才能到达那个梦一般的国家，那个谜一般的国家。路程极度遥远，也极度艰险，阻碍水手们的，不仅仅是狂暴的海浪和恶劣的天气，还有出没的海盗、荷兰人的竞争，以及败血症和无比的寂寞。博物馆里陈列着当年哥德堡号的花名册，我看不懂瑞典文，然而能够看得到花名册上不止一个划去的名字，显然那是死掉或失踪的人。

然而，对于一场贸易来说，这种冒险是非常值得的。哥德堡号共往中国航行了三次，它历尽千难万险而带回来的商品，全部被卖出了好价钱，这一价钱竟是船只成本的六十倍！仅仅一条商船售出货物的价值就相当于当时瑞典全年的国内生产总值！巨大的利润刺激了人们，鼓励他们再度扬帆出海，带回更多的商品。当时的中国正是清朝的乾隆时期，经济繁荣，物产丰富，完全可以满足他们的需求。但中国当局不收任何钱钞或外国硬币，只用白银或黄金来交易。瑞典人就从本国运出铁块、木材和皮毛，在西班牙卖出后，买进大量的白银（西班牙从美洲的殖民地掠夺了大量的白银和黄金），再运到中国和日本进行交易。在他们的眼里，瓷器是用土烧造出来的，茶叶和丝绸都是从土里长出来的，而他们却是要花白银和黄金去买，这无异于是聪明的中国人从土里换回了黄金。而这一切，都是由哥德堡号带回来的。瑞典人自豪地说，世界上有很多的东印度公司，不同的是，他们从来没有贩卖过鸦片！

然而，这艘瑞典人眼中的幸运宝船哥德堡号，却在它的第三次从中国满载而归的时候，在瑞典举国欢迎、万众瞩目的情况下，就在它已经离海岸线只有九百多米的地方，触礁沉没了。那是1745年的事，它的货物价值是近三亿瑞典银币。惊悸之余，人们从沉船上捞起了30吨茶叶、80匹丝绸和大量瓷器，在市场上拍卖后竟然在偿还了哥德堡号这次广州之旅的全部成本后，还能够获利14%，而这艘船还有三分之二的货物没有被捞起！巨大的利润促使人们忘了这场灾难，或者说是不顾这场灾难，又重起炉灶。之后瑞典东印度公司又建造了"哥德堡2号"商船，再次让它驶向东方。不幸的是，它最后在南非的海岸线上沉没了，重蹈了哥德堡1号的覆辙。1813年，瑞典东印度公司关闭。这项宏伟的远航计划就此停止。

哥德堡市立博物馆
哥德堡传奇 (下)

　　两条哥德堡号虽然都先后沉没了，但它的传奇故事却没有终止，还在继续发展。在 200 年后，当哥德堡号早已被人们忘记的时候，有人在近岸的水下发现了大量的瓷器碎片，于是，打捞哥德堡号的想法便被提起。

　　早在 1905 年的时候，就已经有人重提起了哥德堡号的事，并向王室申请到了打捞的许可权，他们在次年打捞到了 3000 件完整的瓷器，并对其中大部分进行了拍卖。这里面很多都是珍品。

　　1986 年，打捞工作再度进行，同时伴随着的还有水下考古工作。为了保障工作的持续进行，成立了一个"东印度哥德堡号之友"的组织，目的既是为了规范打捞，也是为了日后的筹款。这项艰苦的工作一直持续了 6 年之久，最终他们所获甚丰，一共打捞出了将近 9 吨重的瓷器碎片，完整的瓷器 400 多件。而当时船上共装载了约 100 吨重的瓷器，有 50 到 60 万件之多。此外，还有大量的茶叶、丝绸和藤器，这些都是地处寒带的瑞典所没有的珍品。还有一些香料，但早已被海水侵蚀了。

　　这些非凡的沉船物就被放在昔日瑞典东印度公司豪华的大厅

紫砂胎粉彩开光花卉纹壶

里，被装在特别的展柜中公开展出，展柜中附有哥德堡号当年的货物清单。最令人触目惊心的是当厅的一只大金属笼子，里面密密实实地装着打捞出来的9吨多瓷器碎片，有好几米长。如此壮观的一种装置令人骇然，无法想象这是多少件整器的骸骨。如果凑近了看，还可以分辨得出里面有青花、白瓷、青瓷、五彩等等的区别。这是一只五彩斑驳的笼子，也是如同玉质一般珍贵的笼子，如果把它们一一拼凑成器，将会是多少件令世人惊羡的珍宝！在展厅里也摆放着一些拼凑成型的瓷器，但是，要想从这数十万片如玉屑般的碎片中寻找到相同的器形和图案，再一一拼凑成器，那要费多少工夫？它并不亚于打捞的艰难，这种细致和耐心真令人钦佩！

展厅里有哥德堡号当年的设计图纸，有摆放着货物的示意图。在船舷以下的舱里，最下面是沉重的金属条，用来压舱。上面放上装在箱子里和盒子里的瓷器，里面塞上稻谷和茶叶。有的瓷器则用稻草捆成捆，被塞在船的边缘空隙，这些是船员们夹带的私货，

饰有瑞典王室徽章纹的盘子，上部是王冠。这是王室定制的用器。

以逃避海关的检查。最名贵的丝绸和香料放在最上层。当船只沉没之后，瓷器碎了，丝绸污烂了，香料耗损了，人们以为，茶叶也会被浸泡而失味了。事实上，满船都是茶叶，它们被海水浸泡过，体积膨胀了好几倍，积了厚厚的一层。船上装的并不是新鲜的绿茶，而是产于福建的武夷茶，在经过多年的水浸之后，它们竟然还能够发出足够的茶香，当然里面会夹有一股泥土味。后来哥德堡3号再度远航时，送了一小包给它的原发地广州，现在被保存在广州博物馆里。

还有一个小小的插曲：当年哥德堡号刚刚沉没的时候，不久后人们就开始着手打捞船上的货物，展览厅中的一份文件记着，人们舍不得放弃已经被泡湿了的茶叶，就把它放在烤炉中烘干，但意外的是，夹在茶叶里的一大群蟑螂也随之苏醒，它们逃入了哥德堡市，从而成了一种最新的东方物种入侵者，在此以前，哥德堡寒冷的气候是根本不适合这种昆虫生存的。

最令我感兴趣的是将这数十万块瓷器碎片复原的工作。哥德堡号里面装载的瓷器有很多品种，既有供欧洲人用的咖啡具，也有茶具、餐具，还有少量的瓷雕。如果是我，根本不可能有兴趣和耐心来把它们一一拼缀成整器，因为这项工作太复杂了。可是，打捞发起人的夫人贝瑞特·瓦斯特费尔德，是一位中国瓷器爱好者，也是一位研究者。她竟然在长达四年的时间里，把这些碎片根据形状和颜色一一分类，先把青花瓷、五彩瓷和珐琅瓷的碎片分开来，再进行拼缀。这种拼缀主要是根据它的图案，光是青花瓷里，就有 100 多个图案，对一个外国人来说，这是何等艰巨的事！除此之外，她还发现了 7 种带有西方风格的图案，说明这是根据欧洲人的喜爱来定制的。这些定制的瓷器，一直在瑞典人中流传，他们会根据自己的喜爱和家族的纹章来向中国定制瓷器，以作为自己珍贵的收藏。

现在，这些完好的和经过加工恢复了完好的瓷器都集中在这座博物馆的展厅里，向来参观的人们发散着它古老的中国气场。中国的瓷器，对于欧洲人来说，是一种无法复制的珍品，他们对待瓷器犹如中国人对待玉器，何况是要经过那样漫长的跋山涉水、越洋过海才能够到手的珍稀物品？但是，陌生而神秘的中国图案，那些八仙过海、戏曲故事、吉祥图案，对于他们来说未免是天方夜谭，于是，他们便产生了向遥远的中国定制自己的瓷器的想法。事实上，这种定制工作在荷兰和英国都曾进行过，瑞典也一样。瑞典人向中国定制的主要是"徽章瓷"。就是把他们的王室、家族、贵族、军团、城市、公司或团体所标示的徽章纹饰，烧造在中国的瓷器上，除非瓷器被打碎，图案永不褪色，徽章的荣誉加上瓷器的珍贵，成了欧洲人的一种喜好，也是一种炫耀，一种荣誉。甚至连瑞典的王室都来中国定制带有王冠的徽章。有的在徽章上加上拼合的文字，甚至还有自己个人特定的设计，这种瓷器，在中国被称为是"外销瓷"，主要是由广州的"十三行"来进行定制外销。他们从景德镇买回白瓷胎，然后在广州的河南地区（广州称珠江以南为河南）工场里完成彩绘和烧造的工作，在中国又称为"河南彩"和"广彩"，也被称为是"洋彩"。

中国的瓷器之所以能够在瑞典这样畅销，是因为当时瑞典有一股"中国热"。瑞典的醉心于东方、醉心于中国，是出于历史的原因。一千多年前的维京人曾经从瑞典出发，向东，他们的目光一直盯着东方，一直向往着东方，也一直向他们的后代灌输东方富庶的思想。后来，诺贝尔家族就在里海沿岸的巴库建立了自己的油田；斯文·赫定也是沿着这条祖先之路一直走到中国的，瑞典人一直对东方抱有好奇心。清末民初之际，在中国和北京工作的瑞典人数量并不在少数，他们帮助中国人找矿、培训技工、做教师、传教布道，甚至连津浦铁路的总工程师也是聘的瑞典人。虽然瑞典以前四处扩张，但以后它制定了和平处世的方针而恪守着中立的立场。与其他欧美列强相比，瑞典在海外没有殖民地，没有贩卖过鸦片，八国联军里没有他们，两次世界大战也没有他们，这些，都使中国人相信，至少欧洲还有一两个不来侵略和剥削他们的国家。瑞典对中国的感情也是较深的，在一百年前甚至还成立过一个"中国委员会"，由当时的国王当主席，曾赞助过多项与中国友好的事业，连王室的宫殿和花园里都有中国风格的建筑物，国王和王后学着中国的样子喝茶、打扮，甚至说一些他们认为是中国话的中国话，当然，使用中国运来的高档瓷器就是一种必然了。

最初一艘沉没的哥德堡号，由于已经在水下解体，长久被海水浸泡的橡木已经具有珍贵的阴沉木性质了，它以后被人陆续打捞出来，做成了家具。因此，当打捞哥德堡号正在进行的时候，眼看不能完璧，打捞人就萌生出了复制它的想法。在经过了 8 年的努力之后，他们成功了，一切都和那艘沉没了的船一样，它被命名为哥德堡 3 号，它又从哥德堡出发，驶向它的祖先向往的地方——广州，在那里，它受到了热烈的欢迎。我在哥德堡码头上看到的，正是刚刚从香港返回来的它的身影。从 1738 年哥德堡号正式下水开始，直到 2006 年，经过了 268 年的时间，哥德堡号如同中国的凤凰一般，经历了一个涅槃再生的过程。

奥斯陆国家美术馆
蒙克美术馆
蒙克笔下的女人

　　一如易卜生之于挪威文学，格里格之于挪威音乐，维格朗之于挪威雕塑，爱德华·蒙克已经成了挪威美术的代名词，这位奇才怪杰卓然独立于挪威众多美术家之上，把挪威的美术推到一个世界的高度。他的绘画不仅影响到本国的画家，而且成为表现主义的精神领袖。

　　蒙克的那些非凡作品主要陈列在蒙克美术馆里，这是世界上收藏他作品最多的地方。蒙克著作等身，根据他的遗嘱，他的全部作品都捐赠给奥斯陆市，这笔巨大的遗产包括1200幅油画、4500幅素描、18000幅版画、6件雕塑以及大批的工具、笔记和书籍等，奥斯陆市以这笔难以估价的遗产成立了蒙克美术馆。此外，作为国家的形象，奥斯陆的国家美术馆收藏有58件蒙克的作品，它们组成了两个专室。人们来到这里，主要是看蒙克。

　　我去参观这两处美术馆的时候，窗外夏阳明艳，展室里观众寂寂，伫立在空荡荡的大厅里，仿佛听到画上的人物都在尖声嚎叫，互相扭结，挣扎奔突，给人以不安，大厅里充斥着一股阴郁肃杀之气。环顾四周，仿佛蒙克画的不是一个个人物，而是一个个孤魂。这里的许多画作上都有暗示不祥的红云，它们给观众以警示，也给人以不安。蒙克多次在他的画面上出现病人、骷髅、死神和尸体，他的一生就时时恍然与这些痛苦的形象相对，一生都在孜孜不倦地画着病、苦、性、死的主题。蒙克的一生并不欢乐，他也不想通过他的画来给别人欢乐。他只想表现出自己的情感，去画出人们的灵魂。

当蒙克在世的时候，奥斯陆国家美术馆就非常有名气了，它始建于 1836 年，离挪威王宫只有咫尺之遥。蒙克作画之初，就希望国家美术馆能够收藏自己的作品，这是一切画家之梦。然而，要想收藏那些标新立异的画作，是要有勇气的，要准备接受观众们的指责。幸而当时远见卓识的馆长不顾人们的大肆批评，决定收藏他的《青春期》等五幅画作，开了此馆的先河，稍后，奥斯陆国家美术馆的主要捐赠人奥拉夫·秀则又购买并捐赠了《呐喊》等十幅作品，从而使国家美术馆成为收藏蒙克作品最多的场所。直到后来蒙克诞生一百周年的时候，全新的蒙克美术馆的成立，才以丰富的收藏超越了它。

蒙克的一生都和病、苦、性、死打交道，是一位不幸的艺术家。从他出生伊始，疾病和死亡的阴影就笼罩在他的家族之上，使他充满了恐惧和痛苦，终生挥而不去。他五岁的时候，母亲死于肺结核病，稍大后姐姐和弟弟也死于此病。而父亲则患有间歇性的精神病，妹妹就因此病而住进了精神病院。蒙克从小就疾病缠身，患有支气管炎和关节炎，中年以后又因精神分裂症而入院，一辈子都在受着病痛和死亡的威胁，他说："疾病、疯狂和死亡，是我出生之时站在摇篮周围的黑色天使，从那时起，他们便缠住了我的一生。"

女性，在蒙克的画中是非常重要的主题。蒙克一生中画了无数的女性，这其中有他深爱着的家人，也有与他相恋的情人，还有一些是与他无涉然而却是作为美的化身的人。从小时起，他就告别了母亲和姐妹，她们都被疾病夺去了生命，这给蒙克不仅留

《吸血鬼》 油画
这是蒙克描绘他十九岁时与一个有夫之妇之间恋情的画，画中的女子披散着的火红头发如同吸血鬼。

《坐着的裸女》是蒙克年过六旬时相恋的一个年轻美丽的模特儿的肖像。

下了眷恋，也留下了无可慰藉的忧伤。他用冷调子的蓝色画下了死后躺在病榻上的母亲，用黛黑色画下了美丽的妹妹英格尔，也画下了姐姐去世前伫立在病房中的全家人《病人房中的死亡》，还画下了怀抱病孩的母亲和姐姐《病孩》，他甚至还画了拥抱着死神的《死亡和少女》，这些美丽然而短命的女性，成了他早期名作的题材，也成了他终生不能忘怀的阴影，它们就排列在这两处美术馆的专室里。

一个多愁多病身，必然会多情。蒙克高大英俊，年少成名，敏感而忧郁，自然会受到女人的青睐。事实上，蒙克早在十九岁时就堕入了情网，与一位虽比他小一岁却已有离婚史的有夫之妇米里产生了恋情。蒙克是情事未涉的少年，而她则是性经验丰富的熟女，又是主张"自由恋爱"的开放女人，他懵懂未识，初尝禁果，以至于深陷于里面而不能自拔，经常与她在多处相会。他为此而画了《吻》和《情眸相对》等多幅画，以表达他们之间那种悱恻缠绵的关系，以及相互纠缠、既爱且妒的心理。在《吸血鬼》那画里，他把米里画成一个成熟女人，紧紧箍抱着一个男子，红色的头发披散着，犹如吸血鬼般吮吸着男人的精力，扭缠着男人的灵魂。这段充满苦恼的初恋一直延续了六年才结束，留给他的是一种恐惧和悸动。

之后，蒙克又相继被多个女人所吸引，有的还是绝色佳人或沙龙名媛。在柏林，他与美女杜夏相恋，她是一位警官的女儿，长得清纯可爱，在社交圈里，是许多男人疯狂追求的对象。蒙克也为她而疯狂，然而又为她与其他的男人交往而心生妒忌。这位名盛一时的美女最后竟被另一位俄国妒忌者开枪打死，成为轰动一时的悲剧新闻。这件事给蒙克的打击极大，他以杜夏为模特而创作了多幅《玛多娜》，他把杜夏画成裸体，披散着头发，张开胸臂，似乎要拥抱。然而蒙克为她画上了一顶红帽，这是妓女淫荡的暗示。在把这幅油画改成石版画之后，又在边框的左下角添上了一具骷髅，象征着死神，这就印证了他一向宣称的"连结着生与死"的话。他以后又把这幅画称为《圣母玛利亚》，使它超越了一般的肖像而具有浓烈的象征性。

稍后，蒙克回到奥斯陆，带回了一位美丽而富有的女子朵拉，在一年多的时间里，他们相依相从，一直居住在一起。蒙克盛赞她有着女神般美丽的面容和完美的裸体，还有着过人的智慧，他以她为模特画了几幅肖像和几幅《玛拉之死》，然而有一天，他们之间的爱情又以悲剧结束，朵拉居然向蒙克开了一枪，打断了他的中指！社会的舆论反而一边倒地偏向朵拉，逼得蒙克旧病复发，住进了疯人院。

在经历了几次生死之恋后，蒙克尽管心灰意懒，纵情于酒，然而他还是不能忘情于女人。他不断地换女人，不断地投入感情，又不断地沮丧失望。她们有的是管家，有的是舞女，有的是职业模特儿，有的则是偶尔一遇的流莺，她们相继来到在他的身边。有一位绝色美女比尔吉特是在蒙克六十岁时才走近他的，根据蒙克为她而画的那幅《坐着的裸女》上可以看到，这是一位体型几近完美的女性，身材修长，容貌瑞丽，皮肤白皙，金色的长发。在与他一起生活了六年之后。她最终还是离开了一直逃避婚姻的蒙克，这也从此中断了蒙克的爱情之念，直到他八十岁时生命结束，还是单身。但是，这些美丽的女人却在蒙克的画笔下获得了艺术生命，他毫不掩饰与她们之间的关系，他为了她们几近疯狂，耗去了自己毕生的精力。

作为一位乖僻而杰出的艺术家，蒙克一生苦闷、沉沦、酗酒、疯狂，在艺术和爱情之间游走，他一生都在躲避病、苦、死，一生都在追求性。然而他也为此而耗尽了精力，住进了精神病院。除了艺术之外，他一无所有。幸而奥斯陆的市民们宽恕了他的放纵和不羁，接受了他留下的这些无价之宝，建造起了一座殿堂来陈放他的这些艺术品，让它们永与奥斯陆峡湾的美丽景致相对。相信在北欧漫长的永夜里，苍老的蒙克灵魂会冒着冷冽的寒风来与她们的倩影叙旧，空荡荡的大厅里会响起他们的尖叫和呐喊声。

梵蒂冈美术馆
仰望天穹 (一)

西方游客把在中国的游程归纳成"上车睡觉，下车看庙"。其实，中国游客在欧洲游览，也是如此，不同的是，所看的是教堂。我在二十年中，估摸共看了不下两百座教堂。从罗马时的地下墓穴教堂到中世纪简陋的石头教堂、再到规模宏大的索菲亚大教堂和塞维利亚大教堂，但印象最深的，莫过于是梵蒂冈城里的教堂。

任何宗教都相信神居住于天上，所以他们建造的居所都与天空有关，或是高耸陡峭，直指向天，或是穹顶四垂，如同天宇。教徒们置身于此，在幽闭黑暗的空间里，在唱诗班的歌声中，仰望天穹，相信自己的灵魂就会借此飞升，与云端中的神共栖。教堂建造之初旨，就是如此。为了增加宗教的气氛，建造者们还会在教堂里布置与教义故事有关的雕塑和壁画，这样就使得这种宗教的场所也成为一种艺术的展示场。

梵蒂冈是全世界天主教教皇的居住地，也是罗马的一个"国中之国"，虽然它只有0.44平方公里，但却是一个集宫殿、教堂、陵墓、图书馆、城堡于一体的建筑群，是全球大热门的旅游目的地，每年都有无数的游客来到这里，聚集在圣彼得大教堂的圆形廊柱广场上，举首仰望那神圣的殿堂。然而正如众人入山，樵者伐树、牧者饲畜、渔者垂钓、文人看山一样，对于教徒来说，这里是他们心中无上的圣地，是教皇权威最强有力的象征；从世界文化史来看，这是文艺复兴时期最具有代表性的成就；而对美术家而言，它就是一座美术馆。事实上，梵蒂冈美术馆就是城内的各处收藏艺术品场所的总称，它们连在一起，分为二十多个厅堂来展出。

根据《圣经》所说，圣彼得大教堂是为纪念圣徒彼得而建造的。圣彼得是耶稣最忠实的大弟子，也是为了宗教而牺牲的殉道者，他的遗骨就埋葬在教堂的地下。在教堂前的广场上，矗立有他的雕像，他相貌堂堂，美髯飘拂，一手拿着耶稣送他进入天堂的金钥匙，另一手捧着耶稣的圣旨。他被后世认为是第一代教皇，以后的教皇都是他的继承人，是耶稣在世上的代表人。在经过前后160年的修缮，经历了22任教皇的统治后，圣彼得大教堂终于以无比的辉煌而成为举世瞩目的巨构，是世界第一的大教堂。

在米开朗基罗设计的天穹下，是贝尔尼尼设计的青铜华盖和圣彼得的椅子。

这座宏伟的教堂几经周折，几经更改和重建。拉斐尔曾被教皇邀请担任过这里的建筑总监和美术监督官，负责教堂的设计，同时也在梵蒂冈留下了众多的艺术珍品，其中有《西斯廷圣母》，还有几幅巨大的壁画，如《帕那苏斯山》《赫里奥多罗被逐出神殿》《教义争论》《彼得被救出狱》《教皇列奥一世和阿提拉的会见》《博尔申纳的弥撒》，以及影响最大的《雅典学院》等等。《雅典学院》位于教皇宫殿的一所专门进行签署重大文件事宜的大厅里，以前一般人不能进入，现在建成了拉斐尔展厅。这幅画的题材取自古希腊时雅典学派成员聚集的情景，拉斐尔在画中集中了五十多位当时著名的人物，根据他们的故事一一入画。他把他们安置在一个宏伟的希腊式大厅内，一道弧形的拱横划过画面，使画面具有了动感和弹性，而不至于呆板。大厅的正中，是一排走动着的学者，在他们的当中，是柏拉图和亚里士多德这两位古代杰出的哲学家，他们是当时最有影响的人物，也是画面上最显著最突出的中心人物，整个画面的聚集点。他们脚下的阶梯把视线引向下方和四角，台阶下也聚集着动态各异的学者。整幅画的气势宏大，人物众多，而且各有来历，各有性格，这为后世开启了"英雄们并肩走进大厅"的构图模式。有趣的是，拉斐尔用美髯飘拂的达·芬奇的形象来画成学识渊博的柏拉图，把米开朗基罗的形象来画成了托颐深思的学者赫拉克利特，表明了他对两人的尊重，而且他也把自己画了进去，说明这三杰之间有着深厚的友谊。

在文艺复兴三杰里面，拉斐尔是最幸运的宠儿。他年轻得志，一世都受教皇的青睐。他以善画肖像而闻名于世，所作的圣母像已超越了前世瘦削木讷、僵板呆滞的模式，而改为美丽端庄、温柔敦厚的形象，他的画笔使高踞于天庭的冰冷圣母从云端神坛走到了人间，成为人见人爱的美丽女神。他为西斯廷教堂画的圣母像，不啻于佛教中的送子观音，已超越了宗教，成为世间一切母爱的代表。虽然被并列为三杰，但他却是和其他两人各有不同。他不如达·芬奇那般睿智聪慧，博学多才，也不如米开朗基罗那样气魄雄伟、历经磨难，更不像两人那样桀骜不驯。他一生享尽尊荣，

《雅典学院》 壁画 拉斐尔作

周旋于贵族之中，因而在作品中也具有一种贵族气，缺少烟火味和批判性。他的风格阴柔秀美，刚强性不够。然而天不假以年，在事业未尽之时，他却以三十七岁的年纪英年早逝，未免令人痛惜。

米开朗基罗完成西斯廷教堂的《创世纪》后两年，拉斐尔开始进入梵蒂冈作画，这一年，米开朗基罗三十九岁，拉斐尔三十一岁，都是风华正茂的年纪，都正在踌躇满志，都正在以梵蒂冈为舞台，演出自己人生最精彩的剧作。拉斐尔来西斯廷教堂看过米开朗基罗的画，对之赞叹不已，并把他的形象画入自己的画。这时的西斯廷教堂里，已经挂进了他所作的《西斯廷圣母》画。而在此之前十四年，米开朗基罗已经为圣彼得大教堂创作了《哀悼基督》的雕像，这座非凡的雕像就位于宏伟的厅堂一个显眼的位置上，接受着万千信徒膜拜的目光。他的另一座雕像《圣彼得》也被置放于教堂内，这两座雕像都是这座神圣教堂里的标志性形象。和拉斐尔笔下甜美温柔的圣母不同的是，米开朗基罗选取了圣母最为悲痛的时刻为题材，以一个母亲所经受的最大苦难来创作。她怀抱着自己的爱子，悲痛得不能自已，这样一种通过苦难和悲伤来表达出的美丽，与通过生育和抚养来表达出的美丽大不相同，但它们同样表达出了人间的爱，和人间的美。这也显现了两位艺术家不同的取向值。

米开朗基罗对圣彼得大教堂作出的最大贡献，是他为它作出的建筑设计。拉斐尔在担任教堂建筑总监六年之后，不幸去世，以后新任的教皇邀请米开朗基罗来完成拉斐尔未竟的事业。这时他已年老，本当推卸此职，但他对宗教的虔诚和对艺术的野心吸引着他，勉为其难地接受了。他把自己所做的改建方案亲自向教皇讲解，在获得首肯后，他让教皇本人作了书面的保证，要求在方案一旦确定之后，即使他去世也不能更改，这样才可能使工程保持统一性，这等于是现在提倡的"一次规划，分步实施"的过程。米开朗基罗所做的最重大的工程，就是在原有的建筑上加上了一个巨大的穹顶，它位于中央大厅，直径有 42 米。由于有了它，天光从穹顶上留的窗子里泻进殿内，把原本幽暗的大厅照亮，如同神光射入，增加了宗教的气息。在穹顶的下面，是教皇的祭坛，由一只巨大而华丽的青铜华盖罩着，是由后来接替他的贝尔尼尼设计的，他还在下面设计了一张彼得的椅子，再下面则是圣彼得的坟墓。这一系列的设计，使得穹顶下成了全教堂的中心，全部的光线和视线都聚集到了这里。信徒们站立在祭坛前，仰望天穹，注视着泻下的神光，如同看到主的召唤，而这正是米开朗基罗设计的初衷所在。所幸他的后继者并未改变他的设计意图，从而使它成为米开朗基罗最高的建筑成就。

梵蒂冈西斯廷教堂
仰望天穹 (二)

在梵蒂冈，就其规模来看，西斯廷教堂远不能和世界第一的圣彼得大教堂相比，它的位置也不在广场的正中，甚至没有被一般的旅行社列入必游项目。然而对于我来说，这里却是我心中的圣地，我举头仰望的目的并不是朝圣膜拜，而是在膜拜心中的艺术上帝。那就是文艺复兴时的大师米开朗基罗。我进入西斯廷教堂的目的，就是要看他的绝世杰作《创世纪》和《最后的审判》。这些壁画超越了宗教本身的意义，已成为全世界共同的文化资产，为全人类所享用。它也是梵蒂冈美术馆的一个重要分馆。

就建筑来看，西斯廷教堂只是一座矩形的空间，天顶并不是普通的天花板，而是呈圆弧的穹形，上面还有许多复杂的直线的、扇形的或半圆形的扶肋和弦月形拱壁。在这样一个空间里作画，不仅几乎没有一处平面，而且所有的部位都是平行于地面的，以一般常人来看，这是几乎难以完成的。但米开朗基罗却就凭着他的毅力，独自一人勉力完成了这一伟业，共花费了他四年半的时间，面积达三百多平方米。

在此之前，米开朗基罗还只是个雕塑家，尽管他曾有过与达·芬奇同堂作壁画的经历，但那画最后是没有完成的。这次他受命来画壁画，一肚皮的不高兴，认为这是勉为其难，甚至诅咒："我简直像生活在地狱，在为魔鬼作画。"

创意要比绘画更难，尽管《创世纪》的故事并不是他第一个先画的，但他采用了把主题分割成若干场面来表现的方法，以适应那些复杂多变的小空间。这样的空间一共有九块，它们在穹顶的正中拉成一个长长的矩形，米开朗基罗把最重要的主题安排在这里，选取了《圣经》中的"光明与黑暗分离""创造植物、创造太阳和月亮""大地与海水分离""创造亚当""创造夏娃""亚当和夏娃的诱惑和堕落""诺亚献祭""大洪水""诺亚醉酒"这九个故事作为主景填充其中。这九块又被分成四大五小两种空间，大的全部画故事，小的场面则以画中画的形式来表现，四周则画有如雕塑般的裸体男人，用来装饰。在这一大的矩形方框之外的空间，则画着一些圣经中的先知、耶稣的门徒，以及古代传说中的巫女，和《圣经》中提到的各种人物，还有一些作为装饰用的人物和柱头。抬头看去，整个穹顶全部被人物所布满，每一个被分割的空间的形状都不相同。各种故事又按重要程度而有不同的表现方法：当中的九个故事最重要，是用场景的方式来完成，人物都具动态。而两侧的人物大都没有故事，只是作为陪衬或装饰而存在，他们所在的空间是异形的，人物都呈静态的坐姿，如同中国的绣像。而且除了穹顶原有的扶肋等立体的建筑结构之外，有很多的建筑结构还是米开朗基罗画出来的，这样可以取得一致。这样一种有主有次、有虚有实的表现方法，是出于画家缜密的构思和设计，它不同于一幅单纯的主题画，符合壁画服从于建筑外形和结构的设计原则。

《创世纪》壁画中的形象，以前的夸赞都集中在亚当和夏娃身上，但我发觉，画中的上帝形象也非常生动。《圣经》中的耶和华，被米开朗基罗设计成了一位白发虬髯的美男子，体格强壮，相貌堂堂，威风凛凛，俨然是天地的主宰。他御风而来，飘乎云端，衣裾飞动，具有无比的神力，赋予人间以一切的生命。但他又不同于拜占庭教堂中僵板冷硬、毫无表情的偶像，而是一位最完美的人，一个被赋予了神权的伟人。这样一种处理，可以看出文艺复兴时代巨匠们的思想精髓所在，他们就是要以人道来代替以往的神权，用古希腊所主张的"神人同形说"来作具体而形象的绘画。为了避免动作的重复，米开朗基罗作了精心设计，他采用不同的姿势和不同的透视关系来表现这位上帝，使他飞翔在空间，或作仰视状，或作迎面飞翔的透视状。米开朗基罗甚至还把一位飞翔在天的神明画得露出了光光的屁股，和神开了一个玩笑。

同样画得精彩的，还有矩形边框旁边的裸体男子，他们的姿势不一，犹如雕塑，如同佛教中的力士，然而存在的意义却并不仅只是装饰，而是春、夏、秋、冬、朝、夕、日、夜、视、听、触、味诸元素的象征。裸体在米开朗基罗的作品中被用得很多，他追崇古希腊，一直选取裸体的人来作为纯粹的人的标志，做了很多裸体的雕塑，著名的《大卫》像就是全裸的，以至引起了教会的愤怒。他也在这幅画中表现出了裸体，与神话的主题是相吻合的。在一些柱头上面，他还用单色来画出了人体的雕塑，表明了他一直还不能放弃对雕塑的浓烈感情。

最边上的五个巫女画得相当精彩，这些巫女有的还是美女，各具姿态。有一位《利比亚巫女》正在背转身来，用两手捧持书本，姿态非常优美。这幅人物的素描曾在多个杂志发表，由于形象和姿态都很美，无人知道她竟是个巫女。画得非常精彩的，还有《古梅恩巫女》，这本是阿波罗所怜爱的一位少女，却被米开朗基罗画成了一位丑陋的老妇，而且还给了她一副男人般的强健体格，坐在那里巍如山岳，令人震惊，然而她那诡异的性格却被凸显了出来。相貌最美的，要数《德尔菲巫女》，她原是被称为是"世界之脐"的德尔菲神庙里的巫女，在希腊全盛的时代里，她所传达的"神谕"非常准确，连亚历山大大帝出征波斯时都要去向她求签。她穿着一袭希腊长袍，双眼明亮，暗示出过人的聪慧，是全画中最美丽的一位女性。

穹顶壁画中一共出现了近百个人物，如何为他们设计服饰，

西斯廷教堂内景的《最后的审判》（前）和《创世纪》（顶）

如何为他们设计姿势，这是煞费脑筋的事，而且还要让他们互相动作、互相呼应，有静有动，有大有小，还要有虚有实，甚至有真有假（画出的雕像），这显示出米开朗基罗一种非凡的创作和构思能力。在壁画的色调处理上，米开朗基罗也是非常精心：他把中间的最重要的四幅衬以蓝色，凡有神的形象的背后都是空旷的天空，而把四周的画全部处理成灰暗的底色，以突出中心，使明亮成为人们眼光的聚集点。虽然这是米开朗基罗的第一幅壁画，但却是显示了丰富的经验，在色彩和形象上都富有表现力。出于文艺复兴时期对古希腊的崇敬，米开朗基罗笔下的人物都并非是严格的写实，而是一种理想化了的人物，他们强壮、健康、美貌、精力充沛，是最完美的人。他们虽是神明，但却是以人形来出现的，已和中世纪教堂里的那种神像判若两人了。注重人物的性格，注重人的活力，用最美的人来表现出神，体现出理想主义的光辉，这正是文艺复兴时期巨匠们所追求的一种极致。

但即使是巨匠和大师，也不可能尽善尽美，米开朗基罗的这幅作品中，四个角落里的四幅扇形框里的画就不够好，不仅色调灰暗，人物也不生动，画得平，或许这是出于突出中央考虑而特意这样画的考虑吧，画中的那个大卫要比佛罗伦萨的那座雕塑《大卫》逊色多了。

这些人物的动态并非可以从生活中觅到，有人曾经说，画中那些人物的姿势看起来很美，有些动作甚至不可思议，但如果你要是按照他们的姿势来摆，那你一定不可能完成那些高难度的动作。如《利比亚女巫》的姿势一向被夸赞，她背转身去取书，还扭转过身来，左脚的大脚趾与其余四趾分开，支撑着地，表现了一种力度。但是，以后的无数模特都照着这个样子来摆姿势，极少有人能够摆得出，即使能够摆出，但时间必不能持久，其他的人物也是这样。从他们的姿势上我们可以看得出米开朗基罗在创作时的刻意设计，这些姿势在现实中也是极难出现的，如果照样摆出会很累。但米开朗基罗创作出的这些裸体姿势，成了日后美术学院模特儿效仿的范本，几百年来一直是素描作业的经典形象。

梵蒂冈西斯廷教堂
仰望天穹（三）

在二十多米高的穹顶上作画，难度非常大，画家必须仰面朝天，不可能平视，这一姿势违背人的生理构造，即使能够勉强做到，但使人很不舒服。因此，对壁画家来说，在天花板上绘画一向被视为畏途。我画壁画近三十年，从来不敢在天花上作画，体力上吃不消。我曾为一座宝塔设计了天花上的飞天，每看到蜷伏在脚手架上仰面作画的工人们，脸上身上满是油彩，歪着脖子在和我说话，心中总是觉得有无限的歉意。米开朗基罗当年作画的条件远不及现在，一开始并没有为他架设脚手架，工程师居然只是从穹顶上掏了一个洞，从洞里放下一个吊篮，要米开朗基罗坐在里面作画。米开朗基罗勃然大怒，认为这样做简直是胡闹，说这样他无法作画。最后虽然依他的意见搭好了脚手架，但教堂坚持不能从地面搭起，因为在他作画期间，教堂还要使用，脚手架只能凭空而搭，如遇有重大的宗教活动，米开朗基罗就得停工，或者必须屏声静息。

从 1508 年到 1512 年，整整四年半的时间里，伟大的米开朗基罗就蜷缩在简陋的脚手架上，仰面朝天地躺着，举着他的画笔，朝着穹顶作画，光线很糟糕，为了看清形象和色彩，米开朗基罗即使在白天也得用火把来照明。教堂里又闷又热，灰尘遍布，火把又提升了温度。他浑身汗水，油彩和泥污沾得他满头满身都是，因为是湿壁画，他还得赶进度，必须趁着刚抹上去的那层灰膏还没有干透时把稀薄的颜料画好，如果不是他杰出的造型能力，是无法配合得上的。无情的穹顶在吞噬着米开朗基罗的生命，他本来就邋遢，不洗澡、不换衣，头发乱蓬蓬的，衣服上全是油彩和颜料，身上有了臭味，让人无法接近。他没日没夜地作画，健康因此而受到了严重的摧残，身体都变形了，视力也受到了影响，连鞋子都烂了。这样一个巨大的工程，只有一个助手帮他调配颜料，他孤独一个人面对着素壁，在摇晃作响的脚手架上，以他的坚韧和毅力，以近似疯狂的激情来作画，用自己的艺术来创造神。

当憔悴的米开朗基罗疲惫地结束了工作，脚手架拆掉的那一刻，全体进入这座教堂的人不禁瞠目结舌，为这绝世之作而震惊。有人把它与贝多芬的《第九交响曲》或莎士比亚的《哈姆雷特》相比，也有人把它与长城、金字塔和泰姬陵相比，认为这是人类有史以来所创造出的最伟大的艺术品，米开朗基罗以他的生命之力为这世界留下了一件瑰宝。

时隔 25 年之后，教皇又让他来为西斯廷教堂绘制壁画。这幅壁画的内容是《最后的审判》，就紧接在《创世纪》的下方，好在这次不是天穹了，而是直立的墙壁。根据他的构思，此画与上一幅画的主题是有关联的，《创世纪》画了人类的起源，而《最后的审判》则是画出了末日的结局。《创世纪》是画出了人生的伟业，此画则表明了人生的因果。它们的着重点仍是人。

和上一幅画的分割式构图不同的，这幅画是一种全景式的构图，把所有的故事全部集中到一个大画面来表现，虽然各有分组，但总体的基调必须相同，而且还要区别出主次的关系。它具有一种总体的气势，一种复杂的前后构成关系，如果说前一幅画是带装饰性的，而此画则是主题性的。此画的面积虽不及前画，但由于是直立的墙面，更加便于人们来观察和欣赏，它的教化作用更

《最后的审判》的主画面　米开朗基罗作

直观更具有冲击力，因为它是一个整体。

　　居于全画中心地位的是耶稣。他已经复活，高举起的右手和肋骨上，还可以看得到伤口和血痕，那是他当年受难时所致。米开朗基罗一反常规地剃去了他的胡须，把他画成了一个英俊健美的年轻人，这样或许更能体现他复活重生的象征？他是善恶审判的主宰，正在以一种半坐半立的姿势立在全画的上方正中，手发号令。他依然是强壮的男子，依然是裸体。事实上，全画中绝大多数的人都是裸体，因为他们正在面临末日的审判，有很多人已经坠入地狱，有的已经是尸体，有的是灵魂，有的已经是天使，

165

根本没有可能穿上衣服的。

但画上仍有穿衣服的人，那就是圣母。她已不是当年把基督抱在怀里的慈母，当她的儿子复活了之后，她的心已经得到安慰，温顺地依偎在基督的身旁，置身于他的光环里，她的美丽的面容和温柔的神情，给人以慈爱和关怀。

当基督威严地启动了复活的程序，大批已经葬身地狱的死者们纷纷从坟墓里涌出，要通过基督的审判来决定自己的最后归属。根据教义，生前为善者可以升入天堂，而行恶者则会因罪而坠入炼狱。我们可以看到在画的左下角画着地狱，一副阴冷而灰暗的色调。一具具已入冥界的死者开始复活，哪怕是一具白骨骷髅也会复活，即将与他复活的肉身合并。右下角，在阴间蠕动着的个个灵魂都蠢蠢欲动，争相爬上冥河的渡船。而冥河的船工卡龙则挥舞着长桨，把一些十恶不赦的幽灵赶下船去，把他们投入烈火燃烧的炼狱。在他们的上部，是一具具腾身飞升的灵魂，他们由于生前积德行善而得到复活重生。在画的最上部，基督的两侧，是无上的天界，已经重获人身的灵魂们已成天使，站在他的两侧。

任何信教或是不信教的人，站立在这幅巨大的画前，都会因画面的场景惊悚震撼，都会感到自己灵魂的肮脏，罪孽深重。而这正是宗教的目的，因为它正是想用这种奖善罚恶的图画来对人们进行规劝，通过"最后的审判"这一形式来给人们的行为以警示和训诫。恐怖的地狱、狰狞的恶鬼、祈求的心愿、云端的召唤，以及种种因即将坠入地狱而极度恐怖的人的表情、扭曲的肢体，这一切，都通过米开朗基罗出色的画艺而表现出来，由于描绘得栩栩如生而更加逼真。这面墙的前面是个祭坛，所有信徒都会面对这幅画伫立，面壁默祷，把自己一生的善恶，和深藏在心底的肮脏都交付给公正的审判者，并下定赎罪重生的决心。

这时的宗教已经发生变革，教徒们以前能够容忍米开朗基罗在《创世纪》中的所有裸体，但现在却不能容忍了。因为那幅天顶画高高在上，被笼罩在黑暗当中，很难看清。而这幅画就不同了，是与他们面对面，一切隐私都暴露无遗。这时就有人提出来要给这些裸体穿上衣服。教廷接受了这一意见，要求米开朗基罗为这些裸体画上衣服，他当然地拒绝了。于是教廷就找了一位画家来完成这件事，他爬上重搭好的脚手架，在这些裸体的人物的敏感部位一一添上了衣服，或是布条。结果就出现了我们现在看到的这种尴尬画面，所有人的下体都搭上了一条布，遮住了阴私，好像是早期绘画中所有男女裸体的要害部位上都遮着一片树叶一样，它们就像是一块块尿布般丑陋。这位为裸体画衣服的人，竟然就是米开朗基罗最亲密的朋友，而且还是他的雕像的作者佛尔代拉。他因为做了这桩事而出了丑，人们都称他是"尿布画家"，而被钉上了耻辱柱。

米开朗基罗在画《创世纪》时，才三十三岁，正当年富力强的年纪。而他完成《最后的审判》一画时，已经是六十六岁了，他再有雄心壮志，毕竟廉颇已老，体力和眼力都不太行了。这幅画与上一幅画相比，在人物的造型上缺少一种雄强自信，缺少一种力度。更由于画的是非现实题材，多是鬼怪灵魂，而又是以写实的手法来画的，所以在现实与虚妄之间显得并不协调，甚至有一些难于处理的地方。画面总体显得有点杂乱，人物堆砌，缺少互相关照。由于全是裸体，在色彩上显得白皙浅淡，反差不够。

与一生崇信自然和科学的达·芬奇不同的是，米开朗基罗是个虔诚的宗教徒，他出身于贵族，不仅与美第奇家族有着特殊的关系，而且也和历代教皇保持着良好的关系，有一任教皇就是他的发小，从小就在一块厮混。他画壁画并不是被罚，也不是做工，而是受教皇委托，是拿有丰厚报酬的，他生前在罗马和佛罗伦萨多置有资产，是个大富翁。他为梵蒂冈的建筑做出了卓越的贡献，这其中也包含着他与教皇之间的私人友谊成分。

当米开朗基罗从《最后的审判》的脚手架上走下来的时候，他已经把这座教堂变成了一座美术馆，而且还是一个人的美术馆。

梵蒂冈圣彼得大教堂
仰望天穹 (四)

　　西谚说："罗马不是一天建成的"，这句话同样适用于梵蒂冈的圣彼得大教堂。公元四世纪，罗马帝国的君士坦丁大帝宣布基督教为国教时，就在安葬圣徒彼得的地方为他建造了一所教堂，使这里成为教徒们的心中圣地。然而，这座豪华的教堂在后来的历史年代里，由于罗马城的屡建屡毁和教廷的远迁而变为废墟，庭院荒草丛生，以至沦为牧场，昔日的圣所被羊屎牛粪玷污。直到十五世纪教皇从阿维尼翁迁回罗马，这才有了重拾已逝尊荣的念头，并制定了一个雄心勃勃的修建计划，决心在原址上建一座空前宏伟的崭新大教堂。

　　这座教堂的第二页就此翻开，一直断断续续地时建时停，或毁或改。先后参与了这一工程的，不仅仅有米开朗基罗和拉斐尔这两位天才，还有其他伟大的和平庸的、知名的和无名的建筑师和艺术家，先后经历了十几任教皇，才算基本完事。1626 年 11 月 8 日，当任的乌尔班八世教皇在一大群红衣主教和众多僧俗显要的簇拥下，在刚落成的大教堂前举行了隆重的竣工仪式。然而在他们背后的教堂，只是一个徒具外形的空壳子，内部的一切还没有完成。这时，米开朗基罗已经去世了62年，教堂是按照他生前的设计来建造的，需要一位如他一般的天才来继续那些未竟之事。能够在他那非凡的作品上进行后续工作并非易事，当是一个考验，这一非同寻常的任务，最后落到了贝尔尼尼的肩上。

贝尔尼尼是继米开朗基罗之后的一大天才，也如他一样多才多艺：他是个建筑家，也是位雕塑家、画家，甚至还是个诗人和舞台美术设计师。然而他的艺术风格却与米开朗基罗不同，米氏是文艺复兴的巨匠，而他则是巴洛克艺术的开创者，两者的美学取向有所差异，然而在圣彼得大教堂上，这两种风格却是走到了一起。

贝尔尼尼受乌尔班八世的信任，接受了装饰和扩建圣彼得大教堂的艰巨任务，他主持此项工作达48年之久，不仅装饰了教堂的内部，为之增添了许多细节和雕塑，还扩建了教堂前伟大的广场，建造了那著名的列柱廊，使这座世界第一的大教堂以今天我们看到的这种雄伟面貌展现在人们面前。

贝尔尼尼首先面对的是那座巨大的穹顶。这种穹顶是古罗马风格的一种典型，最重要的代表作就是万神殿。罗马万神殿的穹顶直径达43米多，别致的是在顶部开有一个圆形天窗，光线就从这里射进殿内，形成的一个圆形光圈，能随着地球的转动而绕着圆顶旋转，从而使人们感受到宇宙的运动和力量。穹顶的内部还装饰有许多放射形的方格，它们既能减轻重量又增加了明暗效果，这个天窗是整个万神殿里除了入口之外的唯一光源。圣彼得大教堂的穹顶上也效仿着开了一个圆形的天窗，但却不是露天的，而是在天窗上还立有一组建筑，用多根立柱支撑着上面的一个顶和一个圆球，这样就解决了天窗漏雨的问题。穹顶下部接近水平屋顶的部位上开有16个天窗，能有足够的光线射进体量巨大又非常幽暗的教堂内部。这些光线分为两个层次，一是从顶部的天窗上部泻进，成为柱状光束，象征着天体的太阳，也象征着主的光芒。排列在穹顶下侧的天窗则形成了一圈光环，通光量最大，和穹顶圆天窗上的柱状光束汇合在一起，形成了奇幻而神秘的光影效果。

站在幽暗的教堂内部仰首上望，如同是在瞻仰高高在上的穹形天宇，也如同是引导灵魂飞升的天堂之门，吸引着万众举首，众徒拱伏。窿顶的内部满布着网状的格子，用镀金的马赛克镶嵌和绘画装饰，来增加了光的亮度。这一种处理，突出了明暗的关系，

圣彼得大教堂穹顶内部，穹顶之下为贝尔尼尼设计的青铜华盖，下面是教皇的宝座。

把众人的视线集中到天宇的象征物穹顶之上，逐步飞升。

圣彼得的坟墓就位于这个穹顶的地下，这里是整座教堂的精神中心，也是整座教堂里最为明亮的地方，最为神圣的地方。为了强调此处的重要，贝尔尼尼在穹顶的下面增设了一个青铜华盖。这一做法缩小了穹顶的庞大空间，把人们的视线转移到穹顶之下。它高悬在教皇的三重宝座之上，华贵而倨傲，具有不可一世的气势。这一华盖的造型繁复豪华，充满了幻想，上有卷曲的瓣形顶，下承四根扭曲着的有鼓节的粗柱，顶上还附加了一些雕塑。它全部用青铜制成，上面满是繁缛的图案和浮雕，重要的部位上镀了黄金，显得富丽堂皇，雍容华贵。大教堂里的一切重要仪式都在这个华盖前举行，教皇就坐在它之下，于时光影迷离，神秘庄重，众多的僧侣随着教皇匍匐在神像之下，愈显得隆重。

贝尔尼尼最伟大之处，还是在圣彼得大教堂前门的广场上进行了扩建。为了衬托出教堂的气势，他扩大了教堂前的空间，在它的两边增设了长长的柱廊。这两排柱廊从教堂门口向左右两个方向包抄出去，各画了半个圆，在教堂的对面会合，这样就形成了一个巨大的椭圆形的空间，如同环抱着的双臂。贝尔尼尼正是这样设想的，他把教堂比作圣母，伸出两手来环抱着一切虔诚的信徒，这两排半圆形的柱廊因而被称为是袖廊。两条长长的袖廊上共排列有 88 根大的石柱，分四层排列，都用大理石打制而成，风格是表面光素、没有棱槽的塔司干式。此外还有 284 根较小的圆柱，在转角处则是方柱。众多廊柱的存在，既统一又富变化，利于人们的进出，也因为立柱的前后远近的错位而产生了一种明暗关系、光影变化，从而使冷硬的建筑物有了一种疏密变化的音乐节奏感。它们犹如中国园林进门处的假山或照壁，使人们不至于一下子就接近那座非凡的教堂，而是通过两条美丽的巨大弧形曲线，把视线引向广场中心的焦点，起到一种烘托和过渡的作用。

贝尔尼尼在袖廊的屋檐上部设计了精美的栏杆，还设计了140 位圣徒的雕像。他们与教堂正面屋檐上的十二尊使徒雕像互相映照，形成了一条雕塑风景线，装点着这一圣地。在广场上还立有圣彼得的雕像，以及两座巨大的喷泉，圆心处是一座原先就有的埃及方尖碑。在经过了这样一番精心打造之后，整个圣彼得大教堂前的广场就形成了一个综合景观系列，它以大教堂为中心，辅以各种建筑、小品和雕塑，既有总体气势，又有可把玩的细节。

贝尔尼尼与米开朗基罗的工作相隔近一个世纪，他是著名的巴洛克风格的艺术大师，而米氏则是文艺复兴风格的艺术大师，这两者在时间上虽然互相衔接，但风格却是有所不同。文艺复兴所崇尚的，是古希腊的庄重、典雅、朴素和大方，注重气质，注重整体比例和色调的和谐，并不过度雕饰，造型以刚劲挺硬的直线为主。而巴洛克风格则强调运动，强调明暗，追求动势，流畅而奔放，但又刻意扭曲，着意于奢豪和矫揉造作，过度装饰，雍容华贵而又轻快活泼，热烈明朗。但这两者却都是把建筑、雕塑和绘画诸种艺术因素结合在一起，通过艺术家来完成总体环境。贝尔尼尼能够继大师之后，再创辉煌，又保持了自己的风格，并与之相协调，这是非常不易的了。

伫立在圣彼得大教堂前，环视整个恢宏的广场，可以把近两千年来的风情一览无余：教堂始建于古罗马时期，在经过米氏的改建后，已经带有文艺复兴时代的典型风格。它的两侧既有希腊式的三角墙，又有罗马的柱式和巴洛克的柱廊。广场当中还有巴洛克风格的喷泉，以及古埃及风格的方尖碑，加上无数的灯柱和雕塑，其实已成了多种艺术风格的融合，但它们互相并存，并不冲突，都拱卫着广场中心的一个主体——圣彼得大教堂，作为历史多元艺术的荟萃地，这是世界上最为成功的范例。

有人称颂说："这一工程的建筑者应是一位最伟大的创造者"，我们可以把这顶桂冠同时戴在米开朗基罗和贝尔尼尼两位大师的头上。

梵蒂冈的雕塑精品
仰望天穹（五）

西谚说："一千个读者就有一千个哈姆雷特"，如果这一千个读者一起来到梵蒂冈，他们也会说出他们心里的一千个梵蒂冈，然而对艺术爱好者来说，这里就是一处藏品极为丰富的艺术博物馆。

要办好一个博物馆，一是要有资金，二是要有历史，三是要有眼力，好在这三项梵蒂冈都不缺：梵蒂冈富甲天下，有世界第一的大教堂，也是欧洲第三的大博物馆。

深藏在梵蒂冈城里的，不仅仅是那些非凡的建筑，也不只是它收藏的绘画和稀世珍宝，还有无数的雕塑。这些雕塑中的一部分是用来布置环境的景点雕塑，另一部分是用来装饰宫殿的装饰性雕塑，第三部分是教皇的收藏，它们共同组成了这个国中之国的青铜白石世界。曾有人说整个教堂里的雕塑有四百多座，这个数字肯定不准。这不仅因为有无数的雕塑数字很难计算，更因为有很多雕塑、浮雕、高浮雕和装饰件之间的界限并不十分清楚。进入教堂，眼花缭乱，目迷五色，整个就是一迷宫，哪能辨得清到底有多少雕塑存在？

　　在圣彼得大教堂广场上，一左一右立着两座雕塑，它们的位置最为显要，体量也最大，这就是彼得和约翰。《圣经》上说，他们是耶稣的十二门徒之二。彼得的地位相当重要，是耶稣最重要的追随者，也是最重要的继承人。耶稣在世时，他忠心耿耿，紧随左右，为众门徒之首。耶稣殉教之后，他率众宣传福音，组织社团，成立了最早的教会。后来遭罗马皇帝尼禄的迫害，要把他钉上十字架处死，彼得说，我的德行还浅，还不配像我主耶稣基督那样被钉在十字架上。因此被尼禄倒钉死在十字架上，他的遗骸就被葬在梵蒂冈的地下。到君士坦丁大帝时，以他为名而建了一座教堂，等到十六世纪时扩建为今天所见的巨型规模。彼得被基督教视为圣人，也是世界上第一任教皇，这也是圣彼得大教堂得名之由来。

　　还有一尊像是约翰，他也是耶稣的门徒，是他最喜欢的弟子之一，当耶稣上十字架时，他就守在现场，目睹了老师受难的全过程。耶稣把圣母玛利亚托付他照应，他受此临终顾命，终生不负，把玛利亚带到以弗所去赡养，视同祖母，尽力孝顺。并与彼得一起积极弘扬教旨，进行布道，也被尊为圣徒。

　　贝尔尼尼扩建圣彼得大教堂时，为了突出圣彼得的功绩，特意把他和约翰的雕像置放在教堂前的广场，一左一右，对称而立，就是为了彰显这两位伟大的圣徒对于宗教的贡献，因为非有这位圣彼得，基督教和大教堂就不能成立，他应列为首功。从艺术效果来看，由于这两座雕像的竖立，使得广场上众多的雕像有了一个总领全队的领袖，无论从内容上还是从形式上都有了一种跃升。这两尊雕像在尺度和体量上都大于其他雕像，且是单独置放，下有高大的底座衬托。圣彼得方面大耳，虬髯卷发，身材高大，右手执耶稣交付给他的进入天堂的金钥匙，一手捧《圣经》。他长衫飘拂，饱经风霜的脸上表情庄重，正在作低头思考状，一副忧天悯人的模样，看上去憨厚正直。而约翰则是一手仗剑，一手捧经卷，身体略转，两脚一前一后，长脸上美髯及胸，忠勇英武，威风凛凛。这两尊雕像就仿佛是佛像两侧的阿难和迦叶，牢牢地

《拉奥孔》 雕塑

守定了这座神圣的大教堂。

广场周围袖廊的屋檐上，在 140 根柱子的顶端，各立有一尊雕像，这是传说中的圣男圣女，他们围绕着广场排成了一圈，是由贝尔尼尼带领他的学生们创作的。他们服装各异，性格各异。巴洛克艺术以富有运动感为特色，创作的雕塑作品人物的衣裾飞动，有曲线美。但这批雕塑作品却由于是严肃的宗教体裁，又呈立姿，所以动态不大，给人以一种庄重肃穆感，让人敬仰。众多的雕像在广场上云集，组成了一个雕塑公园，赋予冷硬的建筑物和柱子以生命。

除了圣彼得大教堂里米开朗基罗创作的《哀基督》《彼得像》

和乌利西斯陵墓前的《摩西像》之外，在梵蒂冈美术馆的穹顶下，还排列着无数的雕塑品，它们是历代教皇搜罗来的珍藏，也是世界历史上最稀罕的极品。许多我们以前在教科书上和画册上看过的精品，都在这一展厅里陈列着。这些藏品以古希腊和古罗马时期的雕塑为主，因为地缘和血统的关系，教皇对收藏这两个时期的作品有偏好，更加之古时的罗马帝国疆域辽阔，几近半个地球，藏品是历时几代积累而成的。

展厅里的顶级珍品，要算《拉奥孔》，这不仅是整个梵蒂冈城里最著名的大型雕塑，也是世界上最有名的雕塑。相信每一位画家都曾画过它的素描，对它脸上身上的结构都非常熟悉，它是画家笔下师法的经典。当我真正面对着它时，还是按捺不住振奋和欣喜，因为一个立体三维雕塑的精微之处是不可能被二维平面的印刷品所代替的，石材之美也不是石膏像能够代替的。我没有想到这件作品的体量如此巨大，它的高度有1.84米，左右横展着的宽度超过了2.5米，这样大的一座群雕竟然是用一整块白色的大理石雕刻成的。第二个惊讶是这座雕塑上三个人物和动物之间复杂的穿插关系，动与静、疏与密、人与人，人与衣服，人与蛇，体块与体块之间的比例都十分协调，一条蛇把三个人组合在了一起。三是被这雕塑上的情绪所感染，人物身体的动态以及表情显出的那种惊悸和恐怖，那种面临灾难的绝望呼号，似乎每一条肌肉都在痉挛，每一条血管都在偾张，令人震慑。再就是对这座雕塑精湛绝伦的表现手法赞叹不已，对人体解剖和比例的精到制作令人刻骨铭心。就是这件作品，被誉为是世界上最完美的艺术品。

这件非凡的作品是在公元前一世纪创作的，正值希腊的全盛时期。据考证，作者是希腊时的著名雕塑家阿格桑德罗斯和他的两个儿子波利佐罗斯和阿典诺多罗斯三个人，他们以一则希腊神话为母题，描绘了拉奥孔和他的两个儿子被一条海蛇缠死的情节。拉奥孔是特洛伊人，是海神波塞冬的祭司。在著名的特洛伊战争中，远道渡海来袭的希腊人施出了木马计，诱骗特洛伊人。拉奥孔警告他的同胞不要上当，不能接受那匹可疑的木马。但特洛伊人没有听从他的劝告，结果造成了他们在此次战争中的失败。希腊人迁怒于拉奥孔，认为他险些坏了他们的大事，就派出一条大海蛇来，把拉奥孔和他的两个儿子活活缠死。阿格桑德罗斯父子所表现的，正是拉奥孔父子三个被海蛇缠住的情景，他们抓住了这一悲剧的发生瞬间，把它定格在整块巨大的白石上，从此，这个悲剧故事就变成了千古的艺术品，为后世所称赞。因为罗马人认定是拉奥孔是他们的祖先，所以这座雕像后来归为罗马帝国。它在1506年于罗马帝国旧时的皇宫里出土，当即被崇尚古希腊文明的米开朗基罗大加赞赏，认为这是一件简直不可思议的绝世精品，他劝说教皇买下它，费尽力气移挪进梵蒂冈成为教皇的收藏。

这件用整石雕成的作品在出土的时候已经有了缺损，拉奥孔和他的一个儿子的臂膀都已断落。于是，如何为这组雕塑续接上断臂，就成了当时最重要的话题。米开朗基罗主张拉奥孔举起的右臂应该是向后弯向肩头的，而另一些人则主张应该是伸向前方的空中，那样更有力。为了解决这个看似微小的问题，教皇甚至还下令由拉斐尔主持，开了一个辩论会，最后选中了手臂前伸的方案，并按此方案接好了雕像。但是后来那条失去的右臂出土，人们这才发现，这正是米开朗基罗所主张的那种姿势。这表明，但凡是伟大的艺术家，他们的心灵都是相通的。

《拉奥孔》的出现，不仅给美术界以震动，而且还在其它领域引起了一系列的争论，许多作家、诗人和哲学家们都加入进来，针对这一珍品发表了自己的看法，从造型艺术的规律延伸到有关悲剧和美学的大讨论。这一点，恐怕不仅是米开朗基罗，哪怕是阿格桑德罗斯父子都不曾预料到的吧！

维也纳美术史博物馆
纽约大都会博物馆
怪诞之星

当在卢浮宫里看《维纳斯》，在东京看梵·高的《向日葵》，在纽约看勃鲁盖尔的《麦收》时候，面对着这些流落于异国他乡的艺术品，人所关注的往往是艺术本身的价值，次之才关注到这些作品创造者的国籍。由于历史变迁、朝代更迭、财富转移，这些价值连城的艺术品也就不断变换着主人和国籍，不断变换着它们的陈列所，唯一不变的，就是艺术品的艺术价值。

彼得·勃鲁盖尔是文艺复兴时期的一位伟大画家，他是尼德兰人，这是当时对荷兰、卢森堡等低地国家的统称，它们当时还都没有立国，还处在西班牙王国的统治之下。勃鲁盖尔出生于尼德兰北部布拉邦特州的勃鲁盖尔村，他就用这个村落的名称做了自己的姓。当时有很多人都是这么做的，就像中国某一位在李家庄出生的画家姓李一样普通。他在尼德兰学的画，后又辗转到法国和意大利游历求学，在他生命的最后五年定居布鲁塞尔。在他的影响下，两个儿子小彼得·勃鲁盖尔和扬·勃鲁盖尔也都成了蜚声远扬的画家，所以说，"勃鲁盖尔"应该是一个画家家族的合称，为了区别，父亲被画坛称为"老勃鲁盖尔"，他的两个儿子分别被称为"大勃鲁盖尔"和"小勃鲁盖尔"。而根据他们画作的特点，父亲被称为"农民的勃鲁盖尔"，哥哥被称为"地狱的勃鲁盖尔"，而弟弟则被称为是"丝绒般的勃鲁盖尔"。勃氏家族的这一画家职业一直延续了几世子孙近百年。

老勃鲁盖尔虽然在当时名震天下，但却是英年早逝，一生只活了44岁，留下的作品并不多。奇怪的是，收藏他作品最多的不是他的故乡荷兰，而是奥地利的维也纳艺术史博物馆，竟有12幅之多，这一数字占了他一生所作的三分之一。他的这些杰作之所以流落到异国他乡，既因国际势力变迁的影响，也仰仗一位热心收藏他作品的"粉丝"。这位"勃粉"就是哈布斯堡家族的奥匈帝国皇帝鲁道夫二世，他狂迷地崇拜勃鲁盖尔，到处搜集他的作品，甚至把征集到的勃氏名作《雪地猎人》派人用轿子专程从布鲁塞尔运来，这件作品就此留在了他乡。

随着勃鲁盖尔的名满天下，世界各地都在收藏他的作品。纽约大都会博物馆里就有他的两幅作品，其中一幅就是著名的《麦收》。加拿大多伦多的安大略省立美术馆里，也收藏有集九小幅图于一幅的勃氏杰作。当我面对着这几幅作品时，没想到在远隔万里之遥的新大陆，竟然也有众多的观众喜爱勃氏的作品，大家围立在这几幅画前，都在屏声静息，细细观赏。

勃鲁盖尔的一生曾以历史、圣经、政治和农民等为题作画。农民题材只是其中的一部分，然而最有特色，他也因此而获誉最多。勃鲁盖尔一生都泡在农民之中，他观察农民，表现农民，画农民的风俗，有许多观察入微之作。勃鲁盖尔经常与他的朋友一起出城到农民家里去，在那里赶集、参加农民的婚礼。他们穿上农民的服装，给主人送上礼物，然后加入他们，和农民们一起喝酒谈笑，看他们互相谈情说爱、嬉笑打闹，或是纵情歌舞。他把他的笔触伸到了农村生活的浓浆之中，饱蘸着这些多彩的颜料，在木板和画布上进行创作。出现在他笔下的，当是生动活跃的农民百态相。

然而，勃鲁盖尔不是米勒，他没有带着一种悲天悯人的情怀去把那些在艰苦条件下生活着的农民画成不带光环的圣母。他喜欢的只是农民那多姿多彩的生活状态，那种欢乐的情绪和气息，并没有把他们拔高抹红。他具有敏锐的观察力，独具一格地画出了农民的种种纯朴、愚蠢和狡黠，以及毫不掩盖的欲望和贪婪。他表现的，是一种未加任何美化、原生态的农民，更不具有理想化的成分，这就是农民的本质。他笔下的众多农民，都不漂亮英俊，也并不端庄，而是神头鬼脸、愁容满面，甚至粗鄙丑陋。有的哈欠连天，有的醉态朦胧，有的睡眼惺忪，有的人甚至正在大便小便，毫不掩饰。在他的画作中，人物千姿百态，细节非常生动，非得有仔细的观察不能得来。靠着这些非凡的成就，勃鲁盖尔赢得了"农民的勃鲁盖尔"的美誉。

勃鲁盖尔曾画过六幅系列画，内容是农民们在一年里的工作情景，如同当今的双月历。其中获誉最高的就是《雪地猎人》：在冬月里，大雪遍野，三位猎人赶着一群猎狗出外打猎，中景和远景中则是洋溢着过年气息的乡村。而其中一幅《麦收》则远涉重洋，来到了纽约大都会博物馆里。画的近处是一群正在麦地当中躺在树下休息午餐的农民，中近景是正在收割的麦田。疲惫地躺倒在树下的农民，这是米勒和梵高都曾画过的题材，然而在他们之前的勃鲁盖尔笔下却迥然不同。他的农民并不如米勒的《拾穗》那般具有宗教般的神圣和雕塑般的庄严，也不如梵高那般色彩斑驳陆离，他画出的只是普普通通的农民，正在休息吃饭，当是一种原生态的草根生活。

勃鲁盖尔的性格怪癖，具有一种匪夷所思的造型能力，是一个怪诞的天才。他在画中把幻想和写实结合起来，画出了许多诡异和怪诞的形象，如充满了骷髅的《死亡的胜利》，如恐怖灵异的《丑女弗里德》，如同漫画般的《乞丐和瘸子》等等，即使是那两幅充满了人道主义的名作《乞丐》和《盲人》，画中也充满了变形和夸张。在他获誉的名作《绞刑架下的舞蹈》一画中，则在近处画上了一个正在蹲着大便的人。在多伦多收藏的一幅集锦式小画中，他还画了一个正在背着脸小便的绅士。这些既表明了

《雪地猎人》 勃鲁盖尔作 维也纳艺术史博物馆藏

《麦收》 勃鲁盖尔作 纽约大都会博物馆藏

勃鲁盖尔具有的一种敏锐而细致的观察表现能力，也可体察出他具有的一种戏谑感，尽管他画的是沉重而深厚的题材，有的甚至是非常神圣的宗教题材，然而却用了一种近乎游戏、甚或是讽刺的形式来表现。

勃鲁盖尔的画作绝大多数为鸟瞰全景式的构图，场面宏大，人物众多。画面上无数的人物穿插，犹如担夫争道，然而又并然有序，非常生动。他基本不用强烈的光影制造明暗效果，而是强调物体的轮廓线，很多人物用侧面来表现。对风景的处理也是丝丝入扣，即使是树叶也是一片片画出，如同中国的工笔画。画面上的油彩很薄，有很多画在木板上。有一幅《索尔被杀》的油画，只有三五十厘米见方的画面上，竟然密密麻麻地画出了数百个手执长枪的穿甲武士，那种非凡的表现力令人惊叹。

勃鲁盖尔令人称道的还不仅仅是这些表现农民的画作，他还有一些具有政治含义的作品，他从古代的《圣经》中选取故事来针砭时事，如《伯利恒的户口调查》《尼德兰的寓言》和《无辜者的杀戮》等等，都是借历史故事来讽刺当局的例子，因为当时的尼德兰尚在西班牙的统治之下。特别是最有名的那幅《绞刑架下的舞蹈》，则已是对统治者发出的抗议，难怪他要关照妻子在他去世后毁掉这画以避祸。

尼德兰是一块神奇的土地，它的地势低湿、资源缺乏、风景单调，物产并不丰富，然而却从不缺少艺术大师。就在这块土地上，几百年来，凡·代克、博斯、伦勃朗、梵·高等天才辈出，他们共创了法兰德斯画派的辉煌，使这一低地国家在世界艺术史上熠熠生辉。而勃鲁盖尔则是其中一颗极具个性的怪诞之星，以他强烈的风格而在世界画坛中独具风姿。

维也纳艺术史博物馆
混乱之塔

　　在世界上的古塔中，除了埃及的金字塔外，最为名声卓著的莫过于巴别塔了，它也叫通天塔，已成了妇孺皆知的一个神话传说，甚至成为一个典故而被人时时提起。巴别塔名声大振是因为它的那些传奇故事，这给它罩上了一层神秘的光彩，亦真亦幻，扑朔迷离。

　　据《圣经》记载，在世界的大洪水之后，人们从灾难的惊惧中恢复过来，感到要重建一座牢固家园的必要，于是大家相约东迁，在古代巴比伦的示拿之地定居下来，商量要共同协力，建一座非凡的城市，并建一座通天的高塔，以宣扬人们的威名，他们想用这种方法来到达天庭从而显示自己的能力。但是，当这座高塔渐而升高的时候，却是惊动了上帝。这位无所不知无所不能的耶和华为人们的能力所震惊，也为人们竟敢登天与他试比高而震怒，他不能容忍处于他辖下的子民们能与他比肩：如果凡人都能造成通天的巨塔，那还要神干什么呢？他们还会尊重神吗？他决心对人们的这一狂妄举动予以惩罚，他要阻止他们。

　　于是耶和华悄然下界来到人间，在视察了人们非凡的奇迹后，他并没有采取毁坏通天塔的办法，而是变乱了人们的语言，使人们无法沟通交流。这一招果然起了作用，那座通天塔终于半途而废了。因为这件事，巴比伦城获得了"冒犯上帝的城市"之称，那座通天塔又被称为是"混乱之塔"。

在古希伯来语中，"巴别"一词的意思就是"混乱"，"巴别塔"就是"混乱之塔"。几千年来，全世界的人们都熟知了这个神话故事，但由于它是载于宗教典籍《圣经》上，所以又对它的真实性有所怀疑，不相信有一座真巴别塔的存在。

但是，现实中没有的，艺术家却能够用他们的想象创造出来，四千多年来，有很多艺术家都以巴别塔为题，而创作出了许多画作，其中以勃鲁盖尔的《通天塔》（又称《巴别塔》）最为有名。

绘画大师彼得·勃鲁盖尔是十六世纪时尼德兰的画家，就在今天荷兰的这块低地上，诞生了许多优秀的画家。勃鲁盖尔早于伦勃朗，更早于梵高，然而他的艺术成就却足以与他们相比肩。他是文艺复兴时期最伟大的画家之一，也是一位独具个性的画家。勃鲁盖尔生命中的最后五年，是在布鲁塞尔度过的，《通天塔》则是他定居布鲁塞尔之后所作的第一幅作品，也是他一生中享誉最高的作品之一，此作现存于维也纳艺术史博物馆，也被列为是奥匈帝国哈布斯堡王朝的最重要收藏。

勃鲁盖尔以鸟瞰式大场面的构图而见称，也以丰富的想象力而见称。在这幅用今天的标准来看并不大的画中，他充分发扬了自己的这两大长处，把一个亘古的故事用形象和色彩表现了出来。这幅画的尺寸只有一米多一点，但却是画出了古代巴比伦这一巨型建筑的恢宏气势。画面正中就是那座举世闻名的通天塔，呈盾形的稳重结构，塔在海边屹立（这和现实不符，巴比伦并不位于海边），顶端高耸入云际，塔上搭有脚手架，海边有运送材料的船只，无数的工人正在塔上上下忙碌。塔的下角已经坍塌，暗含有此塔终将倒塌，不可能建成的寓意。塔前还有一位君王模样的人在视察，有人匍匐在地迎接。远处是清晰可见的城市和田野，巨细无遗。尽管这座乌有之邦的通天塔只是画家的想象，而没有

《通天塔》第一种构图的局部　勃鲁盖尔作　维也纳艺术史博物馆藏

《通天塔》第二种构图

任何写生的根据，但他却是把塔的造型、券门以及人们的衣饰，都尽可能地符合历史的原貌。但最重要的却是，他对巴别塔总体结构的理解，却是和后来的考古发掘惊人地一致。

在勃鲁盖尔身后，二十世纪的考古发掘证实了新巴比伦城的存在，1899 年，一批德国考古学家在今天巴格达南面 50 多公里的幼发拉底河畔，进行了持续 10 多年之久的大规模考古发掘工作，终于找到了已经失踪两千多年，由尼布甲尼撒二世在公元前 605 年改建后的新巴比伦城遗址。在城里的一块巨大的方形地基上，人们发现了一根圆柱状的奠基石，根据上面镌刻的楔形文字推断，当时它叫埃特曼安吉神庙。有人提出，这座神庙就是那座通天塔，是尼布甲尼撒二世在传说中被上帝所废的那座通天塔的塔基上改建的。

赫赫有名的巴别通天塔就耸立在规模宏大的新巴比伦城内大道的北面。它本是新巴比伦城里一座供奉巴比伦人的主神马尔都克的神庙。塔的顶端是神殿，有一条石梯可以直通神殿，敬神时，穿着白色法衣的祭司在由乐器伴奏的合唱声中登上塔顶。早在三千八百多年前，这座古塔就屹立在幼发拉底河和底格里斯河的交汇处了。

尼布甲尼撒二世曾下诏"加高塔身，与天齐肩"，他命令全国不分民族、不分地区都要派人来参加修塔。重建的巴别通天塔共有 8 层，总高 96 米，塔基的长度和宽度也各是 96 米左右。它层层相垒，愈高愈小，外部全用泥砖包贴，建有一千座敌楼，安有无数的铜门。斜斜的阶梯是以盘旋的形式围绕着塔，层层上升，直达塔顶。在阶梯的当中还建有座位，供人休息。在高耸入云的塔顶上，还建有壮观的供奉马尔都克主神的神殿，殿内外全用深蓝色的琉璃砖贴饰，上面满有浮雕和图案，富丽堂皇。这是尼布甲尼撒二世献给马尔都克神的礼物，以祈愿他保佑自己的王权永固。在当时的新巴比伦王国内，这座塔是当时最高的建筑，在国内任何地方都可以仰起头来看到它，因为神栖居的位置应该最高。至于说塔是人们建起来以供自己上天的，那只是《圣经》的说法，至少在新巴比伦王国时期它是只供神住的。

通天塔这种以斜斜的阶梯建在外部、沿着它可以层层盘旋上升的建筑形式，是两河流域塔庙的一个重大特点，这种特点一直保留到一千多年后的伊斯兰时期，那时的宣礼塔也采取了这一结构特点。这是与它处迥异的，因为其他的塔的阶梯都是从内部建成，从内部登塔的。相比之下，这种沿着缓坡层层上升的方式既可以节省体力，也增加了建筑物的强度。美国著名的古根海姆美术馆正是采用了这种特殊的建筑结构，从而使这种形式超越了数千年历史而复活。

奇怪的是，勃鲁盖尔没有去过中东，在当时，他所有的根据只能是神话和传说，然而他却运用自己超凡的想象力，不仅能把远古的神话变成画面，而且还把这种特殊的建筑结构准确地画了出来，从而使这幅画增加了可信度，成为经典。这也是为什么在以前已经有过许多有关通天塔的画作之后，勃鲁盖尔的这幅依然最有名，以至成了这一题材的代表作。

勃鲁盖尔画过的通天塔并不止一幅，还有一幅尺寸、构图和色彩都基本差不多的画，不同的只是这一幅画里的塔已经基本完工，没有了前面倒坍的那部分，也没有前景中君王那一群人。塔顶飘浮着的云更加厚重，具有的神秘感更加重，这表明他对通天塔这一题材显然有着极其浓厚的兴趣。

"巴别塔年久失修，因此马尔都克要我重建。他要我把塔基牢固地建在地界的胸膛上，而尖顶要直插云霄。"这是新巴比伦国王尼布甲尼撒二世铭刻在塔上的话，两千多年后，老勃鲁盖尔用他的杰作形象地实现了这一预言。

莫斯科特列恰科夫画廊
诡异的天魔

　　林语堂在评价苏东坡时说："鲜明的个性永远是一个谜"，我认为这句话移用在俄罗斯画家弗鲁贝尔的身上可能更加贴切。

　　弗鲁贝尔是受业于巡回画派，然而又迥异于巡回画派的一位画家，他的个人风格非常鲜明，在俄罗斯画坛别具特色。他虽然是现实主义大师契斯恰科夫的学生，但却具有他的老师所没有的浪漫主义和装饰性风格。他是一个多面手：有过为教堂创作壁画的经历，也搞过舞台美术，搞过建筑装饰，从事过工艺美术和插图，转益多师成就了他的非凡才能，他的画与任何画家的画都不相同，而且具有一种病态的忧郁和哀伤。他的画作中充满了古怪魔鬼般的形象，也充满了神秘而奇异的色彩。

　　在莫斯科的特列恰科夫画廊里，专门为弗鲁贝尔设有一个展室，里面最引人注目的就是并排陈列着的四幅巨画，画的尺寸、比例和外形都十分特别，呈窄长条形，顶部则为圆穹状，显然那是他为某个教堂而画的窗龛壁画。展厅四周，他的代表作《坐着的天魔》《天鹅公主》《入夜》和《西班牙》等都赫然在列。弗鲁贝尔在他的这些作品中表现出了一种非凡的感觉和才能，用一种神话般的色彩和造型完成了梦境般的杰作。漫步在弗鲁贝尔富于创造力的画作中间，会感受到一种强烈而浓郁的神秘气息，这不仅仅是因为他的画全是神话题材所致，更是因为他的画中的形象和色彩都与这些神话题材十分协调，十分匹配。这是一种"真正的神话的色彩"。他的画中，长了一对翅膀的天鹅公主，瞪着一双忧郁的大眼睛注视着画外的观众，那如泣如诉、凄怨哀绝的眼神，以及画中冷紫灰的色调，使全画具有了一种忧郁沉闷的情调，给人以强烈的感染，也暗示了画作者的内心痛苦。

天魔是弗鲁贝尔终生心醉的创作题材，也是他倾一生之力而不断为之的题材。天魔这个艺术形象本属虚构，是出于俄罗斯文学大师莱蒙托夫的诗作《天魔》。诗作中的天魔原本是个天使，由于他的傲慢和反抗上帝，被天国贬为魔鬼，从此它便专与天国为敌，它高傲而冷血，孤独而寂寞。弗鲁贝尔在参加纪念莱蒙托夫逝世 50 周年活动时，为诗中所创造的这个形象所激动，觉得这正是自己内心情绪的一个具体化形象，他以此为据而创作了一组水彩插图，有《会见》《达玛拉的舞蹈》《棺材中的达玛拉》《天魔的肖像》和《天魔在修道院》等，里面充满了悲观、阴郁、恐怖与怪诞的形象，令人看后激荡不安，甚至能产生恐惧感，这套作品是莱蒙托夫所有文学作品中最成功的插图。从此，天魔成为弗鲁贝尔的艺术代言人，成为他个人的艺术标志，他的后半生就不断在画着这个天魔的各种变体，不断借这个形象来抒发自己苦闷的胸怀。他甚至亲手雕塑了一尊天魔的头像，准备送去参加莱蒙托夫纪念碑的征选。在长达二十多年的时间里，弗鲁贝尔一直在画着他心中的天魔，天魔的形象也从一开始的《坐着的天魔》《天魔的肖像》延续到《飞翔的天魔》直到最后的《被翻倒的天魔》，天魔一变而再变，从一位强壮的年轻男子到最后成为一个从天上坠地、身首分离、翅膀散乱的形体，画面上满是阴暗、沉闷、压抑、灰冷的色调。天魔悲剧性的毁灭表现了弗鲁贝尔内心极度的痛苦和仇恨，他的这幅天魔的画被送到圣彼得堡去参加"艺术世界"展览时造成了社会上极大的惊异和震动，但他的妻子对此非常理解，说："他的天魔不是一般的，不是莱蒙托夫的，而像是当代尼采学说的信徒。"

辉煌一时的俄罗斯巡回画派到了弗鲁贝尔时期，已经是"开到荼蘼花事了"，作为新近思想熏陶下的年轻一代，弗鲁贝尔已经不满足巡回画派的成就，而移情别恋到了"艺术世界"这一新的艺术流派上去，对西欧的现代艺术有了更多的关注，同时也接受了当时影响力非常大的尼采哲学。他既对沙俄统治下的俄罗斯的现状非常失望和愤懑，但也不想直箓介入对旧世界的斗争；他对现实不满，但又别无良策，因此非常苦闷和彷徨。他只想凭借自己在艺术形式上的革新来表明自己的态度，想埋头到纯艺术中去，用艺术来拯救这个社会。弗鲁贝尔早期的艺术创作活动开始于一个偶然的机会，当时正在读大四的他被邀到乌克兰的基辅，从事一座中世纪教堂的修复工作，弗鲁贝尔利用这个机会画了大量的壁画，从而奠定了他作为一个壁画家的艺术基础，在他的秉赋中注入了画巨幅画、画神话、富于装饰性的基因。另一方面，教堂的壁画所特有的那种神秘庄严、苦难压抑的情绪也影响了他日后的创作。之后，弗鲁贝尔又进入了以马蒙托夫为中心的艺术集团，在他创立的艺术剧院里绘制舞台布景、设计道具。甚至还

《坐着的天魔》 弗鲁贝尔作 特列恰科夫画廊藏

在陶器工场里烧制陶器、绘制陶器，从事建筑设计，也画过插图和装饰壁画等，在各个方面都表现出了非凡的天才，但他在万忙之暇还是醉心于画油画，创作他心中的天魔系列。

弗鲁贝尔是个病态的天才，他的出生虽然不算贫寒，但从小跟着在军队服役的父亲四处驻守，也算是颠沛流离、阅尽人间春色了，从而磨炼了一颗跃动的心。他沉迷于绘画，很早就显示了天才，但却常常是不修边幅，囊中羞涩，一副具有罗曼蒂克神经质的艺术家模样。唯有在艺术中才能使他如鱼得水，游刃有余。他那病态的天才也通过这些浪漫而瑰丽的画作展现出来。孤独而郁闷的弗鲁贝尔痛苦一生，与世无交，只能在他的画作里发泄和解脱，他无法获得世人的理解，只能借助艺术来表现。当时俄罗斯国内的音乐界正崛起了一个"强力集团"，以创作俄罗斯民族风格的音乐为己任。弗鲁贝尔的妻子是一位著名的歌剧演员，弗鲁贝尔则是歌剧的美术设计，他们与集团的作曲家里姆斯基－柯萨科夫、穆索尔斯基和鲍罗丁等人志趣相投，都有过非常密切而友好的合作。

然而，这对金玉之和的夫妇却在46岁的时候遭遇了他们人生的最大不幸：他们生下了一个漂亮的儿子，但是个兔唇。这件事对生性敏感的弗鲁贝尔打击太大了。更不幸的是这个儿子不久后又因患病而死去，这更是给了弗鲁贝尔以致命的摧毁，他那原本脆弱的心灵再也承受不住，终于一病而不起了，被送进了精神病院。但弗鲁贝尔仍然恋着绘画，在病稍好些时就作画，病重就停下，还是坚持画出了一些相当好的作品。直到最后，弗鲁贝尔的双目失明了，再也无法作画，四年后，在极度的痛苦中，他以54岁的年纪郁病而死，令人万分惋惜。

弗鲁贝尔不是俄罗斯最伟大的画家，也不是最优秀的画家，但他却是一位风格独具的画家，一个个性强烈的画家，一如中国的阮籍和嵇康，一如荷兰的梵·高，他以一种病态的情绪注入到艺术中去，从而使他的画具有了一种特异的主观色彩，如梦亦如幻，如电光石火，一如他笔下那诡异的天魔。

巴塞罗那加泰罗尼亚国家艺术博物馆
宫殿里的教堂

　　在世人的印象中，巴塞罗那是一个现代化的城市，它是西班牙第二的大城市，地中海最大的港口，世界闻名的时尚之都，它甚至要比马德里还要知名，也更重要。然而难以想到的是，巴塞罗那也是一座具有古老文化的历史名城，车行市区，时时能见到的是古罗马城墙、哥特区的建筑以及巴洛克风格的宫殿，在它的地层下，深蕴着无数的积淀。它就如一块彩色拼镶的马赛克图，由希腊、迦太基、罗马、西哥特和巴洛克所组成。也无异是一块多层的夹心蛋糕。

　　巴塞罗那非常特异的一点，就是它是隶属于西班牙王国的加泰罗尼亚自治区，因为它在两千多年前曾是迦太基王国的一部分。著名将领汉尼拔的父亲哈米尔卡·巴卡创建了它，汉尼拔曾从这一根据地出发，率兵翻越阿尔卑斯山，深入罗马帝国的腹地，给他们以重创。尽管最终迦太基被罗马击败而亡国，但迦太基的名称和文化却是被他们执拗地留存了下来，并被转译成为这一地区的名称：加泰罗尼亚。

　　巴塞罗那的博物馆也很特别，它的全称是叫加泰罗尼亚国家艺术博物馆,以一个地区命名却拥有国家的头衔,而且是地区在前、国家在后,这显示了它的非常地位。

我算是在世界上看了无数个大大小小的博物馆,但像加泰罗尼亚国家艺术博物馆这样规模、这样气派的博物馆还很少见。西班牙是巴洛克艺术的故乡,境内有无数巴洛克风格的建筑物,眼前的这座在它们的中间也算得是上乘的。它雄踞于蒙特惠奇(Montjuic)山上,俯瞰着密集繁华的街道和宽阔奢华的西班牙广场,这座山驰名于世界,是因为它的山上筑有伊比利亚人的城堡,建过罗马人的神庙,存有犹太人的坟墓,更重要的是,1992年的奥运会会址就在此山上,因此也有人把它翻译成"魔力之山"。这座山上的博物馆群集,有军事博物馆、植物园、展览馆,甚至还有一座西班牙王室来此下榻的行宫。但最显赫的位置则是这座巴洛克风格的博物馆。它沿山坡层层而上,既排列有高大的罗马式立柱,也有多组巨大的喷泉,还有文艺复兴风格的雕塑和花圃,规模极其庞大,展示了巴洛克的豪华和奢侈,正由于它的特殊地位,因此也被命名为西班牙宫。

令人诧异的是,这座外表是巴洛克风格的宫殿,然而进入里面之后,却是具有多元的风格。在它巨大的穹顶之下,是一个可以容纳四千多人的椭圆形共享空间,四周的座位沿壁层层而上,如同古希腊的椭圆形剧场,俯瞰着当中的表演区。大厅的正中下垂着一架极其巨大的管风琴,有一万多根管子。馆内的各处气派而堂皇,穹顶部都绘有壁画,有名贵石材雕成的双立柱、宽大的巴洛克风格楼梯、豪华的吊灯,沿着大厅的四周,就是分布的展厅。博物馆门厅里装饰有米罗创作的巨大的彩釉砖壁画,这里既可以供艺术家来展示,也可以供演讲之用,还可以作为音乐厅或者宗教仪式的用途。整座宫殿虽是古典的巴洛克风格,然而内部却是一色的洁白,具有现代感,虽然富丽堂皇,然而绝不沉重压抑、黑暗憋闷,这也显示了西班牙的特点:它虽是王国,然而却是一个现代化的国家,既古典又时尚、既多元又统一。

刚进入这些现代装饰风格的展室,立刻感到莫名的惊诧:一

博物馆里按照教堂当时的形式来保存了壁画。

下子，仿佛整个中世纪都被压缩在这一空间里，整个的基督教世界都一起集中到这里来了。庞大的穹顶下，居然陈设着无数的神像绘画、湿壁画、壁画、装饰画，以及浮雕、雕塑、神龛、法物法器和装饰物，各种基督像、圣母像、天使像、僧侣像，以及世俗人像都赫然在壁，使人恍如时光倒退，空中乐曲声响起，进入了一道庄严的宗教历史长廊。

　　细细看去，发现它们竟然都是中世纪的宗教美术作品，时间跨度上溯九世纪，下到十二世纪，这正是罗马和拜占庭帝国统治的时期，也是宗教最为浓厚的时期。这些美术作品既有被供奉的神明之像，也有用来讲述《圣经》故事的图画，还有一些是讲述宗教故事和历史的画作，有的是布置教堂环境用的装饰品和壁画，甚至有的就是教堂建筑上的梁楣或拱顶，但上面或是有浮雕或是有绘画，很是精彩。它们原来分散于西班牙各地的大小教堂之中。由于西班牙特殊的宗教地位，所以这种教堂的分布非常广泛。由于后来的宗教战争，西班牙的南部被伊斯兰教占领了八百年，这些教堂被当成是异教徒的建筑而拆毁，被改成清真寺，或是挪作他用，教堂被废弃，然而这些壁画却还残存着。后来有人把这些被废弃教堂中残存的美术作品收集起来，集中到这座新建的艺术宫殿里，再用全新的技术，按原样进行恢复、修复，使它们重现了昔日的光彩，使这里成了一座集合中世纪宗教壁画的艺术之宫，也使得这里成了一座宫殿里的教堂。

展厅里的这些美术品并不完全是以平面的方式来展示，有的是按照教堂里原来的样子来陈设着，恢复了原有的神龛形式。有很多还恢复了原有的半弧形壁龛的形式，把移来的圣像放置进去。有的还恢复了教堂内部的建筑，把原先分布在拱梁上、门楣上、天穹上、扶肋上、柱子上和墙上的那些壁画部分复原，贴饰在墙上，使观众进入之后，一栋栋、一进进、一间间，恍入其境，仰头观赏着这些中世纪时的精品，惊讶原来古人就是这样来装饰他们的教堂的！

那一时期油画还没有出现，那些圣像都是用蛋彩、重彩颜料或者是油漆来画成的，或是画在布上，或是画在木板上，有的就直接画在泥灰的墙上。画在布上和木板上的是可以移动的圣像，也即独幅画，它们平时被作为偶像来供奉，在信徒们进行节礼巡游的时候，可以被取下，放在架子上抬着走。画在泥灰墙上的则是湿壁画，画匠要趁着泥灰刚粉刷上去，将干未干之时一气呵成画上，等颜料和石灰胶结，产生化学变化，最后定形而不脱落。因为受材料和时间的限制，这时的壁画就不可能像后来的油画那样细致，那样可以反复修改、反复堆涂，那样具有强烈的表现力。它们大都是以线条勾勒，填以重彩，然而再在结构上略加渲染，略具立体的坡面而已，和后来的油画效果完全两样。这些画上线条运用得很多，组合相当丰富，有的就成为画面的重要构成，除了黑白之外，还加用其他的颜色，如红、白、肉色等来相衬托。而且在形式处理上也是多种多样，有线条形成的疏密关系，也有利用块面加线条来形成的黑白关系，人物的造型并不是写实，而是带有装饰性和变形的，和我们后来看到的宗教画完全两样。

我很欣赏一幅画面单纯、造型简朴的壁画，它是画着基督遇难故事的长长连环画。画面上的基督是一位相貌英俊的青年，正抱着一个沉重的十字架在勉力行走，旁边是押送他的罗马士兵，有的在挥鞭打他，白晰的皮肤上全是红色的血痕。人物以粗细有别的线条来画出，平面填彩，不作渲染，稚拙而生动。最后是基督去世的场面，他宁静地平躺着，身后是几位默哀的门徒以及哭泣着的圣母，构图竟与印度佛陀涅槃的场面相类似，东西方的表达形式竟然如此异曲同工，匪夷所思！

这些壁画的产生年代相当于我国的唐宋，有很多已经斑驳脱落，颜色灰暗，或有残破了，然而当它们一经修复，在这所现代化的艺术殿堂里展出的时候，却是带给观众一种古意盎然、典雅脱俗的感觉，会觉得时光恍然倒退、宛然进入了中世纪时的宗教境界。

一般的教材都告诉我们说欧洲的绘画作品都是注重严格的写生，以立体光影的再现为主，而线条似乎从来就是从属于东方的艺术表现手法，或者就是中国所专有的一门艺术。但如果能够广泛地了解西方的艺术，就会发现非也。不仅在古希腊时期就出现了那些以精美的线条来表现的陶瓶画，即使在后来的基督文化时期，也有着那些以线条和单面平涂为主的绘画，也有种种装饰情趣的风格，它们和某些东方的艺术有着若干的近似，这是东西方两个世界互相叩击问候的结果。

巴塞罗那加泰罗尼亚国家艺术博物馆
第三幅《玛哈》

　　巴塞罗那是世界有名的现代化都市，也是一座文化名城，它有着数量众多的博物馆和美术馆，分门别类地陈列着各种不同时期、不同风格的艺术品。既有历史博物馆、现代美术馆，也有军事博物馆，还有工业展览馆，更有毕加索和米罗的个人美术馆，甚至还有巧克力博物馆、香水博物馆和色情博物馆。加泰罗尼亚国家艺术博物馆则是以陈列宗教壁画和罗马艺术为主，在这个馆里，那些中世纪时的教堂壁画固然占了很大一部分的空间，然而这里还有着其他的展品，包括油画、雕塑、工艺品，也含有临时来展出的其他艺术展。

　　在宗教艺术馆的前面是油画厅，里面的精彩作品数量并不少，尽管我不识西班牙文，但却是劈面就认出了三位世界级大师的作品，他们就是戈雅、鲁本斯和格列柯。

　　一个成熟画家的个人风格就是他的独特徽记，不管他的作品被悬挂在哪里，都等于是明星的脸，哪怕不标名字，也会被认出。戈雅和委拉斯开兹同是西班牙王室最为看重的国宝级大师，在马德里普拉多美术馆的两侧，各为他们立了一尊雕塑，相对着的那

《丘比特和皮丝奎》 戈雅作

两座门就分别命名为戈雅门和委拉斯开兹门。而在马德里城区里，甚至还特别为他们命名了一条戈雅大街和一条委拉斯开兹大街。这两位名震当时的画家都以他们非凡的技艺来为王室服务，受尽了王室的恩宠，也画尽了王室的成员。

然而，虽然戈雅声称他一生远师委拉斯开兹，他却是和委氏的风格截然两样，他不如委氏那般严谨、厚实、沉稳，画出的画深沉而有力度。委氏虽然为王室所宠，然而在他的笔下出现的那些王公贵族却并不完全被他所称颂，他以那尖刻犀利的笔触深入到一个人的心灵，去探究他内心的猥琐，并通过其的形象对性格作批判性的表现。

一如他的同乡毕加索，戈雅的画风一生都在多变，一生都在进行他那匪夷所思的幻想。他虽贵为西班牙王室的宫廷画师，被国王封为"西班牙第一画家"，然而他却是用尽自己的技艺来微讽王室，以后又转而画了许多激烈的政治题材画作，站到了人民的一边。促成他完成这一转变的是拿破仑入侵西班牙，这一强权寡头打破了戈雅的美梦，他愤而挥笔，画出了《五月三日夜的枪杀》等具有强烈政治倾向的画作，把矛头直接指向了侵略者，是拿破仑把他推出了宫廷，推向了人民一边。

戈雅以充满幻想的创作而出名，他的才气就都表现在这些幻想当中。他有许多画作中的形象匪夷所思，甚至血腥恐怖，令人难以理解。他也画过许多的漫画，以夸张的形象来讽刺了当时的一些权贵，相比起写实性绘画来，那些非现实题材的画和漫画显然更需要丰富的想象力，戈雅因此而被视为是浪漫主义的画家，也有人把他归为表现主义的画家。然而我认为，仅就画艺来看，他的画并不够坚实，在对于人物形象的刻画上过多地放纵自己的聪明和才能，一任自己去纵笔挥洒，激情涂抹。他笔下的人物有些带有概念的成分，表现的手法也不够丰富，有些作品中的人物形象已经近似于漫画，过于夸张，缺乏真实感，在细节的描绘上不够精确到位。由于他从事过地毯的设计，因此他在色彩的运用上也显浮艳，不够沉稳高雅。在展厅里就有他的一幅《马奴里·奎加罗肖像》，画着一位绅士，就比不上委拉斯开兹画得精彩。我在看戈雅的画时，总是觉得缺少一点深入精髓的东西，这种精髓总是被他在画中洋溢着的热情所掩盖，在更多的时候，他是靠他的才气来作画，而不是用他的功夫来作画，有些流于圆熟和油滑。

戈雅也善于从历史中寻找题材，他在这里的一幅画就是根据古希腊的神话传说来画的，画着一位希腊的小爱神丘比特正在伸手去爱抚一位熟睡中的少女。这位丘比特大名鼎鼎，经常手执着爱情之箭射向别人，被他射中的人则就会为爱所困，中魔似地钟情。在一般的希腊雕塑中，丘比特往往只是一个可爱的小男孩，但在这幅画中，戈雅让他长大了，已经成为一位英俊少年，并让他自己也产生了爱情。他只在裸体的身体上斜扎一块布条，刚够遮住羞处，正伸出手去，想爱抚一位美女。而那位美女则躺在床榻上，一手托脑袋，另一手举起，抓着一块布做遮挡。

这位躺着的美女是谁？她的姓名叫什么？她是神，还是人？根据画下标签写着的姓名翻译，她叫皮丝奎psique，然而却又在她的姓名后面打了一个问号，说明馆方人员也不能确定她是谁。因此这幅画的标题就叫作《丘比特和皮丝奎》了。但psique一词在英语里含有"伤害自尊心"、"激怒"和"生气"的意思，那么这幅画题也可以译为是《生气的丘比特》，因为从画面上美女举手的动作来看，似乎含有拒绝他的意思，他因此而生气。

戈雅一生出入于宫闱之中，多与王公贵族的夫人小姐打交道，为他们画像。他纵情声色，与多名女性有染，最后与一位和他年龄相差三十多岁的女人另外同居，一生中风流韵事不断，艳遇不断，绯闻不断。他与女人为伴，善于观察女人，也善于表现女人，他笔下的女人都是丰满红润，漂亮青春。在这幅画中出现的皮丝奎也是如此，她也是一位丰满红润的年轻美女，面容姣好，身材匀称，而且采取一种半躺半卧的姿势，身着无袖露肩的半透明薄裙，胸部丰满。戈雅最善于营造出情爱的暗示气氛，他把背景设计为暗色，光线集中在一男一女两人身上，女人半躺，男人半裸，分明具有一种暧昧的情欲暗示。由于戈雅出色的描绘女人的技艺，她把这位皮丝奎画得端庄美丽，娇艳动人。

有趣的是，戈雅的这一幅画我已经是第二次看到了，第一次是在2008年的马德里普拉多美术馆里，那时正巧在纪念戈雅逝世一百八十周年，在普拉多美术馆里举办了一个盛大的《戈雅作品展》，把他分散在世界各处的名作几乎全部借来展出，我在那批挤挤挨挨的作品里就见到了这幅作品，它被挂在那两幅著名的《玛哈》的旁边，大家都惊异这幅画的出现，都在把这三幅画中相同的人物进行对比，显然那是同一个女人。

《丘比特和皮丝奎》一画中那位半躺着的美女，无论她的相貌，还是她的姿势，都和戈雅那两幅《玛哈》上的一模一样。不同的就是，这幅画中美女的眼神中没有玛哈的那样挑逗诱惑，表情也不太放荡。戈雅一生中名作多多，然而最具有八卦新闻的就是两幅《玛哈》了，一幅是《着衣的玛哈》，另一幅是《裸体的玛哈》。传说这是他为一位情人——公爵夫人所作的裸体画，不巧被她的丈夫得知了，于是天才的戈雅就抢在他回来的前一天急急赶画出了另一幅《着衣的玛哈》，终于掩饰过去。另有一种传说他是急急在《裸体的玛哈》画上添加了衣服，但最后的结果是两幅画都留存于世，着衣的和裸体的玛哈都在，显然是另画了一幅。但却是无人知道还有第三幅《玛哈》。

以上所说并不是我的无妄猜测，在《丘比特和皮丝奎》画下的标签上就写着：此画是根据《玛哈》的同一模特来创作的，是他在1804年的作品，那一年他已经有六十岁了。他已身染重病，因而招致了耳聋。根据他的年表，那两幅《玛哈》也作于相同时间。也就是说，他曾以同一位女子为模特来画过两幅构图相同的画，一幅为《着衣的玛哈》，另一幅为《裸体的玛哈》。但这幅画的出现，则表明他还以她为模特来作过第三幅画，那就是《丘比特和皮丝奎》。

不过，既然那两幅画都是以玛哈为模特，那么这幅画上的模特肯定也是她了，那会是戈雅的另一次写生，还是他以旧画为样子来再行创作的呢？其实玛哈只是西班牙少女的普通名字。此画上的玛哈要比那两幅玛哈年轻，脸上还带有少女的纯真和羞涩，没有后来的玛哈成熟、性感、挑逗和放荡，可能这是戈雅最早绘画的一幅，那时两人还处于一种朦胧暧昧的关系之中。以后戈雅为她先画了着衣的一幅，等两人的关系加深之后，再为她画了裸体，这是根据平常男女交往的顺序进行的推理，也是我的一种演绎，但对于戈雅来说，是什么事都可能发生的。这个有趣的一百八十年前的公案，真可以写成一部小说。

巴塞罗那加泰罗尼亚国家艺术博物馆
因苦难而崇高

在加泰罗尼亚国家艺术博物馆堂皇的展厅中，同时与戈雅分享了这空间、并列夺人眼球的是格列柯，他在这里有三幅油画，一幅是《肩扛十字架的基督》，另一幅是《圣约翰与圣弗兰西斯科》，还有一幅是人物肖像《头戴荆棘冠的基督》。与戈雅的那两幅画不同，格列柯的前两幅画早已蜚声画坛，是他最有名的代表作之一，然而我没想到它们被收藏在这所豪华的宫殿里。

严格说来，格列柯并不是西班牙人，他出生于希腊的克里特岛，原来有一个相当复杂、长而拗口的名字，叫多米尼克斯·希奥托科普罗斯。然而他从小就离开了那个虽然美丽然而过于偏远的岛屿，来到意大利学画，曾经师从过提香，在中年的时候移居到西班牙，从此他就成为西班牙的代表画家。当地的人们都用他的国名希腊 Greece 来称呼他，但却又在前面加上了一个西班牙的冠词 El，把他叫成了埃尔·格列柯，以前的名字反而被忘掉了。

格列柯是个幻想主义风格的画家，他的一生所作极多。他是个虔诚的宗教徒，受到红衣主教的青睐，委托他为托莱多绘制了大量宗教题材的画作，在那里度过了他的后半生。格列柯的风格在画坛上是个另类，最擅长的造型就是瘦长的、扭曲的、变形的男人，表情严肃而苦难，然而坚毅沉稳，目光睿智，意志果断。这些都是美男子，他们肌肉发达，身材颀长，面貌清秀，眼神中含着一些忧郁和惆怅。他们怀有伟大的理想和抱负，信念坚定，智慧勇敢，吃苦耐劳，怀有怜悯救世之心，虽经百折而不回。他们的背后天空多是风云变幻，阳光斜射，光影诡谲莫测，有的干脆就是深黑色，强烈的反差、深浓的投影，极度的明暗关系，留给人们以一种不安的暗示。看着格列柯的画，人们多会感受到一种苦难感，一种极度的深沉，不像戈雅的笔下多是浮泛的亮色。

格列柯一生当中，创造得最为成功的形象，莫过于基督。他最早成名的代表作就是《脱掉基督的外衣》。在这幅画中，他画出了一位内心强健的圣者形象，他虽然被罗马士兵抓捕，在即将受刑之前，还身穿红袍，以手抚胸，仰头望天，以示与主同在。给我以最大震撼的还是那幅《十字架上的基督》，这是一个已经被无数名家表现过的题材，看似再难出新了。然而出现在格列柯笔下的基督，却是一个浑身苍白、体型扭曲的年轻男子，他已经被钉在十字架上，身体被拉得特别长，以至有点失去了比例，然而也正是因为这样的处理和变形，才加重了视觉上的痛苦，因为被钉，悬吊在半空中，无所依傍，被拉长的身体就显得特别的触目惊心。在基督的身后，衬托着奇幻的乌云，它也扭曲着，呈现出一种恐怖的天象，带有强烈的象征性。

这种瘦削拉长的变形人体，已经成了格列柯个人的独特徽记，以后就一直存在于他的画中，无论是美丽的圣母，还是受难的基督，都是这样来表现。这种瘦长，有时会变得不合比例、不合情理，身体大概有九个头长，瘦骨嶙峋地站在那里，但非这样处理，格列柯不能表现出苦难。

第一次知道他的画，竟然是在罗马尼亚画家巴巴的速写簿上，巴巴对他非常推崇，曾经临摹了许多他的作品，他从他那里借鉴了瘦削拉长人形的造型，用来画他的农民和国王，他笔下的人物都画得很瘦。此外还有运用深色背景的方法，借助这些来暗示出

《肩扛十字架的基督像》 格列柯作

人内心的骚动。巴巴对委拉斯贵支和格列柯都非常崇敬，从他们那里学到了深沉大气的风格，他的一生也如格列柯一样，从没有画过微笑着的人，也很少画衣着光鲜的女人，他们俩都深知生活的苦难，都想在他们的画作中表现出这种苦难。

　　展厅里《肩扛十字架的基督》这幅画就是基督的肖像，这是他在临终前，因为被犹大出卖，被罗马士兵所抓获，押着走向刑场的情景。他默默地肩扛着沉重厚木制作的十字架，蹒跚地走过耶路撒冷的街巷，头顶是翻滚的乌云，身旁是疯狂追打着他、向他吐唾沫的市民。然而出现在格列柯笔下的基督却是坚毅而沉着，他双手抱着沉重的十字架，抬头仰望天空，睿智的双眼中充满着智慧的光芒，想必他坚信自己必会复活重生。格列柯为他披上了一件深蟹青色的长袍，里面是暗红色的内衣，强烈的反差使得画面更加深沉，与一般圣坛神龛上那些庸匠们绘制的色彩绚丽的耶稣像相比，不知要高明多少倍。

另一幅画《圣约翰和圣弗兰西斯科》更具有震撼力。画面上两个人相对而立，一个是耶稣忠实的门徒圣约翰，他一生追随基督，受他临终所托照顾圣母玛利亚，死后还继承他的遗志，把他的理想和信念传播各地。他的身上胡须虬髯，袍衫蓝缕，鹑衣百结，露出青筋暴突的四肢，正在与路遇的圣弗兰西斯科作交谈。弗兰西斯科也是一位智者，他身披厚重的带帽披风和长袍，一副修道者的模样。两人在路遇时交谈的故事本身并不重要，关键是整幅画面的艺术效果已经脱离了具体的内容而成为主要的审美元素。整幅画面仍是以格列柯熟练的暗灰色调来组成，两人衣服都是高雅的赭灰，背景的天空也是格列柯常用的变幻着的乌云，在云的缝隙之间泻出逆光来，它显示着不安和动荡，从而把两位站立着的人物的内心作了延伸。

画面上最为精彩的部分，是弗兰西斯科身上的那件长袍，那是一件非常厚重的纺织品，是粗纤维的制品。格列柯以他非凡的技艺，把它的质感画了出来，似乎可以摸出表面的肌理感。这样大面积的袍子，曾在格列柯的画中多次出现过，它宽大厚重，色彩沉着，是画家喜欢的灰调子，非常富有表现力。它不同于安格尔笔下那些华丽的丝绸长裙，它们虽然豪华，然而却是被安格尔画得死板僵硬，如同折叠的铁皮。格列柯笔下的长袍，却是富有弹性，富有质感，似乎可以用手去触摸，而且富有表现力，从而显示出一种沉重。

格列柯表现苦难的另一种方法就是借助于天象，他画中的天空，都是一种乌云翻滚、暴雨将至，阳光被遮蔽，突然在云缝当中泻出几道追光，留给人以一种神秘、变幻，甚至恐怖的感觉。他有一幅著名的《托莱多风景》，画着西班牙的古都托莱多城，出现在画面上的不是美丽明朗的景象，而是一种阴沉郁闷的色调，山冈、树林和草地上都是暗调子，反差极大。在城市的天空上翻滚着乌云，在乌云的空隙之间，有明亮的阳光透出，整幅画根本不给人以明媚愉悦的快感，而是给人以压抑。这是格列柯常用的技法，他也把这种天象画在了这幅画上，并把这种压抑和不安通过这种天象传导到了观众的心里，让人们对这些初期殉身以传道的圣者的前途表示担心。

格列柯被称为是幻想画家，他画过无数匪夷所思的画，不仅画面的内容离奇荒诞，如同梦幻，就是画面的形象和色彩也是出奇出格，有很多不可理解的地方。他很善于借助强烈的光线来表达感情，这种光线有时是正光，有时是侧光，有时往往是逆光或反光，有时则是没有光源的平光，令人无法捉摸。这幅画面上对于光线的处理还算是比较正常的。

在世界美术史上，与格列柯几乎同时的，正是巴洛克艺术，这种艺术发源于西班牙，并在西班牙大行其道。巴洛克无罪，其中也出现过一些大家，然而探其究竟，终归是为宫廷和贵族服务的艺术，其奢侈豪华、庞大夸张、肥胖膨胀、矫饰做作，无一不是迎合了当时富者的审美需求，正与刚刚强盛的西班牙王国的国风相符。在格列柯画作的隔壁，就陈列着一幅鲁本斯的肖像画《塔波特太太》，画面上是一位肥胖而丰满的中年妇女，鲁本斯的这幅画虽然还没有到达他那些肥胖的裸妇那样的夸张顶点，但已与格列柯的画作拉开了极大的距离。格列柯反其道而行之，他一改肥胖为瘦削，华丽为单纯，甜美为苦涩，暖色为冷色。他不是通过取悦观众来获得赞许，而是通过表现苦难来获取美感，在美学上，这一类型就被称为是崇高。

把格列柯称之为"表现苦难的崇高大师"，是一点没错的。

巴塞罗那加泰罗尼亚国家艺术博物馆
水色淋漓画东方

　　看博物馆固然是件赏心乐事，但如果遇到那种十年一贯制，一直不换展品的博物馆，也是一件令人沮丧的事。因此，博物馆里的临时展厅总是能够引起我兴趣的地方，因为那里的展品是会随时更换的，有时运气好，还能遇上几十年看不到的绝佳展品。我就曾在巴黎的奥赛遇到过梵·高大展，在马德里的普拉多遇到过戈雅大展，在马德里的索菲亚遇到过波特罗大展，在莫斯科遇到过"纪念卫国战争"回顾展，在丹麦遇到过库尔贝大展，在上海和挪威遇到过蒙克大展，在华盛顿遇到过贝洛斯大展，如果不是遇上这些机会，要把分散在各地的展品全部看完，恐怕要绕上地球一圈。

　　这次在巴塞罗那的加泰罗尼亚国家艺术博物馆里，临时展厅里也有一个个人画展，里面展出的是一位我全不熟悉的画家，是用水彩来画出的北非风情，技巧极高。展厅里全部是我所不识的西班牙文，我只能读出这位画家的名字叫何塞·塔皮罗，这个名字就带有西班牙色彩，因为何塞在英语里就是约瑟（Josep），他是圣母玛利亚的丈夫，基督的养父。这位塔皮罗先生在中国以前所有的美术史书中毫无记载，我对他一无所知，只能根据展览前的介绍上约略得知他生活在1836年到1913年，出生于西班牙，去过罗马、君士坦丁堡、巴黎和马德里，后来跟随一位画家来到摩洛哥的菲斯写生，他就此爱上了这个阳光明媚、风情万种的国家，曾先后几度去那里写生，甚至还在那里买了一所房子，长期住下。从展览上他的几幅黑白照片来看，这是一位留有小胡子的英俊绅士，有的照片上他正在摩洛哥的画室里为模特儿写生。从生活状况来看，他似乎还算富裕，雇得起模特儿，买得起房屋。在这里展出的，就是他在坦吉尔的写生，那是摩洛哥北部的一个海港城市，隔着地中海与西班牙相对。

提起摩洛哥，这可能是西班牙永远的痛，这个北非国家和那个老大帝国在过去千年的历史中恩怨交集，有着无数复杂的情结。

一般人大致会有两个概念：一是认为欧洲的国家强大，非洲的国家弱小，是欧洲国家到非洲去建立了殖民地；另一是认为欧洲全是天主教国家，只有亚洲和非洲才有伊斯兰教国家。然而西班牙的一段历史就会把这两个概念打得粉碎，实际情况恰恰相反。

西班牙虽然是位于欧洲，然而它却是面朝非洲，正对着突出于非洲的摩洛哥，只有一水之隔，片帆就能远渡，而和欧洲却隔着一道难以翻越的比利牛斯山脉。八世纪时的西班牙正处在西哥特人的统治之下，这些被称为是蛮族的北方人，突入了罗马，又占领了西班牙，然而政权并不巩固。

这时新兴的阿拉伯帝国正处在风起云涌之势，他们在统一了中东地区之后，挟其余勇，高举着弯刀，顺着东地中海的海岸线，一路向东向南，把原属于罗马帝国的北非地区诸国尽纳入其麾下。一支突击队又顺着北非的海岸线向西一路狂奔，一直打到非洲最西部的摩洛哥，建立了根据地。公元698年，一支由摩尔人组成的突击队由一位将军带领，北渡直布罗陀海峡，攻入了西班牙的领土，数年之后，整个西班牙都易帜，摩尔人在此成立了一个伊斯兰教的酋长国，把西班牙纳为自己的殖民地。这一如同楔子般插在天主教文化当中的政权就此一直存在了八百年，直到1492年，才被刚刚组合起来的西班牙王国的军队光复。摩尔人发出最后一声叹息，退回了北非。

随之而来的是一个向美洲大征服大扩张的时代，一个强盛的西班牙帝国最终建立，摩洛哥人再也没有能找回到他们往昔的辉煌，却是成了西班牙的属国，要向他俯首称臣了。君臣位置的如此反复置换，使得摩洛哥和西班牙之间的关系反而从文化上非常亲密。一直到现在，西班牙还在摩洛哥留有一块飞地休斯，它的国土还在纵跨欧非两洲。西班牙不仅有着许多有色的非洲裔移民，而且一直对这个他们往昔的宗主国怀有浓烈的兴趣。

十九世纪之后，随着探索大发现时代和殖民主义的扩张，欧洲对于东方世界的关注和好奇也日益加深。从文化上来说，他们已经厌倦了一直居住着的那个旧世界，即使不是殖民者而只是一名艺术家，也想外出去看看那些陌生的东方世界，于是埃及、伊拉克、波斯和土耳其都相继进入了画家们的题材，画东方成了一种时尚。无数的艺术家跟随在军队和传教士的后面，来到东方寻找新鲜的刺激，哪怕是安格尔也画过《土耳其浴女》，德拉克洛瓦的笔下也出现过摩洛哥的风情画。尽管摩洛哥是处于欧洲的西方，然而在文化上却被归于东方。

何塞·塔皮罗就是他们当中的一员，然而却是比他们走得远，待得长。他早期画过油画，有人物肖像也有风景，然而却是技艺平平，他的才气只有通过那些水色淋漓的水彩画才能表现出来。他深入了摩洛哥的乡村城市，把那里的异域风情画了出来，这些都是西班牙人希望看到却又是陌生的画面。他的这一批画作，以人物肖像为主，间有静物和风景，也夹有风情画。摩洛哥在十八世纪初期还是一个封建的酋长国，还保留着许多北非特有的独特习俗，他们的服饰鲜艳，装潢繁缛，和中东地区纯白色衣着的阿拉伯人并不一样，因此也更加入画。

水彩是一种轻武器，小画种，原来附属于地形图，以后演变而成为一个独立的画种，由于它的工具简单，便于携带，所以后来大行其道。然而与油画相比，它毕竟是一种透明的颜料，在绘画上多是即时而就，讲求一种趁湿渲染、水色洇晕、轻薄明快的效果，一般都是用于风景的写生，画人物就比较困难。然而塔皮罗的笔下却几乎全是人物肖像，他用这种轻薄的材料来画出了如同油画一般的效果。摩尔人中也有来自非洲的黑人，塔皮罗把这些人的肤色画得非常沉着，利用纸质上的粗糙肌理，反复水洗渲染，出现在纸上的皮肤感觉竟然有一种弹性和光泽。黑人的皮肤在强烈的光线下亮部不是暖色，而是呈一种冷色的蓝，他敏锐地注意到了这一点，在画上准确地画出了这种冷暖的转化。

《东方的艺术》 塔皮罗作

　　塔皮罗的水彩画，着意于对形象和质感的表现，有时为了加强效果，会在透明的水彩中加以半透明的水粉颜料，来求得厚重的质感。然而这并没有影响到画面的透明和轻盈，他同时采取洗、擦、积、刮、染、加等技法，既注重人物的神态，又保持了衣物的质感，对笔触的松与紧、干与湿和效果处理上独到，在严格写形的基础上画得相当轻松，画面的效果竟然有如油画一般厚重。我很欣赏他的一幅《在沙丘里的庭院下》，在空敞的摩尔式庭院里，拱形的门廊下，正坐着一位盘膝的白衣人，画面很大，人画得很小，用色非常轻淡统一，然而虚实、疏密和干湿的关系都处理得很好，建筑物上还有一种肌理的质感，具有一种空灵的效果，富有典型的北非意境。

　　他的一些摩尔人物画，都被处理在典型的环境当中，既画出人，也画出人与周边环境的关系，是一种全景式的处理，这是非常难的，但非有此而不能体现出一种特有的文化来。用水彩来画人物固属不易，要用来画场面大的风情画就更加难。塔皮罗有几幅大幅的风情画，画面相当复杂，有好几个人物，还有环境和器具，都要按虚实不同的要求来完成。这些显然已经是他的创作画，画中的人物想必要根据模特儿来完成。然而人物的组合和整体的色调处理仍是艺术家匠心的一种考验。有一幅《塔皮索的流行商品》水彩画，因为画得细腻入微而又色调统一而被人盛赞。其实这种画在他的画展中多多，有幅《东方的艺术》，表现摩尔人家庭风情的画作，处于暗部逆光处的男人形象朦胧，若隐若现。而房间中的地毯却又色彩斑斓，与光洁明亮的白墙形成了对比。他用水色淋漓的画面来表达出了一种东方的情韵。

　　塔皮罗的这批画作足可以和美国的水彩画家怀斯相媲美，他们的画共同表明：水彩这个小画种也同样可以出大师。

巴塞罗那加泰罗尼亚国家艺术博物馆
闯入中世纪

　　一般研究世界史的人都说，中世纪时的欧洲最为黑暗，因为那时的政权全被教会把持，民主被压抑，全无人性，甚至还有过追求科学的布鲁诺被教会烧死那样极端的事。后来的文艺复兴运动拯救了整个西方的世界，大致拯救了整个世界。

　　研究世界美术史的人也大都认为，中世纪时的欧洲美术史基本上是一片空白。往往从古希腊、罗马一下子就跳到了文艺复兴时代，当中全被忽略，一点也不提。

　　于是，面对着罗马之后到乔托之间的世界，我们都恍如迷雾，一无所知。

　　然而我一直对那个溟蒙的时代非常好奇，一直想撩开那层神秘的帷幕，看一看里面究竟是个怎样的世界。

　　不管好丑，也得一见。因为那一段毕竟也是历史，不容不计。

　　第一次实现这个想法是在罗马尼亚，朋友带我去看一座十三世纪时的教堂，它深藏在西北靠近匈牙利的一个省的大山里，没有因为奥斯曼军队的入侵而被捣毁破坏。这是一座全用乱石垒成的小教堂，粗粝简陋，然而却存有一种古朴的风格，与周边雄伟的山景非常相衬。进入教堂之后，迎面的墙上是一幅画在木板上的抱婴圣母像，那是一位瘦削的女性，两手僵硬地抄在胸前，抱着那位大智慧的圣者基督。按理说，女性和婴儿都是非常可爱的形象，都应该被画得非常讨人喜爱，然而眼前的这位至高无上的女人却是丝毫也不能引起人们的喜爱，她的表情木然，身材干瘪，一点也没有女性的温柔，也毫无女性的体征，做作地举着双手，抱着那个木偶似的上帝的使者。这样一座偶像，已经被烟熏火燎了若干年，背后的金箔也已经脱落。瞧着她，我不懂她究竟是靠什么获得人们的膜拜。

这就是中世纪时的宗教偶像留给我的第一印象。或许是因为她是深山中的草根所作，民间的工艺粗糙简陋，如同中国土地庙里的神祇，所以造像艺术不是上乘？然而毕竟由于年代久远，这些壁画沧桑古朴，有了一种雅然。

再一次大量地看到这些中世纪时的艺术，是在伊斯坦布尔的索菲亚大教堂。这是始建于公元六世纪的宏伟建筑物，还保存着查士丁尼时期的风格，是典型的中世纪的产物，里面虽然经过后来奥斯曼帝国的破坏，但后来还是复原了一些。仰看着那些高踞于天庭之上的神圣而木然的偶像，我对中世纪时的艺术终于有了粗浅的印象。

然而这一次，竟然在巴塞罗那的西班牙宫，这座既带有巴洛克风格又具有现代气派的展厅里，一下子竟然看到无数的美术作品，这是全世界中世纪时最丰富的一批壁画收藏，它包含了西哥特和罗马时期的作品，这正是中世纪的黑暗时期。我宛若坠进了时间之井，就这样一下子闯进了中世纪。

我专门地注意了这些罗列在展厅里的偶像，更是特别注意到了那些神坛上的圣母形象。这些圣母像原来都是被供奉在神龛上，被人顶礼膜拜的，因此在材料上就不是普通的绘画了。它们一般都是用麻布或是木板做成底，在上面用蛋彩或是重彩颜料来细细绘制，然后再在画的周围或是画上的一些重要部位进行装饰，在画上人物形象的背景上全部贴以真金箔，把人物的头光做成立体

冷冰冰的毫无表情的圣母像

的浮雕光圈，再贴饰黄金。有的画上还要在圣母的衣袍的饰品上也做出浮雕，贴饰黄金或是镶嵌宝石，以显示其珍贵。在神像的四周，一般都会装饰有极为考究的立体神龛，用名贵的木材雕出花纹和图案，有的还装出建筑的形状。

在这一切穷奢极侈装饰的画面当中，一般都立着一位面容苍白、姿势僵硬的圣母，她从不带笑，即使怀抱着婴儿，也不露出一丝笑容。或许这是为了显示人的"原罪"，为了显示人生之苦、基督救世的任务之繁重，更是为了显示她这万世之祖、母仪天下

的倨傲？总之，在那一时期的偶像里，我从没有见到一个微笑着
的圣母，也没有见到一个丰满的圣母。可能在初期的教义上，认
为圣母既然贵而为神，就不应有人所具有的感情，也不应该同下
民相似，并有感情交流。她只应该倨傲在上，接受信徒们的膜拜，
以自己的冷漠来显示一种至高无上的身份？

在形象的处理上，这些圣母们虽然或坐或立，然而却都是身
着长袍，怀抱婴儿。婴儿有裸体的，也有身着长袍的。但他们的
面容都和圣母一样，丝毫也不可爱，反而显示出一种悲天悯人般
的过早成熟。圣母虽然是母亲，然而她与所抱着的婴儿，与其说
是母子的关系，还不如说是"展示"这种母子关系，她和怀抱的
婴儿之间基本没有感情上的互相呼应，而只是两人一齐面对信徒，
接受朝拜。有一幅圣像图上，圣母身披华贵的黄袍，头戴皇冠，
面孔瘦削，毫无表情，僵僵地呆坐着，简直就像是清宫里的慈禧
太后，颇为滑稽。

由于是早期的圣母像，绘画的技艺还不太成熟，再加之油
画还没有诞生，不可能反复堆涂，反复修改，因而在人物形象的
表现力上不够完美，更是没有强烈的光影效果，只是在平涂的基
础上略加一些明暗的晕染，使面部的结构和衣纹呈现出凹凸来。
随着时间的上溯，越早时期的圣像上，立体的效果越少，基本都
是线条勾勒的平面，用色也简单而明快。表情僵化的现象一直到
十六世纪时的形象还没有改变。这一现象可以隐隐感觉出中世纪
时宗教力量的沉重和压抑。

即使是雕塑，圣母的形象也大致相似，这里陈列有几尊怀抱
婴儿的圣母雕像，都是立像，身上的衣纹处理显然是受到了希腊
罗马的影响，做得相当不错，结构和疏密的关系都很好，然而脸
上的表情却是与古希腊的神像迥然不同了，仍然是板着一副政治
面孔，一脸的遥不可及的样子，只能让人们崇敬，而不能让人们
去爱她。

直到文艺复兴时期，圣母的形象才有所改观，当时的大师们
受古希腊"人神同形"思想的影响，开始创造出美丽温柔丰满的

圣母的形象。在这一方面，拉斐尔功不可没。他创造出的圣母形象已经超越了提香的形象，而成为后代人心目中的标准。是他和他的同道们，把圣母从冰冷的神坛上拉回了人间，注她以血肉，注她以温情，使她从高不可及、冷若冰霜的偶像变成了一个人人可爱的大众母亲，是他消去了圣母脸上僵化严肃的表情，带上了人性的慈光，是他把她从神变成了人，而这一切，都是针对着我现在所面对着的偶像而作出的反拨。

从表现力上来看，文艺复兴时期的油画，无论是材料还是技巧都已日臻完善，人们对于神的观念已经改变，接受了"圣母即美女"的这一观点，开始把人间的温情注入其中，把母爱注入其中，他们改从人间寻找美女的形象，根据自己心中的完美女性来创造出神。这时候，"人"才回归到人间，她们身上笼罩着那一层神的光芒已被渐而剥去，冰冷的教堂当中伫立着的，已不再是僵硬冷漠的偶像，而是一位温情脉脉、充满母爱的美丽女性，她是任何人都可以接受的，因而所有的信徒都愿意向她敞开心扉，表明心迹。

徜徉在博物馆众多的神像中间，我并不感到丑恶，也不感到厌恶，因为这些僵硬的圣母像是中世纪时的产物，是时代使之然。我不对它们全然否定。如果仅仅是从绘画的技巧上，或是从装饰的手法上来看，这些中世纪圣母像也值得我师法许多。我更喜欢那些最早期出现的圣母，那些在九世纪时就描绘在泥灰墙上的圣母像，虽然只有寥寥的数笔，虽然也还是个僵硬的形象，然而那时的人们还没有来得及对她堆金砌玉，无限美化，还只是草根的圣母。这样的偶像，稚拙而古朴，简率而可爱，虽然不多，却已足够我玩味多时的了。

丹麦的博物馆
小王国，大文化

　　丹麦是欧洲众多的"小人国"之一，它的本土面积略大于中国台湾，只有530万人口，相当于中国的一个中等城市，然而它却是一个走在世界前列的经济大国。丹麦是欧洲最古老的王国，它的历史已经有了一千多年。就在这个三面临海的袖珍小国里，遍布着各种各样的城堡、庄园和宫殿，它们挤挤地簇拥在这块狭小低平的土地上，把自己尖细的青铜屋顶耸向晴空，从而构成了一个奇特的童话世界。

　　克伦堡和腓特列堡是丹麦最有名气的古堡，它们虽然各处一方，但建造的时代大致相近，两座古堡形状也基本一致，都是文艺复兴风格的建筑，都是以红砖和青铜材料造成。这两座古堡的平面结构都类似中国的四合院，四个正方位都围有房屋，当中是庭院，四周挖了深深的壕沟以防止兵盗，它们在北欧的苍穹下显示出一种森严气势。

　　克伦堡位于距赫尔辛格市不远的厄勒海峡之滨，地形险要，对岸就可见到瑞典，扼守着波罗的海西通北海的门户。丹麦国王看中了这处咽喉之地，在海峡最为狭窄之处建立了一座古堡，作为自己的行宫，架设了大炮，派军驻防，一为戍守，二为征税，从此这个海峡便既"厄"又"勒"了。克伦堡又称"王冠堡"，名气很大，因为它就是莎士比亚的名剧《哈姆雷特》的背景地，剧中的那位丹麦王子的复仇故事就是在这里上演的。有很多的游客都会在夜晚聚在古堡前，等待哈姆雷特和他父王的亡灵出现，忧郁王子会面对着大海，反复思考那个"生存，还是毁灭"的永恒难题。白天的克伦堡没有夜晚看那么神秘，里面的陈设也无非是欧洲宫殿里惯常见到的那种豪奢和富丽，坦率地说，这座宫殿从建筑工艺上来看并不算是上乘，有些甚至还较粗糙，然而它最有特色的是哈姆雷特故事的发生地，也正因为如此，克伦堡被联合国教科文组织列为人类文化遗产，成了一座博物馆，进门就有一堵刻有莎翁肖像的浮雕墙，古堡内的广场上还有供演出《哈姆雷特》剧的舞台，每天观者如堵。

腓特列堡也同样坐落于海边，腓特列是丹麦国王的姓，因为在十六世纪时的国王弗雷德里克二世获得此堡而得名。经过历代的装修，它在近百年的时间里是丹麦最雄伟的城堡，其规模在国内无与伦比。以后这里开始陈放历代国王和英雄的肖像，成为一座国家英雄的先贤祠，从而成为收藏颇丰的肖像画廊。现在腓特列古堡是丹麦国家历史博物馆所在地，它四面临水，壁垒森然，虽然是文艺复兴风格的建筑物，但其中有很多装饰已夹有巴洛克的风格，装饰要讲究得多，有一种奢靡的王家气派。这座美丽的宫殿在十九世纪时曾毁于一次火灾，繁华的宫殿被烧成一堆焦炭。丹麦人无法容忍他们喜爱的王宫变成废墟，他们视那场火灾为一场国难，从而引发了公众的哀悼，发起了一场全国性的捐款活动来拯救王宫。结果是著名的嘉士伯啤酒的创始人雅可布森给出了最大的捐助，使得它成了欧洲著名的宫殿和博物馆，成了国家历史的象征。腓特烈堡里收藏着尺幅巨大的描绘丹麦重大历史事件的油画，陈列有丹麦历史上重要人物的肖像画，也收藏有若干来自世界各国的名画，它们分散于堡内的各个展室内，与各种不同时期的家具和陈设在一起，成了丹麦历史上的一个个切片，加上

《诡计》 油画 库尔贝作
哥本哈根美术馆藏（上图）

收藏在嘉士伯艺术博物馆里的一块埃及《拉马
铭碑》，在石头上加以彩绘，画中的人物是神
的看门人和他的妻子，他是个跛脚的残疾人，
这种写实的方法是独有的。（右图）

后建的巴洛克风格的花园，精致而华丽，到处都在散发着文化的
气息。

雅可布森认为："过去的记忆能够唤醒并增进人们的历史感，
激发人们在人类文明演进过程中占有一席之地的意识，由此认识
到这份历史文化遗产赋予了今人和后人怎样的责任。这种意识和
认知可以增强人们的自尊心和道德感。而这些正是我们这样的小
国所必须具备的。"他坚持认为，只有铭记历史，才能时刻保持
自己的民族身份。

作为一家著名企业，位居世界啤酒行业第二的嘉士伯公司对
艺术品的投资和捐赠一直深怀热情，丹麦的很多美术馆和博物馆
都有赖于嘉士伯基金会的支持。哥本哈根有一座新嘉士伯博物馆，
里面收藏着来自埃及、希腊、罗马和中东的各种艺术品，有很多
法国艺术大师的杰作，甚至还收藏有德加的 72 件雕塑。在这里，
我居然有幸见到了好几幅库尔贝的油画，馆藏的《诡计》，在不

大的画面上画着在雪地里奔跑着的两头小鹿。旁边还有一幅《冬日归鹿》，一幅《警觉的小鹿》，一幅画着两条猎犬的《舒瓦瑟尔岛的灰狗》，一幅画着牛群的《干草季节的午睡》，一幅描绘群犬逐鹿的巨幅油画《雄鹿之死》，还有一幅注明是丹麦自藏的人物画《窗边的三个英国女孩》。后两幅画是库尔贝的代表作，他并不是一味追求优雅和甜美的画家，以自己独特的浑厚深沉，以及质朴大气的造型和色调来给人们一种美的展示。这些库尔贝的画并不完全都是馆藏，只有两幅收藏在丹麦，其他都是借来临时展出的，可能是为了纪念某个与保护动物有关的活动，也可能是正值库尔贝的某个纪念日，说明这家博物馆与世界各博物馆都有交流，举办各种主题展出。居然把散藏于全球各地的世界大师的画作都能借来，以一个小国而言，这当是一种信誉和能力。这是哥本哈根最好、也最具有世界性声誉的博物馆。

嘉士伯公司富有创意，甚至把公司的酿酒厂都办成了博物馆，里面陈列着有关啤酒的各种资料和器具，以及一切与啤酒文化有关的东西，人们在进入里面一饱眼福的时候，可以参观甚至参与啤酒的生产过程，也可以品尝嘉士伯味道鲜美的啤酒，公司成功地把工业、商业和旅游都变成了文化。

赫尔辛格市的海滨，还有一处小小的博物馆。就是隆斯特德仑庄园，它背倚森林，面对大海，一组古旧的建筑上爬满了常春藤，周围绿树掩映，非常幽静。走进大门，就看到玄关处有一幅巨大的照片，上面一位漂亮的女子正在扶门带笑，她就是这座庄园的主人凯伦·布里克森，《走出非洲》的作者。此作以伊萨克·丹森的笔名出版后，被改编成同名电影，由大导演西德尼·波拉克执导，斯特里普主演，在 1986 年第 58 届奥斯卡奖的角逐中一举夺得最佳影片、最佳导演、最佳改编剧本、最佳配乐、最佳摄影、最佳美工、最佳音响 7 项奖。凯伦也从此名满天下，两度被诺贝尔文学奖提名而未果，她日后成为丹麦学院的院士。

这座房屋是凯伦的祖居，她家是贵族，拥有着这片庄园。生性爱好自由的她在年轻时不满意于严厉的管束，为了表示反叛，更是为了虚荣，她胡乱就嫁给了一个有着一个空头爵位然而却很糟糕的人，并跟随他去了肯尼亚。在那里，在经历了种植、探险、狩猎、破产、分居、失恋和情人去世诸种苦难之后，凯伦从此心碎，伤心地回到了自己丹麦的老屋，把这一切都写在了她的书里。凯伦生于斯，长于斯，却敢于为了爱情远走天涯，与狮虎为伴，一位弱女子能够做到这些已属不易了。在经历了浪漫的爱情之后，从灿烂复归平淡，一切又还于起点，她又回到家乡来重作冯妇，面对大海进行她的写作。

　　凯伦是位作家，也是位画家，早年曾在丹麦艺术学院学过画，画艺相当高。从留在故居里的几幅画来看，她的色彩感很好，捕捉形象和变形的能力都很强，具有震撼力。凯伦具有相当高的艺术品位，她把从非洲带回来的那些工艺品摆放在四处，把故居打扮得高雅而富有情韵，一切细节显然都是经过考虑和安排了的。她就在这里凭海临风，用回忆来煮熬文字，用她非凡的经历去熏染世界。她没有获奖，这不是她的遗憾，而是诺贝尔文学奖的遗憾。如同当年对待不公平的生活一样，她也平静地对待荣誉，对于她来说，无论是欧洲还是非洲，大海还是草原，一切都是生活，一切都是浪漫，她都会把它们变成她的文字，供世人阅读。

埃及国家博物馆
被凝结在纪元前

　　埃及历史之悠远，无论作怎样大胆的想象都不会过分，4700年前，当世界还是一片混沌蒙昧，很多地方的人类还匍匐于地、处于蛮荒时代的时候，高大的金字塔已经在尼罗河畔矗立着了，真正是雄视宇内，睥睨八荒。

　　尽管说整个埃及就是一个巨大的博物馆，尽管说世界各大博物馆都有埃及的文物，但要想看一个真味的埃及，还是得去看位于开罗的埃及国家博物馆。相对于埃及5000年的历史，它未免过于年轻，然而这个博物馆却是世界上任何博物馆都无法比拟的。因为在这里面陈列着的绝大多数是纪元前的文明——埃及古法老文明自从纪元时罗马帝国的入侵就不存在了。整个古埃及3000年的文明就被浓缩在这个建筑里，就被凝结在纪元之前，吸引着世界游人好奇的眼光。

　　这座欧洲式建筑的奠基人是法国人马利埃特。他本是一位考古教授，后进入卢浮宫任馆长助理。他在1850年被政府派往埃及探勘古文物遗迹，在当时总督的批准下，他成立了发掘管理处。八年后，他成为刚成立的埃及政府考古局局长，开始为埃及政府服务。虽然他是个法国人，但不满当时世界列强对埃及的古文物怀有贪婪之心，纷纷把挖掘出的文物送到他们国家去收藏。这造成了埃及文物的大量流失。他为此感到忧心，便在尼罗河畔成立了一个小型的博物馆，提出"把文化资产保存于当地"的口号，把自己挖掘出的文物放在里面展出，于1863年正式对外开放，这就是埃及博物馆的前身。不过，马利埃特的举动对于埃及来说是维护，然而对于他的祖国来说，却是一种背叛，他拒绝将在巴黎展览的文物捐献给法国，因而拿破仑三世中断了对他的一切援助。他为埃及服务终生，在此度过了他失意而萧条的晚年，最终老死于异国。他的遗志由继任者、同样是来自于法国的考古学家马斯佩罗所继承，最终在1902年于解放广场建立了这座别具特色的埃及国家博物馆，经过一百多年的收集，馆内的收藏日渐增多，终成现在的规模。

馆内十多万件的收藏不是个大数字，但也不是个小数字，但什么是镇馆之宝却是见仁见智。馆内最著名也最吸引人眼球的莫过于图坦卡蒙的那两千多件殉葬之物。对于一般的游客来说，他们关注的大多是黄金珠玉，豪奢陈设，而非艺术本身。其实，如果能够把注意力集中在艺术本身上的话，无论是最古老的、或是最具特色的，最绝无仅有的，都会另有他属。

馆里历史最悠久的藏品之一，应是两块奇形怪状的石板。它们的名字，有的叫纳尔迈石板，有的叫纳尔迈纪念碑，有的叫纳尔迈化妆板。但究其功能来看，应该并非是实用，而是纪功的，原供奉于神殿之中。这是两块高64公分的罐形石板，上部有两只耳，有穿孔，可以系绳子悬挂着。孔上有两只牛头的浮雕。在板的正中，雕着一位高大的纳尔迈法老，他右手举权杖，左手抓住敌人的头发，正在砍下去。旁边是护佑他的神鹰和神人，下部则是两个逃跑状的敌兵。反面则雕刻着两只长颈鹿一般的奇异动物，正在交颈互戏。这两块板是纪念第一王朝的纳美迈法老统一了下埃及，是埃及最古老的文物，已经有了5100岁，比那块著名的汉谟拉比碑还早了一千多年，应是馆内的元老级之宝了。也就从这

拉荷特普和诺芙蕾特夫妻像

绘画与象形文字同时并列的莎草纸画

块石板开始，埃及造型艺术中诸如画面分割、以大小来区分主次人物、文字与绘画并存，以及"正面律"等等的方法就此确立，历经三千年而未改。

一尊小小的石雕法老像，装束和其他的法老们大致相近，它就是那座最著名的胡夫大金字塔的建造者胡夫的雕像。在胡夫的旁边，则是他的儿子哈夫拉的雕像，尺寸要比他高大，这一对法老父子拥有着世界最大最古老的两座金字塔。有人考证，金字塔前的那尊狮身人面像就是根据哈夫拉的形象来雕造的。时光过去了4700年，这两位历史奇迹的缔造者却是静静地踞立在一角，任身边的游客们冷然走过，无人能识。馆里还有一对雕像，是王子拉荷特普和他的妻子诺芙蕾特的肖像，它们最重要的价值是在石料上加了彩绘：王子赤裸着深褐色的上半身，下身只着一条白色短裙。而王后则是一袭白长袍，脸上涂着娇嫩的浅肉色。领口开得很低，一直到胸口，隔着薄薄的衣衫，能够显示出鼓胀丰满的乳房，以及突起的乳头。这对夫妻是古王国时期第四王朝时的人物，已经有了四千多岁的年纪，但出土时仍然保存着完整的体型和鲜艳的色彩，呈现出活力四射的气场，也有人说他们是一对巫师。

在当时的社会地位很高，这应是馆中非常罕见的珍宝之一。

馆中陈列着的，还有大量的莎草纸画和书法，这是埃及的特产。尽管它的制造方法和中国纸不同，但它毕竟是世界上最早的纸上绘画。正因为有了它们，埃及那五千年的历史才得以纪录和流传。

埃及的造型艺术几千年来一直保持着一种独特的方法，那就是"正面律"。在他们的美术作品中，无论人物是采取何种姿态，总是将身体的正面朝向观众，而将头的侧面朝向观众，但眼睛又是正面的，脚又是侧面的。古埃及所有浮雕和绘画中，从来没有出现过一幅侧面的身体和正面的头。这样一种与现实大相径庭的画法是古代埃及人的一种独创，也是他们对客观世界的一种个性化认识和表现。因为在他们看来，要表现一个人必须要抓他的形象特点，一个人身体和眼睛的正面要比侧面的特征强得多，也好画得多，而脸和脚的侧面也要比正面好画得多。他们画中的池塘四周长着的树木却向着四个不同的方位倒伏，仿佛儿童眼中的世界。古埃及人就用这种独特的视角去理解世界，去表现世界，几千年来毫不改变。这种画法也类似中国绘画的散点透视法，可以任意改变视角，对西方的立体派有着重大的影响。科学和真实对古代埃及的画师来说似乎并不重要，时间和空间也要服从画面的需要，在他们的画中，可以将现实和虚幻融汇，将今生和来生并列，也可以把重要的人物画得很大，而将次要的人物画得极小，他们以一种理想主义去进行创作，又用浪漫主义的手法去进行构思，画中又富有非常浓烈的神秘主义色彩，极富有感染力。古埃及的绘画没有任何的明暗和光影，也没有渲染和皴擦，全部是采用单线平涂的手法，用线条而非块面作为表现手段，以一种带装饰性的变形去作平面的表现，它是纯东方的艺术。

在世界上，只有中国和古埃及的绘画是文字与绘画同时呈现在画面上的，然而这两者又有所区别。中国以书法题画的方法自北宋始兴，但那时的书法是行书或草书，已经具有了抽象的因素。然而古埃及画幅上的文字却是象形文字，它们是具象的符号。这些神秘的象形文字不仅具有宗教的含义，而且具有形式之美，但这种形式之美却又是由文字符号自身组成的，它们每一个文字都是一组具象的图案，也有色彩，它们与画面上的主体互相辅衬，从而具有着一种独特的美感，这在世界上是独一无二的。这种神秘的象形文字本身就具有独立的审美价值，它们可以横写也可以竖写，可以与画并题也可以单独作为艺术品来欣赏。古埃及人在书写时只注意象形文字的画面构成，并不看重书写性，仔细观赏或是大如扇面、或是细如蚊脚的象形字，每一个图案都画得特别精彩，如同中国的甲骨文和大篆一样，它们自身就具有着一种图案美，一种装饰美。然而这种象形文字在 2000 年前就已经无人能识了，幸亏法国的东方学家商博良把它破解了出来，才使得这种消亡已久的文字得以重生，它犹如一把钥匙，打开了古埃及学神秘的大门，从而使人们能够欣赏那独具"书画同文"审美效果的经典之作。

埃及国家博物馆
事死如生

埃及古代的艺术品中，绝大多数是出于墓葬之中的文物，极少是传世的作品，就是这些出自于坟墓的珍品，构成了博物馆丰富的收藏。埃及国家博物馆里挤挤挨挨的石椁木棺、黄金玉饰、壁画纸草、雕塑器物，乃至木乃伊和棺材，几乎都是为死者服务的，这是由埃及文化的特殊构成所决定的。

神灵的信仰和灵魂的信仰，这是古埃及文化发展的两大动因，而当时从艺术创造至生活，一切的建筑、雕刻、绘画、文学和医药，无不和这两种信仰有关。埃及人求生的欲望非常强烈，因而求死后复生的愿望也特别强烈，不惜花费大量的钱财和劳动来完成这一夙愿，直到奉献自己的今世。和两河流域那些城塞和庙塔不同的是，古埃及的建筑大多不具备军事功能，主要是为神灵和死亡服务的神庙和金字塔，他们生前的居室和宫殿都远不能与之相比。而他们的雕刻和绘画则是附属于这些建筑之上的艺术，古埃及的文学主体是对神灵的颂歌和陵墓里的亡灵书，而医药则发源于木乃伊的防腐术。这一切，都源自古埃及人5000年来形成的独特信仰和宗教。

古埃及人的厚葬之风冠于世界，法老陵墓内的装饰之豪华，也属全球之极，任何一个国家和民族都只能望其项背。古埃及人不仅是"事死如生"，甚至是"死重于生"。从他们的绘画上看，贵如法老，身为统治上下埃及的万乘之君，在世时不过上身赤裸，下着短裤，脚趿拖鞋。可死了后就要戴上金面具，遍体宝饰，不仅要将生前所用之物全部带进坟墓，甚至连他的生前宠物爱猫义犬都要制成木乃伊供他还魂后驱使。陵墓是为了法老的"死亡"所造，但殉葬的一切却又是为了他的"复生"而置，很多法老的墓室里面都刻有铭文，写着"我有生命。我很强盛。我再次苏醒。我的躯体不会湮灭，在这里我得到永生"。这种对生的渴求实则是对死的恐惧，而厚葬实则也是对生的企盼。厚葬之风并非是法老一人的专利，而是全民皆有，无论是王室贵胄还是朝廷小吏，抑或是平民百姓，都把他们所拥有的一切尽可能地带入坟墓，以供自己在来世享用。他们的殉葬品纷繁复杂，从床凳桌椅到金银首饰，哪怕是最朴素的墓葬中，至少也有一两件私人物品，那可能是妇女的一瓶香水、男人的一把剃刀，甚至是一只马桶，因为他在冥间也要使用它。

就在这种"事死如生"的风气影响下，埃及有一种与世界上其他文化迥异的习俗，那就是制造木乃伊。

有很多民族的丧葬文化都是尽可能保存死者的尸体，以使死者永存。然而任何保存的方法也不如埃及那般奇特，更不如埃及的保存时间那般长久。古尸一般分为蜡尸和干尸两种，干尸就是木乃伊的处理方法。埃及的气候炎热，在远古的时代里，人们只是把尸体以草苇略为包裹后，就直接葬在沙土之中。由于极度的干燥，身体组织中的水分被吸收殆干，成为不会腐烂的干尸，这也就是最初的天然的木乃伊。

后来，随着社会的发展和进步，人们开始为死者修筑坟墓，把尸体放进棺木里下葬，这样一来，尸体与干燥的空气隔绝了，反而会腐烂了。而埃及的宗教信仰又需要保存尸体，于是，如何防腐便提升到了日程上，这促进人们来进行解剖和医药方面的研

一口置放木乃伊的棺材盖，
上面用彩绘画着死者的形象。

罗马时期的一具棺材，
内部画有死者的肖像。
上部已经具有罗马风格。

究和尝试。在人体中，最容易腐烂的是内脏，要先行去除，但要保留心脏，因为埃及人认为它是一个人的才智和情感之所在，必须留在体内。然后再想法去除脑髓，把剩下的躯干用树脂或泡碱来腌制一段时间，以彻底杀菌和去除水分。再用亚麻布等物料填充在腹腔内，缝上剖口，用药料把尸体的外表涂上涂层，用亚麻布绷带紧紧地裹住，既不让变形，也防止水分渗入。不过，这种包裹并不是杂乱无章的，也不是如包扎伤口似的，而是充满了艺术感的章法，布条有粗有细，有宽有窄，布条之间的交错和组织都非常有讲究，具有一种图案纹样，有的具有疏密关系，而且各个不同的时代有着不同的手法和风格。

但是，这些手段还只是一些医学处理，经过这样处理后的干尸从外表来看，只像一段白布包裹的圆柱，身首莫辨，毫无美感，还需要进行艺术处理。于是，要由画匠来对木乃伊的外表进行美化，在外表抹上油灰，或是包以细布，画上各种图案，使之恢复人形。最重要的是，要在木乃伊的头部加上一只面具，使之可以辨认出人的性别和特征，尽可能地与死者相像。这些面具可以用木头来雕刻，或者用石膏和黏土来做，再画上彩绘，使它们充满了艺术感。要根据人的不同贵贱身份来画，也要根据人的性格来画，身份最高的法老或王室贵族，他们的面具就要用黄金来制造，如图坦卡蒙的面具就是用纯金来打造的。这些面具的表现手法，在早期是埃及民族式的，是带有概念化的、程式化的描绘。但到了晚期，当希腊和罗马人统治了埃及时，人们在绘画面具时采用了油彩，具有了立体感。在木乃伊的身上，还要佩戴上珍贵的佩饰以及护身符，使他们能够体面地进入冥间，具有生前所有的地位和尊严。

被做成木乃伊的，并不仅仅是人，还有种种的动物。因为这些动物的主人认为，当他进入天堂的时候，必须把他生前喜爱的宠物也带去，因此我们也会在博物馆里看到一只猫、一条蛇，或者一条鳄鱼做成的木乃伊，它们也在享受着永恒。

有趣的是，被从腹腔里取出来的肺、肝、胃和肠这四种器官，并不能被丢弃，而是要妥善地保存起来，因为这是复活的重要零件。

这些内脏也要进行防腐处理，并用细条布包扎起来，做成一个个小的木乃伊，再放进四只专门制作的瓮状罐子里。根据埃及的神话，这四种内脏是由荷露斯的四个儿子来保护着，它们各具形状，分别是人、狒狒、隼和豺的形状，它们被做成模型，立在瓮罐的上面，有的用材还非常昂贵，外部密封上，罐体刻上象形文字，与木乃伊一起装进棺材里。

其他的民族的棺材大致都是一些矩形的箱子，但埃及的棺材却不相同，它非常讲究，有很多是根据木乃伊的形状而做成人形，在棺材的外部还要进行彩绘美化，要在盖子上画出和内部的木乃伊一样的人形，有的在全棺都要画上，甚至在棺的内部也画上人形，以示标识。这些棺材，绝大多数是用木头来制作的，外部涂上树脂。贵族人家或王室会用石头来打制。有钱的人家会在棺材的外部套上两三重外椁来保护，这些椁上也是彩绘填色，最贵重的还用黄金来打制。

经过这样一番繁琐的处理，就使得这具木乃伊已经变成了一个艺术品，一个集中了各种艺术材料和艺术手段的艺术品，它使人们消除了恐惧感和神秘感，敢于接近它并欣赏它，甚至忘却了死亡的恐惧，消除了厌恶。波斯人来统治埃及人时，他们见到这种独特的处理尸体的方法，认为浸泡尸体的药水是他们国家盛产的沥青，便把它称呼为木乃伊，在伊朗语言里，木乃伊的意思就是沥青。这一名词以后转到了英语里去，从此便成为世界对它的共称了。

埃及人对待死亡的这种态度，使得他们把处理木乃伊的事当成制作艺术品。看着那些美轮美奂的木乃伊、彩绘填金的棺材、精雕细刻的石椁，以及琳琅满目的殉葬品，令人感叹，幸亏有了埃及人的这种厚葬之风，才使无数的后人能够得见这种特殊的艺术品。徜徉在埃及博物馆一楼摆放着的无数具石棺和画棺之间，令人油然而生的，当是对生命的一种尊重。

埃及国家博物馆
丑得精美

　　开罗的埃及国家博物馆只有 100 多年的历史，相对于埃及 5000 年的历史未免过于年轻。然而拥挤在里面的几百尊法老像却吸引着全世界的目光，他们是埃及最负盛名的文化遗产。说拥挤一点也不过分，他们在陈列室里几乎是一个挨一个地站立着，显得相当地窘迫和尴尬，甚至已经溢出了展室而陈列到了博物馆前的空地上。这些法老们或是化成木乃伊而僵然长卧，或是在墓室的壁画中灿然而立，或是变成雕塑而成为冷硬的永恒。法老的形象一眼就可以认出：他们或是头戴假发，颌下装有假胡子，脑后披有带条纹的头巾，头顶上有象征王者的眼镜蛇；或者就是头戴高耸的王冠。王冠也分为两种：红色的代表上埃及，白色的代表下埃及，如果一位法老头戴着红白两色的双重王冠，那一定是位功业卓著的、同时统治着上、下埃及的君王。无论是在绘画还是雕塑上，用象形文字写着的法老名讳外部必然有一个椭圆形的绳圈，表示他统治的牢固。这样一些明显的特征，使得法老的形象与其他的人物迥异。

　　埃及历史的悠久与固守，也在这些雕塑中显现出来。在遍览了埃及全国的雕塑作品之后，我对这种"遍地君王"的现象感到一种视觉疲劳。面对着埃及文化5000年，面对着成千上万个大大小小的雕像和浮雕，我总是感到千人一面的雷同，时时接触到一种程式化的表现手法。埃及的那些法老雕像，凡坐像，毫无例外地全是双手扶膝，正襟危坐。凡立像，也大概是立正姿势，双手握连枷和权杖呈交叉状。或是一脚朝前作行走状。法老的一招一式，一穿一戴都必须中规中矩，都带有象征意义。由于绝大部分雕像都具有宗教性，因而它们显得呆板而僵化。而且由于"正面律"的影响，人物的动作也受到很多限制，变化不大。埃及的绘画和雕塑都是装饰和变形的，体现了一种高度的理想性，因此雕塑和绘画中的人物都缺少个性，缺少让人细细把味的独特性。埃及宗教的神秘性也充分地体现在作品中，使它们呈现出一种冷漠、高傲、严峻的气氛，时时给人以压迫和威慑，令人难以接近。

博物馆一楼的展厅里全部是石雕，当中是无数的石棺，石雕像则踞坐在四周。对于非专业的游客来说，要想在这众多雷同的雕像当中辨别出具体的法老，是非常困难的。然而，有一位法老的形象却是非常突出，一眼就能认出，他就是阿赫那吞。

多年来，我的画室里摆着一件石膏像，这是一位雕塑家从埃及买来送我的。从头冠来看，那是一个埃及法老的头像，被做成了仿花岗岩的效果，俨然就是一尊石雕。然而他却是长着一副极长的精瘦马脸，细而长的双眼，厚而大的嘴唇，突出的颧骨，神情冷酷而漠然。这并不是一副漂亮的相貌，甚至很难看。然而在画素描时，他那富有特点的轮廓却又非常易于掌握，容易画得像。

很久以后我才知道，他是埃及的一位法老，名字叫阿赫那吞。

这次，我居然见到了那尊丑人儿的原型，那是一尊巨大的石雕立像，有4米高。虽然左臂和双腿都已残缺，然而仍可以看得出他以法老的经典姿势站立着，双手交叉在胸前，一手拿连枷，一手拿权杖，颌下戴有假须，赤裸上身，下着短裙，松弛的肚皮堆积在腰带上，尽管艺术家已经对他的相貌进行了加工美化，强化了他的英气，但还是难以掩盖他的丑陋。与周围英俊漂亮的法

阿赫那吞的王后雕像，
是世界上最美丽的雕
刻之一，上有彩绘。

刻有阿赫那吞头像
的一块残碑，这一
形象算不得英俊。

老雕像相比,他冷酷无表情地靠墙独自站立着,似乎是在自惭形秽。这位法老如今已有三千多岁的年纪了,属于新王国时期的第十八王朝。他的儿子就是著名的图坦卡蒙。

尽管世界上的君王不可能都是帅哥和美女,但把他们的肖像塑造得英俊漂亮却是一个普世的原则。明太祖朱元璋的相貌丑陋,五岳朝天,他一连杀掉了好几个如实描绘的画家。埃及的法老肖像都是高大威猛,神采奕奕,都是清一色的美男子,令人难以分辨此君与彼君之间的区别。尤其是拉美西斯二世,成了世界上所有美男子特点的集大成者。这一做法也传到了希腊和罗马,那里从没有出现过丑陋的国王肖像,艺术家要设法为尊者讳,也包括相貌。然而,阿赫那吞却是一个独异的特例,他一任艺术家如实地表现他,而不加以夸饰和美化。

博物馆里还保存着阿赫那吞的另几幅作品,有一幅浮雕上他正在率领着王后向太阳神阿吞举手奉祀,他那侧面的头颅显得更加畸形而丑陋,女人似的肥大臀部向后突出,虽然贵为上下埃及的君主,然而相貌却是难以悦众。

埃及的艺术曾出现过一个全新的改革期,那就是在阿赫那吞时代。阿赫那吞是一位大胆的宗教改革家,甚至被人视为是异教徒法老。他不满于阿蒙神庙里的祭司们对政权的操纵和腐败,将首都也迁出了底比斯,而在安马纳另立新都。他甚至宣布废除已经信奉了两千多年的多神制,只信奉一个太阳神阿吞。这样,在他统治的时代出现了一些崭新的艺术,出现了一种欣欣向荣的对生活的热爱的艺术作品。阿赫那吞是大名鼎鼎的阿蒙霍特普三世的儿子,他的父王给他留下了一个极盛的世界帝国。然而,他却不是个美男子,从留存至今的他的肖像来看,他的长相很丑陋,甚至畸形。他有一副极长的脸,细长的小眼,厚厚的嘴唇,骨盆大如女人,脖子细长得不成比例,一副病态的臃肿身材上竟然还有隆起的乳房,后世的医学专家怀疑他患有马凡氏综合征。埃及的法老为了保持王族血统的纯正,一向有近亲结婚的做法,法老甚至可以娶自己的异母姐妹为后,这样的结果就是为王室的后嗣留下了若干病情隐患，阿赫那吞的畸形身材就是如此。

然而阿赫那吞却对自己的容貌毫不忌讳，仍然吩咐工匠们当面为他如实地造像绘画。他那羸弱的身体是近亲结婚的恶果，他从小就和别的法老不一样，不喜欢到户外去狩猎和活动，而只愿意像一个病人一样待在室内接受太阳的照射。在他的命令下，全埃及的艺术品全都变了样子，雕塑家们和画家们受命到宫廷里去把阿赫那吞和王后享受天伦之乐的生活描绘下来，埃及的神庙里甚至出现了法老夫妻抱着儿女们在花园里晒太阳玩耍的"全家福"的画面，这是绝无仅有的。在崇尚真实、自然的时风影响之下，埃及的艺术家们开始注意并表现生活，注意表现人物的个性和特征，哪怕是长相丑陋的人。

奇怪的是，阿赫那吞的王后奈费尔提蒂却是一位绝色的美人，她的肖像雕塑出土后艳惊四座，她高雅、美丽、端庄，通晓文艺，能辅佐夫君治理天下，她的雕像成了最能代表埃及艺术的经典。阿赫那吞夫妻的幸福生活给了艺术家以鼓舞，他们充满欢快地把生活中的各种愉快和美丽画入画面，他们细心研究人体的结构和比例，甚至发明了直接从生者和死人的脸上翻脸模的方法，生活化的倾向在这一时期得到了极大的发展。埃及国家博物馆里陈列着许多石膏的脸模，都是阿赫那吞的形象。这些塑像的表情不一，显然不可能都是从他的脸上翻下来的，而是艺术家面对着他进行的塑造。然而也可以从中看出，这一时期的艺术创作已经摆脱了程式化，而有了性格化的倾向，艺术家们已经开始表现个性。由于这一时期阿赫那吞已经迁都到安马纳，因此后代的美术家们把这一以自然写实为主的风格称之为"安马纳美术"。从美学的角度来看，阿赫那吞的相貌并不美，然而他以自己的强烈个性出现在艺术品上，不同于其他那些程式化的、千人一面的法老雕像，使他能够从众多的雕像中脱颖而出，一看便知，这种效果就是美学所追求的"丑得精美"。

埃及国家博物馆
金身法老

如果按照一般人的思维，丑陋的爸爸不会有漂亮的儿子，那么遗传学就会推出阿赫那吞和图坦卡蒙来反驳你，因为这一对丑美相背的人正是父子关系，漂亮的美少年图坦卡蒙是丑陋的阿赫那吞的儿子，他们是两代法老。

埃及国家博物馆里每天观者如堵，阿赫那吞的石像就位于一楼北侧的墙角边，但一般的观众都只是匆匆走过，对它略作一瞥，就直奔二楼。厚此薄彼的原因是二楼的东、北两翼是陈设图坦卡蒙的专门展室，里面全是稀世的珍宝，展室内外都有武装的保安在守卫监控，防备极严。就是这些展室里的宝贝，为这座博物馆赢得了世界级的声誉，为它招来了观众。

埃及有着5000年的历史、3000年的法老史，在一般人的心目中，最有名的法老恐怕就是图坦卡蒙。一般人不会知道胡夫、拉美西斯二世和哈舍普苏特，更不会知道阿赫那吞就是图坦卡蒙的父王。其实在埃及的历史上，这位二十岁就夭折了的少年天子所起的作用有限，他在位的十年中，受权臣和祭司的制约，号令不行，最后还很可能是被弑而死的，他的一生活得非常憋屈，经常担心有人来加害于他。然而，由于他身后随葬品的奢华丰富又保存完整，这给他带来了极大的声誉，使他名满天下。而他的父王阿赫那吞在位时就名满天下，还主持了宗教改革，颠覆了埃及的历史。由于一般游客对于黄金珍宝的爱好超过了对历史的了解，这才形成了一冷一热两种迥然不同的局面，令人喟叹。

图坦卡蒙所在的新王朝时期，王室的陵墓已不再是高耸的金字塔，而是南移到距此七百多公里外的卢克索，六十一位法老的陵墓就埋葬在西岸干涸的国王谷里。根据埃及人的信仰，一个人去世之后他的躯体必须保存完好，这样他的灵魂才有可能返回来复生。他在下葬时必须带足所用的器物，这样的做法促进了埃及的厚葬之风。即使一般的老百姓也会在墓里放上一瓶香水，或是一双拖鞋，以供来世之用。何况图坦卡蒙这样君临天下的法老？历代法老都在此选择隐蔽难寻之地建陵，或是在山巅，或是在深谷，或是在半山悬崖之上，想使一般的盗墓者难以进入。然而，盗墓者远比法老们厉害，在他们坚韧的挖掘下，国王谷里已是十室九空，每一座陵墓里都只剩下盗不走的石棺和壁画。其他法老的随葬品或许并不亚于图坦卡蒙，然而盗贼们成全了这位少年天子，他们虽然也曾光临过他的陵墓，然而却是探之不深就放弃了，这就使得卡特先生在三千年之后于此大有斩获。

图坦卡蒙陵墓的发掘是二十世纪考古史上最大的成就，这是英国的考古学家卡特穷尽一生所做出的事业。他得到赫伯特伯爵的资助，筹集了资金，于一九二二年在国王谷里进行寻找，终于在拉美西斯二世的陵墓附近发现了尚未被盗过的图坦卡蒙的陵墓，因为石门上的封印还在。他冒着法老毒咒的危险，挖开了久闭的地宫，从幽暗的墓室里发现了久藏3245年的一大批珍宝，一个从未被人知的秘密就此开启。这一批财产总共有五千多件，包括雕像、棺椁、家具、橱柜、车船、武器以及各种器物用具，考古学家们一共花了八年时间才把它们清理完毕。这还没有算留在陵墓里的巨大石棺和墙上的精美壁画。它们震惊了整个世界，改变了世人对埃及文化的认知，也充实了建成不久的埃及国家博物馆的库藏。

图坦卡蒙的黄金面具，
蓝色的条纹和胡须是用青金石镶嵌的。

位于卢克索国王谷里的图坦卡蒙的陵墓内景，巨大的石椁还置放在墓里，
里面躺着图坦卡蒙的木乃伊。周围是精美的壁画。

在此之前，图坦卡蒙只是个默默无闻的薄命天子，然而这次他却因丰富的殉葬品而被世人所瞩目，俨然成了一个明星。图坦卡蒙死后被制成了木乃伊，放入三重人形的棺材，又被放在两重巨大的外椁里面。这些外椁体积巨大，犹如宫殿，还开有门扉，全用金箔贴饰，顶头嵌着刻有浮雕的黄金板。里面的三重棺材全部做成法老的人形，都有头像，双手交叉在胸前，上面满贴着金箔，镶嵌着宝石和有色的玻璃，金碧辉煌，珠光宝气。这三重棺材重重相套，最贵重的是第三层棺材，它也被做成一具木乃伊形，然而是全部用黄金打造而成，重量达110.4公斤，也就是说有两百多斤重的黄金！它是图坦卡蒙的形象，双手交叉在胸口，一手拿权杖，一手拿连枷。在棺身上密密麻麻地细刻了图案，有的是阳刻，有的是阴刻，有的是锤揲而成，有的是凿刻而成，上面还镶嵌有珠宝玉石，从头到脚，严丝合缝。图坦卡蒙的木乃伊就被置放在里面，全身用布包裹，浇有树脂来防腐。就在这具木乃伊的头部，覆盖着一只黄金打造的面具，相貌与第三层棺材上的完全相同，也是披着条纹头巾、戴着假胡须的年轻人形象，他的王冠顶上，有一只象征着上埃及的鹰，和一条象征着下埃及的眼镜蛇，表明图坦卡蒙是上、下埃及的统治者。这个面具虽然和棺材上的形象完全相似，然而在装饰方法上却有所区别，棺材上的装饰以黄金塑型为主，色彩相对要素淡一点，只是在局部嵌有彩石珠宝。而这个面具就不相同，除了面孔，其他部分全部镶嵌有名贵的青金石和绿松石，还有其他颜色的珠宝，整个面具以金和青两色为主色调，其他的色彩则为点缀，显得珠光宝气而又色彩绚丽，精美绝伦，明显要比外层的像要高一个档次。在这面具的两侧和背后，还凿刻有象形文字的铭文，以神谕的口气对这位法老提供了保佑，愿意成为他的守护神。

除了这些棺材和面具，墓室里还有无数其它的黄金制品，包括黄金的塑像、黄金的御座椅子、祭祀用的椅子、黄金的战车以及黄金的扇子等等。有些原来是用乌木制作的用具，也被贴上了金箔，甚至图坦卡蒙的手指套和凉鞋也是用黄金来打造的。其他的黄金和宝石饰物更是不计其数。这些珠宝被从他的墓室里移到博物馆里来，在明亮的光线下看来，要比在漆黑的墓室里看更加显得高贵。

在古代，埃及一向被人视为是黄金之地，黄金在埃及的用量很大，有很多建筑和器物都用黄金来装饰。埃及人崇尚太阳，他们认为黄金和太阳一样，既是金色的又会发亮，永不变色，是永生的保证，是神灵的肉身，因此，但凡是神庙里最神圣的东西都用上了黄金。在方尖碑的顶端，也被他们贴上了金箔，让它金光闪闪，如同一座小小的金字塔，代表着太阳神的光芒。作为太阳神的儿子，法老有资格使用大量的黄金制品，以示尊贵。埃及的法老一向有用黄金来打造器物和面具的传统，在其他法老的墓里也发现过很多黄金制品，然而图坦卡蒙墓里的宝藏创造了一个纪录。

一个少年天子，在位的时间只有十年，又是非正常死亡的，居然能有这样大的财力和时间来为自己营造坟墓，并投入了如此之多的殉葬品，这一做法令人匪夷所思，也令人惊叹埃及的富有，想必他一登上宝座就开始为自己忙着修墓制造殉葬品。图坦卡蒙在位的时期，已经对他父亲所奉行的宗教进行了拨乱反正，又恢复了对阿蒙神的崇拜。然而在艺术创作上，却仍然还保持着前一时期重写实重生活的"安马纳美术"风格，在人物形象的刻画上，已少了若干僵板之气，把一个少年天子塑造得英气勃勃。这是在艺术家的眼中看到的一个真正的图坦卡蒙。

发现了这一举世无双宝藏的卡特功不可没，能够把它保存在埃及国家博物馆里展出，更是功不可没。然而埃及民间一直在传说着的那个神秘的"法老的咒语"一直笼罩在考古学家们的头上，成为一把时刻会掉下来的达摩克利斯之剑。有二十几位参加过图坦卡蒙墓考古的人都先后神秘地死去，只有卡特例外，这给这一重大的发现蒙上了一层难解的阴影，又从另一角度加重了人们对于这批宝物的好奇程度。

埃及国家博物馆
千年纸草

　　埃及的国家博物馆里，最受人欢迎的展品是图坦卡蒙的黄金制品，最神秘恐怖的是画棺和木乃伊，最少人看的就是那一张张的莎草纸书画了。和一切的博物馆一样，但凡涉及文献资料，总是观者寥寥，阅者甚寡，这是因为文字形成了隔阂。

　　如果要用"以植物纤维为原料而造出的一种可供书写的材料"来为纸作定义的话，古埃及人应是世界上最早使用纸的民族。莎草纸早在 5000 年前的第一王朝时就出现了，被普遍使用是在第五王朝时的事。由于造纸的手续繁复，造价昂贵，所以它并不是为普通的百姓人家所制，而是作为一种宫廷用纸，用于书写重要的文件。在古埃及，莎草纸的制造是由皇家垄断的，它只能为法老供应纸张，莎草纸被称为是"国王的纸"，一般的老百姓只能在陶片上书写。在法老的宫廷里，这种书写是由专门的书记官来掌握着，他们坐在法老的旁边，在聆听了他的指示之后，就用灯芯草做成的笔来写在纸上，纸就铺在他盘坐着的双膝上。埃及留存有多尊书记官的雕塑，说明在当时书写是一种神圣的职业。

　　在埃及，纸莎草是一种非常普通的植物，它主要生长在尼罗河三角洲的湿地里，它的茎细长而高，可以达到四五米。在古埃及人的眼中，纸莎草具有非常神圣的意义，把它选来作为下埃及的徽章纹样，也用作神庙柱头的装饰，我在埃及的神庙里看到无数个柱头被打成纸莎草花蕾的形状，也见到很多壁画上描绘着或刻着茂盛生长的纸莎草丛，里面藏着各种美丽的水鸟。也有描绘着埃及农民收割纸莎草的场面，他们一捆一捆地扛着它，如同现在收甘蔗一般。纸莎草的用途在古埃及很广泛，因为它的纤维很长，也非常结实，可以编成筐子、篮子等容器，也可以编织成席子和绳子，有的人还用它来造房子，把它扎成捆后编成排，然后在上面抹上泥后做成墙，再拼合成房子。当纸莎草还嫩的时候，根还可以做蔬菜来吃。他们甚至还用纸莎草编成船只，在水上航行。

　　纸莎草在埃及文化中，最重要的作用还是造纸。它茎干的剖面呈三角形，剥去外皮后，可以从中抽出长纤维，把它削成薄片后排列压平，在下面垫上第二层，与上一层形成垂直，施以重压之后，挤出茎中的水分，利用茎干中的胶使之互相黏合，等干燥后再用抛光石将表面磨光滑，切去不齐的边缘，就可以造出纸。因为是用纸莎草来制成的纸，所以被称为莎草纸。这种纸还保持着长条形的植物纤维，没有被打成絮状而互相交织，所以纸质较粗，纸基较厚，纸色发黄，而且尺幅不宽，但长度可以通过续接茎干来不断粘接。它的纸面挺括坚韧，只适合用埃及产的那种笔来书写，写成之后可以把纸卷起来，两头密封，把多卷纸卷保存在一只小箱子里。由于茎上有黏液，因此这种纸如同有胶矾的熟纸，水墨上去之后不会洇化，只适合较重的石色填彩。但和中国的宣纸一样，它只适宜书画，而不能被用于印刷。这种古老的纸主要在地中海和中近东地区使用，并没有对后来的世界形成影响，只是作为一种活化石而存在于埃及。

　　莎草纸的另一个重要的作用是写亡灵书，它是被放在死者的墓室里，置于木乃伊之上的，等于是给死者颁发的一纸前往冥界的护照，上面记录着若干神秘文字，有的还附有死者灵魂复活、或是诸神形象的图画，有的还是符咒。由于古埃及使用的是象形

收藏在埃及国家博物馆里的莎草纸亡灵书《最后的审判》，
约作于公元前 600 年。

收藏在埃及国家博物馆里的书记官雕塑像，
在他的膝盖上铺着一卷莎草纸。

文字，所以在不识之人看来，满纸都是图画，形象性很强。这种莎草纸写成的亡灵书是埃及古文明中最为重要的一部分，有很多珍贵的文献都被记录在上面。中国有句话说："纸寿千年"，埃及炎热干燥的气候也能使莎草纸保持千年以上，它们能承载着古埃及三千年的文化而不腐。

埃及国家博物馆里展示着一卷卷的莎草纸，如同中国古代的帛书一般。其中绝大多数都是来自于坟墓的亡灵书，有一幅绘画性非常强，它的主体部位画着一条圣船，正在夜间的冥河里航行，船由四条黑色的豺来拉着前进，它们是主宰死亡的神灵，船后有荷露斯之眼在注视着他们。在这艘船上坐着太阳神拉－赫拉克提，他长着猎鹰的头，头顶上有一盘日轮，手执权杖，威严地坐在一张椅子上，他是埃及最为崇敬的神，代表着法老之父。他的身后是长着猎鹰头的荷露斯，他是天神和王权之神，代表着天地之间的秩序，后面是长有鹭鸶头的托特神，他是月亮之神，也是造物之神和智慧之神。前面则是长有鸟头的塞特神，他主司沙漠，是野性的化身，是太阳神的亲密朋友，在这里的作用就是阻止阿波菲斯来攻击这个世界的造物。阿波菲斯是邪恶的世界的毁灭者，在这幅画中，它正呈现出弯曲的蛇形，横踞在画下的河中，昂起头来要想攻击船上的神。塞特神正手执长矛，在刺向它。

画的最左边，还有一条盘曲直立着的大蛇，它也是阿波菲斯，长着狮头的赛克麦特保护女神正在手执利刀，刺进蛇的身体，画面上已有四把刀刺进了蛇身。画的最右边，是伟大的母亲女神伊西斯，她正举起双手，阻止四条邪恶的眼镜蛇的攻击。这样一幅画，如果不去考虑它那复杂而神秘的特定内容，而纯从画面的艺术效果来看的话，黄褐的纸色，上面有细细的横竖帘纹，满布着用黑线画成的图像，有的地方填以石色，有的地方填以淡彩，还有的地方是纯用墨色来画的，勾描轮廓的线条虽然还比较稚拙，但却是富于变化，有粗有细，具有软毛笔勾勒的效果。由于年代久远，看上去就好像一轴中国的长卷古画。

旁边还有一幅亡灵书，尺寸要小一些，纸的颜色要深一些，已呈褐色，显得非常古旧。与前一幅相比，这幅画的技法要成熟得多，画上的形象呈一种埃及典型的装饰性，人物都是以正面律的姿势站立，等距离排列，上沿还有一系列人物排列着作为边饰，他们是作为死亡法官的奥西里斯神。整幅画的装饰性很强，线条肯定，设色古雅，表现了古埃及死人在进入最终真理大厅前，在最高的判官面前接受末日审判的情景。

展室里还展示了另一幅《纳赫特亡灵书》，是由大英博物馆收藏的复制品，它的总长度竟达十四米。这幅画的技法显得相对从容潇洒，尽管画的内容也是与死亡有关的向神献祭的场面，但画面中却表现出了当时生活场景，整个情调要轻松恬淡得多。除了画面上的四个人物之外，画的中央是一口长方形的池塘，四周被绿树环绕，有趣的是，这四周树的长向都是与池塘的四边垂直，如同倒伏在四边，其实这就是中国的散点透视方法，作者只考虑树是垂直于池塘边的，每一边都作这样的处理，于是就作了四种透视。奇怪的是，这种四边画的方法居然也在澳大利亚土著人的树皮画中出现过，想必原始人的思维也必是相通的。画面上还有一栋当时的住宅，这是非常罕见的，为历史的考证提供了准确的证据。

这些有趣的绘画，如果不去考虑它们神秘而神圣的内容的话，它和中国的绘画有若干的相通之处：莎草纸画虽然是纸，但它的质地和肌理却与中国的帛画和绢画相近，都是纤维制品，颜色古旧淡雅。埃及和中国都是用线条来勾勒，再填以重彩，画面的处理不考虑光影，不分明暗，是一种平面的关系。埃及的重彩是用了带颜色的岩石研磨成粉后，以树脂来调和的，这和中国的石色是相同的。更有一点相似的，是埃及和中国的画上都是书画兼备，都是象形文字；而且都是从右向左书写的，不同的只是中国用软性的毛笔，埃及用硬笔来勾线和书写。这或许是东方艺术共同的一个特点，它们堪称是东方艺术的双璧。

埃及国家博物馆
万世碑铭

　　在观者如堵的埃及国家博物馆里，最冷清的展室莫过于碑铭馆了，它要比摆着莎草纸书的文献室还要寂寞，挡住观众脚步的不是那些精湛的雕刻艺术，而是那些冷漠死寂的文字。埃及最早的一块碑产生于5000年前的古王国时期，那时的文字已经成熟，由于所纪录的多是神祇的谕示和法老的诏令，所以埃及人把他们的象形文字称为"神的文字"，而石碑就是保存神的文字最好最永久的形式。

　　埃及的象形文字和苏美尔人的楔形文字、印度的印章文字和中国的甲骨文一起，曾被列为世界上的未解之谜。因为埃及在纪元前后经历了改朝换代，以前盛行的象形文字被废弃不用，成了一种死亡的化石，在两千年里无人能解。这等于宝库虽在，钥匙却丢了，无法进门。幸亏后来的法国学者商博良经过研究，找到了这把钥匙，破译了它们，从此人们也可以解读这些古人留存下来的内容了，是商博良救活了这些业已死亡的化石。

　　商博良赖以解开象形文字之谜的，就是一块碑。这块著名的《罗塞塔石碑》因拿破仑占领埃及的时候被发现于罗塞塔港而得名，在法国人投降之后被运到了伦敦，成为大英博物馆里最重要的收藏。相对于埃及的文明来说，这块碑的产生时间不早，是在托勒密时代才刻成的，距现在只有两千多年的时间。其实那时真正的埃及已经消亡，沦为马其顿王国的海外殖民地。托勒密是亚历山大的部将，他在接管了埃及之后，还保留了它的文化，仍称自己是法老，还在使用着埃及的文字，只不过与希腊文字同时使用，这就是殖民地的特点。这块碑的内容是一则祭司们的宗教敕令，同意为新的法老托勒密三世加冕。在当时，这是一件非常重大的事，显示了祭司们无比的威力。这则敕令被刻在一块巨大的黑色花岗岩上，表面磨得非常光滑，外形并不规整，呈自然形状。在碑上，按照当时的规定，用了三种文字进行书写，都是同样的内容，从上到下分别是埃及的象形文字、埃及的通俗文字和古希腊的文字。在托勒密时代，象形文字是神庙里的祭司们使用的正式文字，因而被称为"僧侣文字"。在民间则流行着用于速记连写的通俗文字，至于希腊文字则是官方语言，把它们并列在一起镌刻，就为商博良的研读和解释提供了极好的范本。埃及的这些文字虽然也是象形的，但它并不像中国的象形文字那样是一字一义。商博良以自己通晓的希腊文字为依据，一一对照，终于成功破译了这些神秘的符号，如同阿里巴巴一样敲开了宝藏的大门。

我相信，绝大多数来到埃及国家博物馆的观众都不可能像商博良那样学识渊博，不可能解读那些古远的文字，哪怕是有耐心读完下面的释文。令我感兴趣的，倒不是碑文的内容，而是碑的形式和镌刻的方式。

象形文字是一种正式的纪念文字，它被广泛用于各种具有永久保存价值的载体之上，多作为铭文之用，如同中国的篆字。但是，从形式上来看，埃及人的碑并不限于我们对碑的认识，而有无数种形式。古代的埃及人是一个非常喜欢说话的民族，他们通过自己的象形文字来到处说话，既在莎草纸上说，也在石碑上说，甚至还在一切可以留下文字的地方说，他们把石头当成了自己的书。遍行埃及，我到处可以看到这种象形文字，无论是方尖碑上、柱

画面上涂有色彩的石碑，左侧是太阳神，右侧是向他献祭的女性。

子上、神庙的横梁上、神庙的墙壁上，甚至在雕像的身上、棺材和木乃伊的身上，都可以看到象形文字。埃及的象形文字相对具象，形式感非常强，富有图案感，大小基本如一，因此当它们被镌刻在这些载体之上时，尽管内容非常神圣，但对于不认识它们的人来说，都具有一种形象之美。它们如同图案一般被点缀在各处，或大或小，或阴或阳，整齐划一，使画面的构成更丰富。

在一般中国人的心中，碑的概念最早是竖立的石头，后来是指上面刻有文字的规整而光滑的石头，而且是以文字为主，略带点图案。凡不规则的自然形状的石头，上面被刻了文字就称为碣，秦始皇时巡行天下，命宰相李斯到处题字刻石，除了圆形的石鼓之外，大都是题在摩崖之上的碣。碑在中国出现得很晚，直到东汉的熹平年间，才由朝廷颁布，把前朝的经书由蔡邕来书写，刻在磨平的石板之上，一块一块地立在宫门之前，让人们阅读，这就是著名的《熹平石经》。在此之前的先秦年代根本寻不到碑的踪影。

但在埃及，碑的这一定义被大大地扩展，它的形式也无所不有，似乎只要是石头，上面就可以刻碑，而且并不在乎是图是文，都可以相互混杂，并列相存。最出名的碑是方尖碑，它刻在一块高而尖耸的纪念碑上，上面布满了象形文字，内容为神和法老纪功。阿斯旺的采石场里还横躺着一块未开凿完工的方尖碑，竟然长达四十多米，那应是世界上最为宏伟的石碑了。博物馆里还有一块著名的《以色列碑》，这是立于公元前1208年第十九王朝时的一块碑，上面以诗歌的形式来记述了当时的法老战胜了利比亚人的伟大功绩，同时赞颂了巴勒斯坦地区的平定安宁，没有动乱，碑中有"以色列荒芜，其种无存"的字样，这是在世界上第一次提及到以色列这个名称，与《圣经》所述相符，是一份珍贵的史料。这块碑是矩形的，顶部呈半圆形，碑身中下部刻有齐而密的象形文字，碑额部分用浅浮雕刻着法老在神明的佑护之下接受利比亚人投降的场面，这种书画结合的方法在中国的诸碑之中鲜有见到。

古代的埃及人并不介意在一块碑中究竟是以文字为主，还是以图画为主，他们只管根据碑文的需要随意取舍。如果碑上的文字多，那就是一块纯文字碑，如果需要加上图画，那就得看是文字多还是图画多来分割画面。也有的碑上基本全是画面，等于是一块画面充实的浮雕，文字穿插于其中，但却具有主导的纪念作用，所以还是碑。有两块为拉美西斯二世大帝纪功的碑，一块碑面上大部分是文字，写着这是纪念拉美西斯大帝即位十八年的碑，这可以算是非常重要事件的碑。另一块碑上基本全是画面，画着拉美西斯正在向神明献祭的场面，刻着"统治者之荣耀"的字样，以及他的诸种战功，这就是一幅文字和图画同样起作用的碑，而不是普通的浮雕。有一块碑非常有趣，碑的内容是以死者的口气来写给生者的一封信，而死者是一位法老。碑上的文字和画面各占一半，但书写者没有计算好，以致字越写越小，到最后一行时已经没有地方写了，只得把字刻在画面上。

碑的手法也多种多样，绝大多数的文字是用阴线刻成，如果字体大，那么就用阳刻来完成。有少量内容非常重要的碑上被涂上了重彩，想必当年立碑的位置非常显赫。

但是，遍观全馆，最为奇特的一种碑就是人形方箱碑。这种碑上以圆雕的方式雕着一位人物，以女性居多。她双腿蜷曲而坐，双膝之间的裙子被绷成了一个方箱形，工匠们就在这个方箱之上刻了许多碑文，这一种碑在世界各地都没有见过，是埃及最为独特的碑形。最有趣的一尊方箱碑就是《塞纳穆特和纳芙瑞之碑》，雕着女法老哈舍普苏特的宰相塞纳穆特把年幼的小公主纳芙瑞抱在胸前，双腿间绷紧的长袍形成了碑身，上面刻着整齐的象形文字，因为他是公主的老师。这样一种形式很像雕像，但在这种雕像之中，文字是在起着主导的作用，所以还是碑。

碑这种以文字刻在石头之上来纪功的形式，以后通过统治者马其顿人传到希腊，再东传波斯、印度，当犍陀罗的佛教造像艺术诞生的时候，受埃及这种书法和图画结合在一起的碑的形式启发，产生了佛教的造像碑，以后又东传到中国，在魏晋时非常盛行，然而这一段碑的流传史却是无人研究。

卢克索哈特谢普苏特神庙
埃及版武则天

　　在卢克索，与尼罗河东岸卡尔纳克神庙同样沐浴在烈日晴空下的，是一座精美的哈特谢普苏特神庙，这两座神庙一东一西，隔河相望，都位于同一轴线上。哈特谢普苏特神庙虽然建在被视为是"死界"的尼罗河西岸，但它却是独占了风水之利，背山面水，视角特别辽阔。神庙分为三层，层层递进，当中是一条宽阔的斜坡道，从底层一直通到上部，神庙的背后是一座巍峨险峭的高山。整齐的横长条形建筑与直立的峭壁石皴形成了对比，结合得非常和谐。

　　哈特谢普苏特是古埃及三位女法老中最早的一位，也是最富传奇性、最具争议性的一位法老。她废黜了自己的庶子而以女人之身当上了法老，一个埃及版武则天的故事就此上演。哈特谢普苏特原是图斯摩西斯二世的王后，老王驾崩之后，立他庶出的继子图斯摩西斯三世为王。由于小王尚年幼，便由继母哈特谢普苏特来垂帘听政。这位年轻的太后雄才大略，志存高远，并不把非己所出的庶子放在眼里，哪怕他来做一个傀儡皇帝也不行，她根本就不想在他长大之后交权，她要自己来治理这个国家。她结交卡尔纳克神庙里的祭司们，以神谕的口气为她杜撰出了一套神圣的身世：说她是埃及最高神阿蒙的直系后代，阿蒙曾托梦于她的母亲，说她将会生下一个非凡的女儿，并为她取名为卡尼米塔敏·哈特谢普苏特，意思就是"阿蒙眷顾的最高贵的女人。"她降生之后，将按照神谕来管理这个世界，她应该是这个王国的主宰，而不仅仅只做一位摄政王。

有了这一套神圣的履历，哈特谢普苏特便理直气壮地走到前台，把小王推到了一边，宣布自己就是法老，阿蒙是她的父亲。她自己来治理国家，经略四方，建功立业，甚至亲自带兵远征巴勒斯坦和努比亚，披坚执锐地身先士卒，将埃及的疆域扩大到非洲的东海岸。为了表示自己也具有男子一样的气概，她在公众场合出现时，总是把自己的胸口压平，戴着假发和胡子，像一个须眉男子。在留存的无数雕塑和绘画中，她大都是这个形象，然而刻在旁边的铭文却都是阴性的"她"。

哈特谢普苏特假扮成男性，以女法老的身份君临天下，却难以掩盖她女性的美丽和端庄，她的神庙也就必然地带有着女性的特征。与森森威严的卡尔纳克神庙不同的是，这座神庙不以巨大的体量感来给人以震撼和慑服，而是以精致的建筑并借助自然的雄伟来完成整体的统一。雕塑与建筑，圆雕与浮雕，光明与黑暗，借景与对景，自然与人工之间的关系处理得非常完美，它成了世界上最有名也是最美丽的古代建筑的范本。神庙背后那高大荒凉的山体，把它衬托得无比雄伟，嶙峋的山石，粗砺的肌理，挺拔的直线，衬托着呈横线条的神庙，光滑的石面，从纯形式上形成了对比。

埃及的神庙以多种多样的柱式而闻名，哈特谢普苏特神庙也不例外。它的廊柱俊秀逸长，充满了一种女性之美，在同一座神庙里，根据功能和主次的不同，而使用了不同的柱式。在它的三层正立面上是简洁的方柱，最下层的柱子表面是光素的。但第二层因为是供奉着神像的宫殿，所以在这些柱子的表面附加上了石雕像。它们都是呈直立状，头顶高耸的王冠，一手拿牧杖，一手

美丽的女法老哈特谢普苏特雕像

表现哈特谢普苏特女法老在祭祀阿蒙神的浮雕，
脸上戴有胡须，平胸，装扮成男子。

拿连枷，交叉在胸前，就像是一具木乃伊。这种雕塑是贴饰在方柱表面的，并不起着支撑的作用，只是一种王权的象征。它被称为是"奥西里斯石柱"，在埃及的神庙里普遍可见。二层的两侧，有光素而简洁的圆柱，但这种圆柱是由多棱体形成的，表面没有图案，并不同于一般的圆柱。二、三层神殿的入口处位置重要，要加强标识，因此在门的两侧立着的圆柱上部有开花的纸莎草柱头，这是法老王权的象征。

哈特谢普苏特神庙里最具特色的柱式是女像柱。由于她是一位女法老，虽然崇尚阿蒙，也假扮男人，但从生理和心理上来说，却还是女人。因此，她在神庙里膜拜的是一位母亲女神哈索尔，哈特谢普苏特把她的形象雕成了立柱。这是一种崭新的柱式，只是在中王朝时期才出现在埃及，在它的柱顶是哈索尔女神的头像，脸的两侧下垂着梳成辫的假发。奇特的是，假发之上居然顶着一座方形的小房子，房前矗立着两条眼镜蛇，这象征着她的神庙和王权。柱身上雕有复杂的纹饰，那是她华丽的衣服。这样一种女神柱式是只属于女法老专有的柱式。

以女人的形象来作为石柱的做法，一般人都把注意力集中在雅典的伊瑞克提翁神庙上，认为那就是世界女像柱的最早经典。但哈特谢普苏特神庙里的女像柱早在它们之前一千多年就出现了，而且有着多种形式，这才是世界上最早的女像柱。

神庙的墙上，雕有许多精美的浮雕，哈索尔女神正化身为一头牝牛，头顶上有双角的头饰，当中嵌着一个太阳的日盘，在向哈特谢普苏特传授王权，原来的画面上被涂了颜料，想来当年必是五彩绚丽。在露台北面的一座神殿里，宣称哈特谢普苏特是阿蒙之子的那通神谕就图文并茂地刻在上面。由于古埃及使用的是象形文字，所以整幅画面上形象纷复，主次分明。这些画和文字虽然被深藏在黝黑的殿内，作为供奉之用，但看守人借给我一面镜子，把外部明亮的阳光折射进殿内，因此我能清楚地看到那些经历数千年的精美图形。

神庙下层的一座宫殿里，有哈特谢普苏特南探朋特的浮雕墙。哈特谢普苏特在统一了上下埃及之后，已经成为两地之君，遂产生了拓边之心，把好奇的目光投向了遥远的南方。因为根据以前商人传来的消息，朋特那里富产许多埃及没有但却非常需要的奇珍异宝。她派出了五艘船，由一位大臣率领，前往探险。在经历了无数的凶险之后，船只到达了朋特。在那里，他们见到了当地的国王和王后，对方惊奇然而和善地接待了这些远方来客，宣称愿意臣服于女法老，并呈送上了他们的贡品。女法老神殿里的那幅画上就仔细地画出了这一过程，画了沿途的风光景物，画了许多出产，还画出了国王和王后接见使者的画面。画中王后阿提的形象非常奇特，她的体形肥硕臃肿，巨大的臀部向后蹶起，肚腹部上全是赘肉，然而装扮奢华讲究，这一浮雕留下了三千多年前非洲土著的宝贵资料。

哈特谢普苏特尽管在当时权倾天下，然而她去世后的命运却不佳。她的庶子图腾摩斯三世一直在与她争权夺利，在她还政于他之后就把她的一切影响全部消除，把她的形象和名讳从一切建筑和雕刻上凿去，甚至把她建的方尖碑也用石板包贴起来，这样，这位曾经显赫一时的埃及第一位女法老就成了一个千古之谜。幸而这种破坏并不算彻底，所以我们在三千多年后的今天还能看到那座世界上最美丽的神庙。在神庙里出土了一件残破的雕塑，她有着非常大的双眼，挺直的鼻梁，饱满而微微上翘的嘴唇，眉目清秀，轮廓分明，线条生动，然而颌下却垂着一条男法老的胡须，她就是哈特谢普苏特。与矮小的埃及末后克丽奥帕特拉相比，她才是真正的埃及艳后。

金字塔、狮身人面像和方尖碑是最能代表埃及的伟大象征物，方尖碑的出现虽然早于哈特谢普苏特时代，但它的繁盛却是靠了这一女法老。哈特谢普苏特对于这种针状的高矗建筑物有着浓厚的兴趣，她在卡尔纳克神庙里为阿蒙神建造了两座巨大的方尖碑，用整根粉红色的花岗岩打制而成，每一根有 30 米高，重量达 323 吨！这种纪念碑的顶部是一座四方形的尖椎体，就是一座小的金字塔，象征着太阳神阿蒙。在它的碑身上刻满了象形文字来作献辞："花岗岩石采自南方石矿，顶部纯金精选自国外。自河上远处即能看到它们，它们光芒四射，普照大地。太阳从两碑间升起，与碑交相辉映，金碧辉煌，蔚为壮观……千百年后见此者，想起我的功业，必会说：'我们不知道，不知道她们怎样建造起一座金山！'"

突尼斯迦太基博物馆
远逝的紫帆王国

  在非洲，突尼斯是一个另类，因为它的土地上文化丰富而复杂，它既有原住民柏柏尔人的血统，又杂有外来的腓尼基人、罗马人、拜占庭人、奥斯曼人、阿拉伯人甚至法国人的文化基因。不过，最为吸引我的地方还是境内的迦太基古城，它是腓尼基人西征时建立的古城，一个远逝的紫帆王国。

  腓尼基人早在公元前 3000 年就已经兴起于黎巴嫩、叙利亚和以色列一带的沿海，在 2900 年前左右达到全盛。这是一个酷爱航海并善于经商的民族，从一开始就把他们深邃的目光投向蓝色的大海。他们以北极星为坐标，驾着他们的商船，称霸于地中海，在沿岸的希腊、土耳其、意大利、西班牙和北非，都建立起了一系列的商站和殖民地，也建了许多大港口。他们集水手和商人于一体，从事名贵的黎巴嫩雪松、金银等贵金属、葡萄酒、陶器和橄榄油的贸易，以此致富，东西地中海都留下了他们紫色的帆影。他们生产一种布料，是用海洋贝壳中炼取的染料来染成的，相当名贵，是紫红色，所以被希腊人称为是腓尼基人，意为"红人"。这种名贵的紫红色，已经成为他们民族的一个标志色，一个文化的徽记而深深打在了史书上。

腓尼基人并不是重利轻文、目不识丁的商人，他们还是文化的传输者。他们从埃及买来大量的莎草纸，在上面纪录他们民族的故事，现在欧洲的字母系统就是根据腓尼基人含有22个字母的文字发展起来的。他们浮家泛宅，四海为居，当时的地中海还是相当寂寞的，沿岸的民族大都沉睡在溟蒙之中，只有腓尼基人的紫色风帆在孤独地航行，给那些夷蛮之民带去了东方的文明。

突尼斯是突出于北非的一个半岛，它和意大利的西西里岛隔海相望。腓尼基人在选择他们的商站和殖民地的时候，一般都会选择易守难攻的半岛和岛屿，该地应有有屏障的泊船地以及易于通往腹地的交通。突尼斯首都的所在地正符合这个要求，于是腓尼基人就在这里建立了一座雄伟的迦太基城。迦太基城位于一个险峻突出的海岬上，它俯瞰着整个海湾，便于发现从海上来的船只，又背靠陆地，倚着山坡，便于防守，只有一条路可以通往内陆。海湾防风避浪，便于泊船仓储，修船屯兵，也有可供迂回的腹地。迦太基城依山而建，层层而上，还在近海处挖出了一个巨大的圆形海港，里面可以停泊船只两百艘，并开有人工河道与外海相通，进可攻，退可守。虽然原有的设施都在战争之中被毁殆尽，然而古城和港池的遗迹还都依稀可辨。

一个民族的强大勃兴固然是好事，然而也会招致恶邻的妒忌和欺凌。腓尼基所在的地区，正是群雄林立、诸强纷争的中东新月地带，平原逼仄，腹地不大，又经常遭受亚述人的抢掠，来自爱琴海的神秘的海上民族的劫夺，还先后有巴比伦、波斯和亚历山大来进攻过腓尼基人，这大大地逼仄了腓尼基人的生存空间，使他们把目光投向遥远的海外。

这时腓尼基也起了内讧，公主狄多的驸马被她的国王兄弟所杀，她带着随从仓皇出逃，远走他乡，紫色的风帆沿着昔日腓尼基商旅的航线一直向西，来到这处商站。狄多公主要在这里取得土地，便告诉当地的柏柏尔人说，她只需要一牛皮地安身，当地的土著不知有诈，便答应了。她便把一张牛皮细细地剪成皮条，

罗马安东尼浴室残存的拱顶，
是昔日的一间间功能各具的浴间。

上面刻有腓尼基符号的墓碑

在一座山上圈下了面积巨大的土地，开始建城。这个牛皮圈地的故事在世界上许多地方都有相似的版本，但我宁可信其有。于是狄多便在此建城而居，她为这一新城取名为迦太基，意思是"新的城市"，这是公元前9世纪的事，它的历史还要比罗马城早61年。那座山就此称为比尔萨，在当地语言中就是"牛皮"。在此之前的腓尼基只是一些松散的联邦，但从此之后，他们建立的迦太基便成为地中海的一个海上强国，全盛时期的疆域东达亚洲的迦南之地，北达爱琴海、意大利和法国，西及西班牙甚至大西洋，南部则广及突尼斯和北非沿岸。特别是当腓尼基在受到巴比伦的攻击而陷落之时，迦太基城便取而代之成为一个强大的中心，它的战舰横行于地中海西部，在几百年里称霸于世。

然而，当罗马取代希腊而日渐强大之后，当然地与南部的迦太基产生了矛盾，于是一场恶战就不可避免，他们之间经过了一百二十多年的战争，历史上称为是布匿战争（罗马人称迦太基为布匿尼亚）。三次布匿战争虽然互有胜负，迦太基的将军汉尼拔甚至率军翻越阿尔卑斯山，打到了意大利本土，但最终还是强大的罗马军团取胜，他们的舰队攻陷了迦太基城，这座腓尼基的新城被焚之一炬，变为焦土，强盛一时的迦太基也就此灭亡。

在很长的时间内，迦太基是当时世界上仅次于罗马的第二大城，最多时的人口达六十万。它被覆灭之后，罗马人唯恐它东山再起，便强令把该城全部摧毁，人民沦为奴隶，于是，一切没有被战争打碎的又被强权打碎，迦太基从此不闻于世。由于它重要的地理位置，罗马人在一百多年之后于原址上再建了自己的城池，重现了它的繁荣。不过它并不是迦太基的重生，而已属于另一种文明了。以后它又归属于拜占庭和奥斯曼，最后又归于伊斯兰文明。因此，我今天在迦太基遗址上所能看到的，是一种复合的文明，已被列入了世界文化遗产名录。从里面发掘出的许多文物，都在向世界各地来的观众述说着一个业已远逝的王国，一部数千年被湮没的沧桑悲史。

迦太基古城纪念地分为遗址和博物馆两大部分，遗址部分是多种文化的层积，它依着山的缓坡一直延伸到海边。这里背山面海，气势磅礴，远控海口。罗马皇帝安东尼在这废墟上又重建了自己的城，甚至还建了一座基督教堂。他还在海边建起了堂皇的浴室，建造了长长高高的渡槽，从 60 公里之外引来淡水，在这风景秀丽的地方寻欢作乐，这里也被称为是安东尼浴室，根据遗址前的一幅想象复原图的描绘来看，这座浴室当年相当富丽堂皇、豪华奢侈，可供 9000 人洗浴。然而时过境迁，一切曾经的存在都被历史之风刮去，剩下的唯有嶙峋的遗址和高高的石柱，残迹之中还能分辨得出一间间的浴室，也能分得出更衣室、冷水室、温水室、桑拿室、按摩室和健身房的区别，垛垛断垣残壁还在地中海的艳阳下追忆着昔日的风采。

迦太基城集民居、军港、商港、城堡和神庙于一体，由于是多层文明的复合，现存的遗迹上，很大部分是后来的罗马人所建造的城，包括有宫殿、剧院、神庙、住所、竞技场、浴室和别墅，地下出土的文物极其丰富，但只有不太多的部分是属于迦太基的。博物馆里，很大部分的雕塑都属于罗马时期，既有丰收女神和胜利女神，还有战神和爱神，此外还有各种罗马神话里的诸神，以及伟人和市民的肖像，有的体型相当巨大，雕刻精美，细节毕现，最大的两尊高达三米多。这些雕塑，即使被放在卢浮宫这样的大博物馆里也毫不逊色，是世界级的精品。此外馆里还有若干罗马帝国和奥斯曼帝国的通用钱币，说明这里的商业贸易曾经非常繁荣。

比尔萨山顶上，曾经是迦太基女神神殿的部位，建起了一座阿拉伯风格的古堡，室外山坡临海一面，还残存着古时的城墙，但已难辨究竟是迦太基还是罗马时期的了。想必当年汉尼拔就曾在此傲视海上、纵横捭阖、检阅舰队。山顶上立有几十座古碑，上面刻有奇形怪状的图案和文字，有的只有两只怪眼，有的则有一个面孔，有的则是抽象的图案，每一块都各不相同，这些都是腓尼基的铭文。这些碑铭面对大海，朝向着东方——迦太基人的故乡所在地。他们即使在天国之中，也能看见来自自己家乡的紫色帆影，传来迦南的消息。

突尼斯迦太基博物馆
叩击迦太基

迦太基不是一天建成的，然而却是一天之间毁灭的。新崛起的罗马帝国发兵地中海北岸，取得了布匿战争的最后胜利，繁荣了668年的最后一个腓尼基人的重镇就此灰飞烟灭、销声匿迹，只留下了无数的遗址在突尼斯比尔萨山低缓的山坡上。两千年后，考古学家们在这里剥开了重重的文化层，在废墟里发现了无数的文物，最后在这里建立了一处迦太基博物馆。

迦太基博物馆很宽敞很大，里面的藏品不能算丰富，然而却是非常有特色。有趣的是，这个博物馆虽然号称是迦太基，但展出的许多展品却还具有其他文明的特色，在这里还展出了埃及、希腊、罗马乃至拜占庭人的文物，它们都是从迦太基城遗址的重叠地层里发掘出来的。这些都是环绕着地中海的古文明，腓尼基人通过挂着紫色风帆的商船与他们交往，因而把他们的产品留在了城里。而后来的战争也在此留下了不少的痕迹，这些，都属于迦太基，也属于突尼斯。

腓尼基人和希腊人是邻居，古代的希腊人也是浮家泛宅的海上民族，他们的足迹也遍及地中海和黑海，腓尼基人的文化和希腊人的文化是互相交流、互相影响的，作为腓尼基西都的迦太基是重要的商贸基地，来自希腊的商品并不在少数。博物馆里陈列着成排的尖底陶瓶，这是希腊人用来装贮和运输橄榄油和葡萄酒的典型容器，而陶器也是希腊人的大宗出口商品，显见这里也是他们的商贸对象，曾经进口过很多。馆里还陈列着一些陶器的碎片，根据陶器上画着的希腊人形象来看，这肯定是来自爱琴海的产品。有的画着一位带翅膀的神在吹着典型的希腊芦笛，还有一位妇女手执一根杆子，在绕羊毛，无论是他们的头发、头饰、衣袍的样式还是陶器上的图案和文字，都是典型的希腊黑绘式陶器。

馆里还有一些迦太基人的陶器，这些陶器有光素器也有彩陶，但在装饰上缺少希腊的那种精致和准确，显然在这一方面他们还需要师法希腊，但是展出的一些陶的面具却是显示了他们民族的独特性。这是一些小型的面具，用各种颜色的陶土烧成，有红陶有白陶还有灰陶，但无论是何种体积颜色，它们都带着一种夸张的笑容，额头上刻有他们民族的徽记。迦太基人把这些带笑的面具随葬在他们的坟墓里，作为殉葬品，这是一种非常奇特的做法，世界上其他的民族似乎都没有这种做法。这些带笑的面具令我想起了古希腊人在演喜剧时要戴的一种面具也是同样的展露笑容，然而他们是微笑着面对人生，而这些迦太基面具却是要微笑着面对死亡，他们似乎要更为无畏，更为乐观，它们是为了保护死者的灵魂不受侵扰。在腓尼基曾经出土过用黄金制作的面具，也是殉葬用的，这可能是他们的一个远古习俗。

腓尼基人对埃及的丧葬习俗非常崇拜，他们的国王甚至不惜用重金从埃及买来一具法老的石棺，他把它加以改造，在石棺的上面加刻了一些腓尼基的铭文，模仿埃及的葬仪，留为己用。在资源缺乏的中东，石料是非常贵重的，但他们来到北非之后，石料就可以普遍使用了，因此迦太基人也有了用石棺来下葬的习俗。博物馆庭院里陈放着十几具出土的石棺，从上面雕刻的纹样来看，既和同时期罗马的石棺有点类似，但在图案上又有区别，在纹饰上没有罗马的复杂，相对简洁明快，以几何图形为主，还间有他们的神明浮雕像。在其他地区，还曾经出土过人形的石棺，棺材的外部雕刻成男人或女人的形状，上下合盖，看上去并不像是殉葬用品，而像一个艺术品，它们和这个几何形状的石棺大为不同。在博物馆里还有一些陶或石制的器皿，有的做成人形，有的是器皿形状，但在它们的背后都开有一个小小的龛，在里面贮放着骨灰，这种火葬取灰的方法又和全尸入棺土葬的做法迥然不同，只能看成是腓尼基人既然已经四海为家，居处分散，当然他们的葬仪也就入乡随俗，各有差异了。根据资料，迦太基人有杀殉儿童来向神献祭的残忍做法，被杀之后儿童的尸骨就被贮放在陶器里，我不知道这些陶器之中哪些是贮放童尸的，不忍心去仔细探寻。

博物馆里最令我感兴趣的是数量丰富的马赛克画，它们非常

在迦太基人的墓葬中出土的陶面具，都具有喜剧色彩。

奢侈地一幅一幅从进门就开始在墙上排列着，从室外到室内，一幅比一幅精彩。有资料说，迦太基遗址出土的马赛克画数量巨大，竟占了世界的四分之一。马赛克镶嵌的做法并不始于腓尼基人，早在两河流域的乌尔时代就出现了，那时是用沥青为黏合剂，把贝壳和石头的碎片黏在棕榈树段上，用来装饰他们的殿柱。但这种方法以后在中东和南欧大为盛行，无论是希腊人还是罗马人，抑或是以后的拜占庭人、奥斯曼人或阿拉伯人，都喜欢这种用彩色碎片来拼镶画面的做法。作为乌尔人邻居的腓尼基人也学到了这一技法，在迦太基城里广泛使用。在他们的宫殿、神庙、剧场、商店和民居里，在墙壁上和地面上，到处都发现过这种美丽的拼镶画。迦太基城的建立要早于庞贝八百多年，但这两座城市里出土的马赛克拼镶画却是异曲同工，都是用彩色的石头切割成小小的方块，在底板上先画好图形，抹上黏合剂——这可能是一种黏稠的树脂，也可能是一种动物的血浆——再把彩色的小石块一一按照图形进行镶嵌。这是一项非常费工夫的活计，拼镶的人还要懂得绘画，并根据图形的变化临时进行切割加工，以适应异形的图案。和希腊罗马的马赛克镶嵌画一样，凡涉及人物的造型，都不是纯粹的线条画，而是带有明暗关系的，这就又增加了难度。迦太基的马赛克画也是如此，无论是何种图形，都呈现出一种立体的作画技巧，这就很不容易。

迦太基的这些马赛克镶嵌画中有很多的美女和花草题材，且都具有寓意：这些美女都是花神，她们代表着四季，如用鲜花来代表春，用麦穗来代表夏，葡萄代表秋，橄榄则代表着冬，这样一来，就把题材中的仕女画和花鸟画结合了起来。有一幅秋天女神图，女神大半身赤裸，双手高举在头顶，手执一串葡萄，身后是篱笆和果树，身旁是装水果的筐子，四周环绕着图案，在美丽的裸体轮廓周围还用粉红的石块衬以阴影，显示出肌肤的立体感，非常唯美。

还有一幅腓尼基的人物肖像图，从他头部有着圆形的光圈来看，这当是一尊神明像。从他头戴的帽子来看，既不是不戴帽的希腊和罗马诸神，也不是颔下有假须的埃及神明，可能就是腓尼基人所尊崇的神像。他有着一双明亮的大眼睛，身披大氅，在右肩头有一个环形的圈扣，他左手执权杖，举起右手伸出双指放在胸前，显然是在作神谕。他既不同于希腊罗马，也不同于埃及，更不同于以后的基督教，而是典型的亚洲式的神明，可能是迦太基人信奉的太阳神拜埃尔。根据在黎巴嫩出土的一尊拜埃尔神的木雕像来看，在他的头上戴着的，就是这种圆桶形的帽子。直到今天，突尼斯人还戴着一种红色的圆桶形小帽，这会不会是"红人"腓尼基的一种远古孑遗？

然而更精彩的还在展厅的地下，这里铺设了一幅尺寸巨大的地画，全部是用碎石块拼镶而成，可能是原先一座建筑内部的装饰。画面上部是迦太基的各种形象：有昂首奋蹄奔驰的骏马，有骑在巨蛇和怪兽身上的天使，有骑在大鱼身上的儿童，有飞跃的海豚和怒放的鲜花，有手扶金喇叭头长双角的强壮青年男神，画当中还立着一尊倚着雄狮的美丽女神，想必这就是迦太基人所崇拜的生殖女神坦尼特，也有可能是描述狄多女王率人来此开拓迦太基城的历史故事。从画面内容的丰富、形象的杰出、色彩的绚丽以及场面的巨大来看，虽然它有残破，但不失为是一幅非常出色的马赛克杰作，展现了两千多年前工匠的高超技艺。

临走之前，我恋恋不舍地沿着展墙，一一地再仔细看看那些精彩的马赛克画。我伸出手来，在坚硬的画面上轻轻敲击，就仿佛在叩击着久已封闭的迦太基的城门，向这个沉睡着的千年古国发出好奇的问候。壁画发出清脆的声音，似乎是在隔着时空给我回信。

突尼斯西迪·布·赛义德镇
突尼斯民俗与传统博物馆
蓝白突尼斯

　　相对于非洲来说，马格里布是一个另类，无论他们的人种、地理和文化，都迥异于南部非洲。马格里布是利比亚、突尼斯、阿尔及利亚和摩洛哥这几个国家的统称。马格里布的意思就是"日落之地"，它们都位于埃及以西。

　　对于马格里布来说，突尼斯也是一个另类，它的历史、地理和人文都和左邻右舍相异。它早在两千多年前就接受了来自西亚的文化，在此建立了迦太基城。以后又长期处于罗马帝国的范围之内，再以后，汪达尔、阿兰、拜占庭、奥斯曼、阿拉伯和西班牙都曾把它纳入自己的版图。最后，法国人把它作为自己的殖民地。尽管痛苦的这一页早已翻过去，但是南欧的情调还是一直深刻在他们国民的血统中。在这一点上，突尼斯是非洲的欧洲，是非洲翘起的一只角，是非洲伸向欧洲的一块跳板，尽管它很小，然而却很丰富，很精彩。

　　看完了迦太基古城，要去一个小镇，名字很古怪很长，叫西迪·布·赛义德，显然这是一个人的名字，被用来做了地名。在一般的旅游手册上，它被称为是蓝白小镇，因为镇上的房屋全部是用蓝白两色来髹漆的。

纯用蓝白两色来装饰一座镇，这是地中海沿岸的做法，并不只是这座小镇特有。我在希腊的圣托里尼岛和米克诺斯岛上，都见过这种双色的小镇，整整一座岛上，全部的房屋都被漆成了蓝白两色，映着蓝天碧海、赤崖丹山，恍如梦境。我没想到在它们遥远的对岸，竟然也有一座颜色相同的镇，它们虽然颜色相像，然而展现的却是迥然不同的两种文化。

圣托里尼岛和米克诺斯岛上的房屋，都是纯白色，只在屋顶和门窗等部位髹以蓝色。一般的说法是因为蓝色象征着大海，而白色则象征着纯洁，它们在地中海的艳阳照耀下非常明媚。希腊的国旗也是由这蓝白两色来组成的，蓝色象征着大海，而白色则代表着对东正教的信仰，是一种宗教的色彩。而信奉伊斯兰教的突尼斯则解释说，蓝色象征着大海，而白色代表着伊斯兰教的纯洁。两者都用白色来代表信仰，同工而异曲，别有一番天地。

虽然是同用蓝白，然而在细节上却各有不同。希腊的门窗简洁大方，多呈几何图形，并不完全是蓝色。而彼镇上的门窗和栏杆一律是蓝色，却饰有无数细而繁密的花饰，有的在门的外部还加有肉色粗砂岩打制的外框，细细刻上阿拉伯的图案。顶部为火焰状，下部还有扭曲的柱子。木头的窗棂上被雕刻出精致的几何图案，有的还在边上贴饰有瓷砖，绘上伊斯兰的图案。这样一来，在具体的艺术处理上就带有了浓郁的伊斯兰风格，与希腊的东正教风格大为不同。

突尼斯的原住民是柏柏尔人，这是一个欧罗巴人种的地中海类型民族，在长期的历史阶段中，他们先后被外来的民族统治，直到公元七世纪的时候，阿拉伯人大举入侵北非，柏柏尔人也皈依了伊斯兰教，并在突尼斯建立了哈夫斯王朝，西迪·布·赛义德镇据说就始建于这一时期。由于突尼斯的信仰相对温和宽松，教徒的自由程度要大于中东，加之近两个世纪的法国殖民统治，使得这里虽然是伊斯兰地区，却是洋溢着一种浓郁的地中海的南

突尼斯小镇，全是蓝白两色，门口挂着的阿拉伯地毯，
为它增添了颜色。

欧风情。古老的街道上，各种名牌车进出于深窄幽长的小巷。石
板路上，既有堆满铜器、毛毯、皮革和陶器的小摊，也有挂着明
星肖像和时装的店铺。在露天咖啡座的时髦辣妹旁边，就有身穿
阿拉伯长袍在悠然吸着土耳其烟袋的老人。妇女可蒙头也可不戴
头巾，男人可穿西装也可着球衫，实行一夫一妻制，相对自由。
这和教规严格的一些国家有相当大的差别。

　　虽然整座小镇只用蓝白双色来装饰，然而并不单调，因为在蓝白建筑之间，还点缀有若干的绚烂花树，它们在艳阳之下，一丛丛一丛丛地开得非常鲜艳。就在镇中的市场上，有一家"突尼斯民俗与传统博物馆"。我们花 2.5 欧元买票进入，对方问清了我的国籍，给我一份中文的简介说明，并交代游览之后再交回前台。简介介绍这座建筑始建于 18 世纪，到了 20 世纪时，这里成为一处伊斯兰教教官的度夏别墅。这当是一处官员的豪宅，应该能够提供当地民风民俗的若干信息，就像我们的进士第或状元府一样。

这座庭院的建筑总体是阿拉伯-穆斯林风格，在庭院的内部又被分割成几进院落，有着安达卢西亚式的花园和摩尔风格的大厅。我不知道这位主人是何处国籍，但这种兼容的丰富文化却是引起了我的兴趣，因为那两处地方都是阿拉伯远征军所到之处。安达卢西亚就是现在西班牙南部地区，在七世纪时被从摩洛哥渡海北上的远征军占领，以格林纳达为都，建立了奈斯尔王朝，从此在欧洲的土地上开始了长达八百年的伊斯兰统治，直到十六世纪时光复。由于这是来自北非的柏柏尔人在欧洲取得的胜利，欧洲成了他们的殖民地，北非便是统治的大本营，当地人无比地自豪。我在格林纳达的阿尔罕布拉宫里见识过那种典型的阿拉伯式花园，这一居家花园就规模和精致来说固然和王宫不可相比，但在风情上却是大致相近的。

我首先关注的是水，由于阿拉伯人的主体是游牧于沙漠之中的贝都因人，他们对水的重视远胜于其他民族，因此而产生的伊斯兰教的主体也就是绿洲文化，水是不可或缺的，这关系着他们民族的存亡。在阿尔罕布拉宫里，他们从背后的内华达山上用长长的水渠引来融化的雪水，又通过各种管道接入各处宫殿，给我留下了极深的印象。在这里，他们也这样做，他们从山上引来清泉水，从高处接到后院的一个花园中，形成喷泉，再注入园内地下的一处储水池之中，并在院落之内留有许多的出水口，储水池上留有深深的井口，有吊水的桶和髹成蓝色的陶罐，以供主人随时提汲净手之用。

安达卢西亚风格的花园不大，有别于中国式的假山园池。四周环伺着一圈房屋，白墙蓝窗。由于伊斯兰教禁绝偶像，所以一切有形象的人和动物都不能出现，但因此而促进了他们宗教的图案特别发达，细密而精致，达到了登峰造极的地步。在这座花园里，但凡是门窗都用木头细细雕刻着图案，配以栏杆和细柱。在门窗之外，还加有熟铁打制的栅栏和窗花，垂有门楣和窗楣，组成的各种几何图形有方有圆有拱形有异形，令人眼花缭乱，美不胜收。这些门窗的装饰一律髹上蓝色，并不是沉闷的普蓝或中国花青的那种暗蓝，而是鲜亮的群青和钴蓝，衬着白墙。周围是高大的仙人掌、棕榈树，以及伊斯兰世界喜欢的玫瑰花、茉莉花和凤仙花，墙角馥郁着丁香花，还有姿态奇特的九重葛，庭院一侧配有当地特有的一种用金属丝编成的巨大笼子，里面原来可能养着鹰隼，沿墙摆放着各色陶罐，一切都非常惬意。

摩尔式的建筑在西班牙南部很常见，以科尔多瓦的清真寺最为宏伟壮观，它们的梁部大抵是由一个个火焰状的半圆形拱圈组成，上面绘着黑白相间的竖条纹，下面还接以雕有图案的细柱子，异国情调非常浓厚。这所豪宅之中，还配上了有细密图案的瓷砖地画、绘有阿拉伯文字和植物图案的瓷砖壁画、镶嵌有贝壳图案的家具、做工讲究的木雕花罩隔扇、名贵的地毯，以及各种富有伊斯兰特色的彩釉陶器和陈设，所形成的一切陌生情调都和我以前的所知相异。

历史尽管已经远逝，但场景却是可以通过艺术来重现，这座小小博物馆里还布置了一些蜡人，加上还原的古旧文物、墙上的绘画，再现了当年的主人在此生活的场景，逼真地把人们带回了那一特殊的气氛之中。我此生纵横四海，游历无数，见过不少世界级的大博物馆，也留心若干小城的博物馆。大博物馆里的藏品固然令我醉心，但小馆里的收藏或许更有特色，它无异于一个历史的切片，从中却能看到令人兴趣盎然的细胞。

经历过千年辉煌的突尼斯人现在已经习惯了安然淡泊，他们无心去参与世界的纷争，喜欢在地中海的艳阳里，坐在树荫底下，慢慢地啜一杯浓浓的咖啡。

新德里国立博物馆
性感母夜叉

　　一个药叉女像的形象一直占据在我的心底，她在 2300 多年前就出现在了阿育王时期的历史当中，以后又以各种变体不断出现在印度各个时期的艺术当中。这是一位美丽的印度少女形象，她的面容端丽，脸上带着永恒的含羞微笑，裸露的身材极度丰满，有着夸张的球形乳房、肥硕的臀部和膨胀的肢体，身体呈 S 形的三道弯曲线，全身缀有首饰和璎珞。这样一个形象可以出现在印度教的神庙中，也可以出现在佛教的雕刻上，甚至还出现在耆那教的神庙中。

　　药叉女是印度传说中的树神，也是专司生殖的精灵，她不仅主宰着植物的丰饶多产，而且还司掌着人类的生殖繁衍，充满着源源不断的生命力。因此，印度人在为她造像时，就必须要求她具备女性特有的性爱诱惑力和感官上的挑逗性，这也是印度普遍可以见到的美人的一个标准。但是，艺术家们在创造这一形象时并没有采取写实的手法，而是采用了象征性的手法来对她进行了夸张，从而使她表现出一种装饰性的女性美，也使这尊冷硬的石头变成了温香的血肉之躯，使观众能够感受到她的呼吸。在印度的多个博物馆里，到处可以见到她的踪影，她以各种变体来含颦微笑，是印度的千古经典美女。

药叉有男女两类，男性的叫药叉，女性的叫药叉女。印度人崇信自然，又是多神论者，认为万物皆有神。他们见到地下藏有宝石、黄金和矿石，森林里长着果实和种子，便认为必有神灵庇护，不然，何以解释地下的宝藏无穷无尽，植物能够生生不息、砍尽又生？彼国地处热带，动植物的生长速度极快，人们因而对生殖有一种极度的崇拜，并把企求自然物的繁殖转移到人类的繁殖上去，这是农耕时代的一种普遍信仰。男性的药叉守护地下的宝藏，女性的药叉女则专门守护果木花草，他们都具有佑护和辟邪的作用，这是把自然力人格化的一个例子。

印度是万神之国，宗教和神祇之多，冠于全球。在这些众神之中，药叉只算是级别较低的一种，有人认为它们还不能算是神，只能算是精灵，这等于希腊的半神，或是中国的土地神。他们没有佛陀、湿婆和大雄那样显赫的高位，只是活跃于山川林木之间的小妖，但却能镇宅辟邪，护佑一方，因此他们的数量也大得多，深受民众的喜爱。在印度早期的寺庙和建筑上，都可看到他们作为一种保护神而普遍存在。阿育王时期的药叉的姿势多呈直立，手执拂尘——在当时的社会里，拂尘和伞盖都是表示尊贵的标志。目前最早的一尊药叉女雕像出土于巴特那，距今已有 2300 年的历史了。它几乎等人大，是一位美丽壮硕的女子，全用印度特产的红石岩打制而成，雕像的表面被打磨得异常光亮，有如镜面。这是用著名的"孔雀磨光法"来打磨的，这是阿育王孔雀王朝时的一种特殊磨石技法，做这项工作的工匠每天是要拿磨下的石屑去称重来计算工钱的。除了腰臀部仅有一点璎珞和腰带流苏点缀之外，它全身几近全裸，臀部和乳房丰腴饱满如球，面带微笑，全身膨胀，体积感强，充满着蓬勃的生命活力，这是新德里国立博物馆里最吸引人的雕塑精品之一。

尽管药叉是一种特定的神，但他们的变体却是在印度普遍存在，而且都是药叉女远比药叉雕得出色。这些药叉女的姿势到了

《醉酒的女人》 浮雕

后期并非只有直立的站姿一种，而产生了提臀扭胯、举手交脚诸动作，全身呈现出一种S形的优美曲线，面带微笑。甚至产生了挑逗、引诱、色情等等的倾向，虽然她们仍然是自然的精灵，仍然是保护的神祇，但形象却是越来越生活化，越来越世俗化，表达了当时人们的一种享乐主义的倾向，也表达了富裕的市民阶层的一种审美需求，药叉女已经逐步走下了神坛，渗透到了世俗之中。她似乎已经成为一种印度的标准美女模式，在各种场合出现。克久拉霍的神庙里，有着无数个印度教和世俗的美女雕像，她们虽然身份各异，但其造型却都是药叉的变体，都是近赤裸的身体，丰满的躯干，以及扭曲多变的体态。药叉的影响甚至远及罗马帝国，在庞贝的废墟里，居然发掘出一只象牙的镜子手柄，正反面都是精雕细刻的药叉女形象，正在搔首弄姿，梳妆打扮。这是一件公元前一世纪的制品，被埋在了维苏威的火山灰下面。还有一件是在阿富汗发现的，两个丰满妖娆的药叉女正站在一座窣堵坡的栏楯前面，也是一样的造型一样的打扮。

印度各地的博物馆里有着无数个药叉雕像，毫无例外地全都是赤裸着身体，只在腰胯间束一条窄窄的饰带，但这并不是用来遮羞的，因为在它的下面，还出露着药叉女的生殖器官，显然这条饰带是用来强调的，以吸引人们的注意。药叉女的体型都是极度丰腴，极度肉感，有的还在搔首弄姿，故意调情。但她们的动作却是日益生活化了，有的在弯腰洗沐，有的在树下摘果，有的手提鸟笼，有的肩扛食罐，还有的脚踏侏儒妖魔，表明她还具有辟邪镇压的职能。但更多的药叉已经具有生活化的内容，把高踞的神明化为人间的百态。新德里国立博物馆里有一尊著名的双面雕刻《醉酒的女人》，用高浮雕的手法，在两面都雕刻了同一女性的形象，她是一位真实的人物春军，是当时马吐腊著名的妓女，但身上的装束和药叉女并无二致，都是几近赤裸、丰满肥硕。正面刻着正在掩面奔逃的春军，正在避开一位邪恶男子（国舅）的追逐。反面则刻着业已烂醉的春军，她半跪在地下，被一位侍女和一位男子扶着，全身乏力，醉态可掬，似乎酒气可闻。尽管这尊高浮雕是根据戏文故事来雕刻的，而且是现实中有名有姓的人物，但在人物形象的处理上，尤其是春军的形象，却是与药叉一模一样，身材和装束都不差。

令人奇怪的是，药叉这一形象，在随着佛教东传到中国之后，它的职司功能没有变化，还是一种保护神，但他们的形象却是有了彻底的扭转，从美艳动人的俊男靓女，变成了恐怖丑陋的恶魔！"药叉"这一词，在中国被转读成了"夜叉"，成了一种青面獠牙的巡逻鬼卒，狰狞凶恶，手持钢叉。尤其是药叉女，被转变成了"母夜叉"，她与"罗刹鬼"混为一体，成了一种血淋淋地要吃人、剥人皮的母鬼，仅仅闻名就会令人不寒而栗！这就和印度那种凝结着永恒微笑的美艳女神大相径庭了。中国的女人谁都不愿做母夜叉，那是骂人的称呼。

同样发生变化的还有泰国。在佛寺面前，都可见到有几尊高大狰狞、青面獠牙的巨神，它们身穿甲胄，手持宝杵，高及屋宇，令人恐怖。他们都是印度药叉的变体，不同的是身穿上了盔甲。看来，从印度经中国再到泰国，有一条长长的传播链条，它们正是药叉东传南下的轨迹。

克久拉霍神庙博物馆
温香软玉

　　现在的游客去印度，一般都只是游览新德里、阿格拉和斋普尔这三个城市，它们相距不远，都位于印度的中北部，都是时代相近、文化相似的城市，所以被旅游界称为是"印度旅游金三角"。但是，对我来说，这三处景点未免不够胃口，因为它们都同属于莫卧儿王朝，而莫卧儿王朝则是由突厥人所建立的王朝，信奉伊斯兰教。伊斯兰教是禁绝一切偶像崇拜的，对于画家来说，就缺少了一种生动的题材。

　　因此，我去印度时，在"金三角"之外，又特意去了瓦拉纳西和克久拉霍。在看完了壮观的恒河沐浴之后，我费尽工夫和精力，转乘小飞机飞到克久拉霍。这一短短的半小时航程，竟折腾了我们一整天的时间。

　　克久拉霍只是一个小小的村庄，仅有7000人居住，范围只有2平方公里，然而这里却存在着众多的世界级的文化遗产，共有着25座非凡的神庙。这些非凡的神庙是一千多年前的昌德拉王朝修建的，以前的数量还要多，共有85座，它也因此而得到了"神庙之城"的美称。在这些庙中，大多数是印度教的神庙，也有小部分是耆那教和佛教的庙。然而对外国人来说，这些神庙都是相似的，都具有圆锥形的尖顶，下部是角锥形的底座。有的庙塔上部还残留着白色石膏的涂料，这是教徒们心中的喜马拉雅雪山，是世界之山，他们认为，在这些雪白圣洁的山巅之上，居住着他们崇拜的众位神祇，那里绝无印度普遍的苦热和烦嚣。

在这一块小小的地区里，竟然犹如石林般矗立着无数的尖塔，这些塔就是神庙里最重要的构成。它们全部是由石头堆叠而成，然后再在表面雕刻以无数的浮雕，以及高浮雕和圆雕。它们头角峥嵘地争相簇立在印度的晴空下，勃发出一种傲然向上的力度，令人望之惊悚，眼花缭乱。

高耸入云的神庙纷繁复杂，全部用石头垒筑而成。每一座神庙都有着无数个转折面，是一个不知其数的多面体，每一个转折处都存在着令人头晕目眩的明暗关系，也显露着令人赞叹不已的鬼斧神工。更匪夷所思的是，神庙的里里外外和上上下下，全部刻满了各种各样的雕刻。这些雕刻有的是神像，有的是图案，有的是动物，它们密密麻麻地布满了巨大神庙的全部立面，几无空隙。经过千年岁月的洗刷，肉红色的岩石已经变成了苍黛或黝黑，在夕阳的斜照下，冷硬的岩石被无数的能工巧匠们打凿成了温香软玉的仙女，不仅能够脱壁而出，一颦一笑之间顾盼有神，甚至靠近了还能感受到人体的香味和温度。

克久拉霍的神庙被旅游界夸张为"性庙"，那是因为庙里的绝大多数雕像都是裸体的男女形象，他们相拥相抱，做出各种各样的性爱姿势，毫不掩饰地表现出自己的男女之爱：人与人交，上位交，下位交，站立交，倒立交，一人与多人交，众人扶持一人交，人与兽交……各种各样的性爱动作大胆而夸张，简直已到了令人掩目而过不敢正视的地步。我在埃及的卢克索神庙里也见过无数表现男女之爱的雕刻，但徜徉在埃及的神庙里，看着那些高大的神像，你感受到的是一种不可企及的神秘和冷漠，是一种令人感到心灵震慑的无比威严，是一种人神相隔的敬畏和膜拜。但是在这里，同时是徜徉在石筑的神庙里，同样是面对着那些神

这是克久拉霍神庙里最负盛名的描睫毛少女像，婷婷玉立，妩媚动人。

克久拉霍神庙里的男女神像，男欢女爱的姿态极具美感，已超越了宗教的意义而具有世俗的意义了。

祇，然而你却是心存着无比的亲切和陶醉；尽管也是宗教，但却是满怀着欣喜与和谐。神祇们高高在上接受着供奉和膜拜，然而做出的动作和姿态却是完全生活化的。这个世界里没有冷硬的死角和直线，有的只是美丽而富有韧性的人体曲线。这里没有显示高贵身份的圣衣绣袍，有的只是酥胸全露的胴体。然而这一切却并不邪恶，也不下流，看着这些男欢女爱的雕像，有的只是对美丽人体的赞颂和欣赏。印度本来就是盛产美女的国度，但古代的工匠们却以他们的想象力再把她们加以夸张，最后造成的就是一个个绝色的美女。这些美女都长着丰满的球形巨乳、肥大的臀部，有纤细的腰肢和扭动的身段，用低垂的眼神向你表达出难以抗御的诱惑和挑逗，性感的身材呈现出 S 形的曲线美。

有一尊描眼睫毛的少女像最为妩媚动人，堪称是世界级的雕塑极品，她扭着曲线毕露的身体，肥硕而性感，浑身裸露，只着璎珞，嘴角含笑，眉目传情，令人神往不已。还有一位美女的姿势竟然是弯腰抬脚，在拔掉自己脚底的一根刺，虽然这是一个表现痛苦的动作，但留给人们的却是美。还有的美女在喂养小鸟，有的在拧干刚洗过的头发，这些数量难计的美女形象，尽管都有不同的身份和名称，但从造型来看，却带有印度普遍可见的那种徽记，都是药叉女形象的不同变体。印度自古以来就有崇拜性力的习俗，这是对于生命力的一种赞美，是对于健康人体的一种歌颂和向往，也是对于自然繁殖力的一种崇敬和企求，并非可以用"淫荡"一词来一概否定。美丽的女性裸体成了印度人唯美追求的最好体现。

克久拉霍的庄严神庙里为何要雕刻数量这样多裸体做爱的美女形象？这是学术界一直在争论的话题。有人认为，印度的气候炎热，人们多为裸体，万物的生长速度和密度都极高，因而产生了对生殖力的崇拜。克久拉霍一带的神庙里以前有供神的舞女，她们的任务除了歌舞作乐之外，还为僧人提供性服务，以作为对神的奉献。这是她们的工作，她们认为这样做就象征着人的灵魂与神性融合在一起，达到一种迷狂的欢喜，因此，她们并不忌惮性的暴露。但究竟如何，则是一个待解的谜。

不管印度的艺术如何多种多样、缤纷多姿，但它们的总体风格却可以一字蔽之：繁。

对于这一点，古代的中国人也早有认识，宋时的《高僧传》就说过"天竺好繁"。印度的艺术确是以繁缛复杂、富丽华美为特色，而且已经到了一种"不厌其繁"的地步。印度人具有一种能够把简单的事物复杂化、把细小的事物扩大化的本领，也具有一种丰富的想象力。他们把自己身边的一切都加以想象和夸张，加以装饰和美化，从而体现出宇宙间那种生生不息的创造力和物种的复杂性。这是一种非常特异的能力，非具有丰富的幻想的创造者不能逮。我们在作画时往往缺少把模特儿复杂的块面和微妙的色彩表现出来的能力，但印度人所有的这种能力能够把一变成十，把简单变成繁缛，把素白变成多彩。对待艺术品，印度人从来不做减法，而只做加法，在印度绝对看不到埃及那样简洁平直的金字塔，遍布全国的都是重重叠叠、雕梁画栋的艺术，使一切实用功能的器物都具有了装饰功能。

装饰性和象征性是印度一切艺术都具有的最重要的特征。印度的唯美，导致了它的装饰，也因为它的装饰，更具有了象征意味。印度没有纯粹的写实艺术，一切的绘画和雕塑无不具有装饰性，除了男女人物身上无数繁缛富丽的首饰和璎珞外，人物本身看似写实却也充满着装饰性。印度的艺术家们把美丽的人体加以夸张和变形，通过这种过度的装饰来表达他们的一种理想之美。而这种种的装饰之美又无不具有着象征性，很多的手势、动作或者是图案都暗含示意，如阿育王石柱象征着宇宙之柱，桑奇大塔的覆钵象征着宇宙之卵，印度教神庙的高塔象征着喜马拉雅山，林伽象征着男性生殖器的活力，莲花象征着女性的生殖能力，凡此种种，都使印度的艺术带上了一种神秘主义的光芒，从而赋予了这种具体形象以一种抽象的意义，而这一切，却又都是根源于印度的哲学，因为它的深奥需要一种直观而形象的阐述。克久拉霍的那些非凡雕刻为它提供了一种唯美的实例。

萨尔纳特考古博物馆
国徽之柱

　　位于恒河之滨的瓦拉纳西就是古印度的名城贝纳勒斯，距它十公里处有一个小镇萨尔纳特，就是佛经上的鹿野苑，佛陀初转法轮的圣地。当年释迦牟尼弃国出家后，到此坐在菩提树下苦思冥想，终于悟道，便收徒说法，法轮初转。这里实际上是他由凡人转变为哲人的一个重要场所，也是他把自己所思所想的哲学成果向大众宣讲普及的地方。从这里，他开始布道，也开始了他的救世生涯。鹿野苑是古印度时的弘法重地，无论是孔雀王朝的阿育王还是贵霜王朝的伽腻色迦王都在此宣扬过佛法。阿育王在这一带建立过达摩拉吉卡窣堵坡和四狮石柱，并建有著名的鹿野苑精舍。当年玄奘云游到此，见这里的鹿野伽蓝"区界八分，连垣周堵，层轩重阁，丽穷规矩"，极言其盛状。

　　然而今天的瓦拉纳西已是印度教"圣城的圣城"，是全体信徒们的终生朝拜之地。昔日的鹿野苑已是一片废墟，一堆堆砖石的遗址在萋萋的芳草中残留，暗示着昔日伽蓝如林的辉煌，漫步其间，不由得令人产生无限的庭院荒芜、铜驼荆棘之叹。鹿野苑的风光最初消遁于印度教的盛行，再则被毁于伊斯兰教的战火，第三次则失之于 200 年前的一位愚昧长官，他竟下令取此遗址中的砖石去砌造市场！经此三度洗劫，鹿野苑昔日的风光难再，苑已不苑。然而就在这里，有着一座虽然不大，然而足以傲世的萨尔纳特考古博物馆，藏有不少世界级的艺术精品。

阿育王为了将他皈依佛教的决定昭示天下，也是为了炫耀王权之威，在孔雀帝国各地竖立起了 30 根纪念性石柱，遍布于交通要冲和佛教纪念地。石柱的造型大体相同，每根高约 10 米，柱身和柱头各由一块整石凿成后拼接。圆柱形的柱身打磨得极为光滑，中间是一块顶板，柱顶有动物的圆雕。有的石柱上还刻有阿育王的诏书。现在印度全境还存有大约 15 根或整或残的阿育王石柱，其中以萨尔纳特考古博物馆的那根最为精美，也最具代表性。

阿育王石柱的基本造型相对统一，但立在柱顶上的动物却因柱而异，如大象、瘤牛、狮子或马等，一般是一柱一兽，然而鹿野苑的那根石柱却不同凡响地立有 4 只雄狮。在经过了两千多年的历史淘洗之后，它已断裂成三截，倾倒在昔日的遗址之上，柱头被人发现后被收藏进了萨尔纳特考古博物馆，成了镇馆之宝。它虽然失却了柱身和顶部的法轮，但它那精美的柱头已经具有了一种独立的审美价值。这只用浅灰色的砂石雕刻而成的柱头高 2 米多，比例匀称，造型优美，顶端立着四只威风凛凛的雄狮，它们背向蹲踞，面向四方，组合成了一个密实的合体。狮子的造型受了波斯阿契美尼德王朝风格的影响，具有一种风格化的写实。在佛教中，狮子的形象具有象征意义，它是百兽之王，因而具有着非凡的力量，佛陀就被喻为是释迦族的狮子，他的威力犹如警醒世人的狮吼，四只狮子更是威镇四方。狮子下有一个圆形的顶板，周围饰有一圈浮雕，刻有四只法轮和四只动物，它们都是传说中的圣兽，它们相隔存在，顺时针的方向。

在印度的文化中，阿育王石柱的象征意义源于印度的神树崇拜，竖立着的石柱是宇宙之柱，是宇宙之轴。而 4 种圣兽则代表着 4 个方位：狮子代表北方，大象代表东方，瘤牛代表西方，而奔马则代表南方，类似中国动物中的"四灵"神兽。柱头的下方

著名的四狮阿育王柱，已经成为印度的国徽图案。

是一只钟形的托座，上面刻有条棱形的覆莲纹。整个柱头融合了希腊、波斯和印度本土的文化，然而却是非常和谐协调。狮子的造型和覆钟形托座都是借鉴了波斯的形式，被称为是"帕赛玻利斯钟形"——帕赛玻利斯是古波斯国王宫的名称，有百根巨柱，柱头就类似这种样式。奔马的写实性具有希腊的风格，但大象和瘤牛却是印度本土的产物，工匠们以娴熟的工艺把整个柱头雕刻得精美绝伦，又用了一种特殊的"孔雀磨光"技法把它打磨得光洁可鉴，如同镜面。当年玄奘就曾经见过这根石柱，称它是"石含玉润，鉴照映澈"。阿育王显然非常重视这根立在鹿野苑的石柱，他借这根四狮顶法轮的石柱表明了自己以当世的转轮王自居的意念，使它不仅具有宗教含义，也具有政治含义，而且在艺术上也达到了无瑕的精确和完美。这一柱头已经成了印度文化的经典作品，它被选作印度的国徽，在国旗上、钞票和钱币上都可见到它的形象。而那个象征着宇宙间运动不息的法轮，则被印度政府用在了国旗上，这两个最神圣的图形，居然就都出自于这一小小的博物馆内的文物。

萨尔纳特不仅是一个地理名称，而且还是一个考古和文化上的命名，用来代表着以萨尔纳特地区为特色的恒河中游地域的文化，以区别于诸如犍陀罗、马土腊、加尔胡特等风格。佛教造型出现之初，是由西北地区的贵霜王朝传入的，全盛时贵霜王朝的疆域曾经达到贝那勒斯地区，因而也在这里留下了许多珍贵的雕像。贵霜王朝时的造像以犍陀罗风格为代表，它是希腊和波斯等外来文化影响下的产物，人物的造型、相貌和衣饰都带有希腊化的倾向，直到笈多王朝时才完成了佛像造型的本土化。萨尔纳特就是其中一个重要的代表样式，它的造像以"湿衣佛陀"而出名，这种风格的佛像身上的衣着轻薄细软，袈裟紧贴着身体，从而将人物的体型结构全部显现，只是在领口、袖口和下摆处才有一点衣褶的痕迹，这种效果看上去如同人物刚刚从水中钻出来一样，衣服若隐若现，若有若无，犹如裸体，也有人把这种风格称之为"裸体佛陀"。对于雕刻的工匠来说，这种处理方法显然要求他们能够娴熟地掌握人体的解剖结构，并用更细腻的表现手段才能表现出来。

佛陀的造像已经在稍前的马土腊时期完成了希腊式的鼻梁、下垂的眼睑、整齐排列的螺发、颈部三道折痕和背后有巨大的光环等特征，萨尔纳特样式则保留了这些并有所发展，而使佛陀更具有神秘化、人性化，更肃穆宁静，飘逸空灵，人物的形象也更加秀丽端庄。这一时期的代表作充斥着萨尔纳特那个小小的博物馆，里面的作品虽不多，但件件都是世界级的精品。有一件《说法的佛陀》是屡次出现在各种画册上的艺术明星，在巨大的背光前，佛陀正端坐莲台，双腿跏坐，双手施转法轮印，嘴角微翘，面容含笑，已不是一位冷然傲然、令人难以接近的天上神祇，而是一位澄思静虑、圆融玄奥的救世慈主。博物馆里还有一件《佛陀立像》，虽然只有一米多高，但这件雕刻作品一反印度的繁缛冗赘，通体上下和背光无一点繁纹缛褶，一件轻而薄的纱衣几乎完全透明，它紧贴在佛陀的身上，只是在下坠的衣摆处微微飘起，犹如蝉翼。佛像的身体稍有扭曲，在薄衣下略显起伏，身后的背光也是一片光素，总体呈现出一种极度纯净的和谐之美。

萨尔纳特样式是印度笈多时代佛像的成熟代表，它的存在时期是印度佛教最为流行的时期，流传也最为广远。以后，这一样式通过东行路线，渐而影响到中亚、中国、南亚和东南亚，对那些地区的佛教造像艺术起了示范作用。中国南北朝北齐时的画师曹仲达以擅画西方的佛像而著称，时称"曹家样"，他与后来的吴道子在画史上并称为"曹衣出水，吴带当风"。曹仲达是西域曹国人，他笔下的"曹衣出水"当是对萨尔纳特样式的一种继承，这种样式的佛像雕塑也在中国多有出现。

就佛教的造型艺术而言，阿育王对此的贡献很大，在那个时代创建的窣堵坡、支提窟和狮头柱等形式都给了以后的佛教建筑以启发，随着佛教的东传，它们也来到了东方，与中国本土的文化相结合，产生了一些变体。比如窣堵坡渐而演变成了中国式的佛塔。陀兰那在中国形成了牌坊。支提窟则通过西域传到敦煌，再传到内地，形成了中国特色的佛教石窟。阿育王柱式也对中国的神道石柱有过启发。而莲花、覆钟、忍冬、飞天都来到了中国安家落户，从而使印度和中国这两大文明产生了交汇和融合。

伊斯坦布尔托普卡比王宫博物馆
苏丹与玫瑰

对于西方来说，土耳其是个异端。虽然这个从血统和宗教上都是纯东方的国家一直坚持认为自己属于欧洲，然而欧洲却一直把它看成是异教徒。对于东方来说，土耳其也是个异端，它是深入西方最远的东方国家，但伊斯兰教世界却私下里认为它的血统不纯，不是正宗的阿拉伯人。它是西方人眼中的东方，东方人眼中的西方。

尽管持有这样观点的人不在少数，但在历史上却没人敢轻看奥斯曼帝国。这个横亘在欧、亚、非三洲之间的庞然大物，曾经使西方胆战心惊了 500 年，它扫荡亚洲，插足欧洲，甚至改变了中欧和东南欧的国际形势。

就民族构成来说，土耳其人是突厥人的后代。这个民族曾经长期与中国为邻，与汉族相通。他们原是逐水草而居的游牧民族，一度臣服于柔然，在南北朝的后期渐而强盛，隋朝时突厥分裂为东、西两个汗国，成为中国西部边界的大患。以后东突厥内附，唐高宗时派大将击溃西突厥，可汗被俘。作为一个国家主体来说，西突厥灭亡了，但作为一个民族来说，兵败后的突厥残部向西一路

贝利尼画的穆罕默德二世的油画肖像

根据贝利尼画作做成的奥斯曼铜币，
上有穆罕默德二世的肖像。

狂奔，仍在中亚一带舐伤休养，继续活动。他们利用中亚的政治中空，攻城略地，建立了塞尔柱汗国。这其中有一支小小的突厥部落，得到了一块小小的封地，在头目奥斯曼的带领下渐而强大，宣布立国，并以此为基地开始了野心勃勃的吞并计划。它东征西伐，横行于小亚细亚和巴尔干，最后把溅血的弯刀指向了拜占庭，向它步步紧逼，发动了无数次挑衅和战争，直到最终使君士坦丁堡失陷易帜。

　　托普卡比王宫曾长期作为奥斯曼历代苏丹的居住地，以四进宫殿和一进后宫组成了七十万平方米的深深宫苑。虽然现在被改成了博物馆，但仍可看得出昔日的皇家气派。里面的装饰穷奢极侈，金碧辉煌，很多宫室里以名贵的石材铺地做柱，连墙壁、门户和吊灯都饰以黄金，加上穹窿形的屋顶，入室后金丝帐幔披拂，俨然身处毡庐，着尽豪华。宫殿里有一幅描绘当年苏丹大会群臣场面的油画，画中无数的文臣武将头戴白巾，身穿宽袍，在威严的苏丹陛前排成数列，一个个屏声静息，鞠躬如仪。苏丹则坐在名贵的土耳其地毯上，身着红袍，接受着群臣的颂扬和进贡，显赫的气势已溢出画面而充斥在这中世纪的故宫中。

在托普卡比王宫的一个厅里，满满地悬挂着历代奥斯曼苏丹的肖像，一个个都是虎背熊腰的虬髯枭雄，绝大部分是油画，有的画得十分精彩。其中最惹人注目的是穆罕默德二世，就是他将二十万众，率三百艘战舰，打下了拜占庭的都城君士坦丁堡，从而让奥斯曼帝国定都伊斯坦布尔的，那年他才 21 岁。穆罕默德二世是历史上最为尚武好战的苏丹，名叫法齐赫，在突厥语里，它意味着"征服者"，穆罕默德二世推行着实实在在的征服政策。他在自己的 30 年统治期间亲率大军远征 26 次，几乎连年作战，先后占领塞尔维亚、波斯尼亚、阿尔巴尼亚和现罗马尼亚，吞并了克里米亚汗国，横行于欧亚之间。

这位奥斯曼帝国的开国元勋并没有像其他苏丹一样长着一部浓密的虬髯，却是长相瘦削文弱，有一只弯弯的鹰钩鼻子，头戴红顶的白色头巾。这幅肖像画得相当精彩，被镶在一个金制的镜框内，镜框的下部镶有一大块金片，上面嵌满了宝石。在画框的上部两侧各绘有三顶金色的王冠，意味着他是欧亚非三大洲的苏丹。这幅的明暗和色调处理得相当好，对人物面部表情的刻画也相当成功。令人意想不到的是，它竟然出自于欧洲一位著名的画家贝利尼之手。

贝利尼是指一个家族的两代画家，它包括父亲雅各布·贝利尼、女婿曼坦尼亚、长子詹蒂利·贝利尼、次子乔凡尼·贝利尼这四人，他们都是威尼斯画派的著名画家，其中以次子乔凡尼·贝利尼的影响最大。在托普卡比王宫里的这幅油画是出自哥哥詹蒂利·贝利尼之手。当年穆罕默德二世定都伊斯坦布尔、稳定了政权之后，自称为罗马皇帝，便邀请当时已经闻名于世的贝利尼来皇宫作画。受威尼斯政府的派遣，詹蒂利·贝利尼于 1479 年应邀赴伊斯坦布尔来为苏丹作画。在奥斯曼帝国的这两年内，他不仅为苏丹画了许多肖像画，并用这肖像为帝国制作了银币。同时也为宫廷里的贵胄们和百姓们画了许多画，从而积累了许多素材，为他回到威尼斯之后创作东方题材的画作做了充分的准备。

詹蒂利·贝利尼为穆罕默德二世作的肖像画不只一幅，我曾在新加坡就看过另一幅较小点的肖像画，身体更侧过去一点，衣服也不同，但同样精彩。悬挂在托普卡比王宫里的这幅则是复制品，原作收藏在伦敦的国家画廊里。我也在威尼斯和其他地方见过他画的一些土耳其人的速写。他的速写是采用线条为主，略辅以明暗，落笔非常肯定，犀利准确。由于土耳其人都穿着异常宽大的衣袍，因此他对衣袍上折褶的描绘非常注意，这是表现人体结构动作的依据。

贝利尼还作了一幅工笔淡彩，是画在纸上的穆罕默德二世，他正坐在地毯上，在一个本子上书写。他面貌清瘦，头包有红顶的白头巾，身穿一件宽大的绣金锦袍，内穿红色内袍。尽管穆罕默德二世只露出半个侧面的脸，画面的绝大部分是那件锦袍，但画家对那件锦袍的描绘也是费尽功力，通过衣纹的转折、交错、组合，来表现出人体的结构关系。蓝袍上装饰着的图案和金绣，也都一一丝丝入扣，符合人体关系，这幅画的画法是以线为主，明暗关系和光线并不显著，但人和衣服的结构都用晕染的方法来完成，使其具有凸凹效果，但又并不过分。

雇佣期满后，詹蒂利·贝利尼回到威尼斯，用他在东方获得的丰富素材，创作出了一些与奥斯曼帝国有关的题材，从而把这一神秘的东方苏丹国的面貌向西方人作了介绍。其中最著名的就是《索菲亚清真寺前的礼拜》一画。在此画中，一群土耳其的贵官和夫人们在清晨时聚集在索菲亚大教堂前，集中做礼拜。这时的索菲亚大教堂，已经由原来拜占庭时的教堂改成了清真寺。画面中最引人注目的是一群用白色头巾蒙着面的女子，和站立在她们身后的一群头戴红顶白巾的土耳其男子，整幅画面的色调强烈，但又和谐，人物的描绘准确，整个场面处理得非常好。如果细加对比，还可以看得出当时的索菲亚大教堂和现存的已经被改成博物馆的教堂之间的差别。这幅画虽然留在了威尼斯，但在托普卡比王宫中可以看得到它的复制品，因为这是一幅描绘奥斯曼苏丹宫廷生活的画，具有历史价值。

宫中还有一幅穆罕默德二世的肖像画，他的手举一枝玫瑰花，正拿到鼻下嗅闻。他的脸上并没有那种不可一世的傲慢神情，却是略带忧郁地思索着。史书记载他是在玫瑰花盛开的季节里攻占君士坦丁堡的，当他进入前一个帝国的象征索菲亚大教堂时，就手拿着一枝玫瑰花。这幅纸本的工笔重彩确实引起了我的兴趣，

《索菲亚清真寺前的礼拜》 油画 詹蒂利·贝利尼作

因为这种以勾线加渲染的画法和伊朗的细密画还有距离，画家的注意力集中在苏丹的头部上，但对人的手部和下肢的描绘却是比例失准。这幅画的画法好像是出自中国画家之手，可能当时他的宫中还有来自中国的画家供职吧。

突厥（Turk）一词的意思是"勇敢"，土耳其（Turkey）即突厥（Turk）的音转。如同一阵狂飙，勇敢的突厥人铁骑在中世纪时刮过中亚和西亚，五百年来一直在小亚细亚的上空呼啸。这些无敌的虬髯人以他们无比的胆略和勇气横行万里，给这块欧

亚边界的海岬带来了一股腥膻之气。当 550 年的岁月倏忽过去，那些骁勇的苏丹们的头巾已成了绘画上的形象，昔日的弯刀已变成了旅游地摊上的纪念品，豪华的宫殿也变成了游客如云的博物馆，只有那矗立在马尔马拉海滨的众多清真寺还沐浴在天风海涛之中，沐浴在如血的残阳之中，用它们头角峥嵘的尖塔仰天诉说着历史的沧桑。

柬埔寨国家博物馆
苦涩的"高棉微笑"

按理说，去过了吴哥后再去金边的柬埔寨国家博物馆，就会索然无味了。尽管金边是首都，但它的历史远比吴哥晚得多。几经战乱之后，重建的博物馆虽然并不破旧，但显得逼仄而简陋，连空调也没有，只靠大敞着的窗户和低悬着的电扇来降低那难耐的酷热。

冒着43度的酷暑，在闷热的展室里流连，主要还是为了那位断臂的君王。

这位君王安静地坐在展室的一侧，两条修长的腿盘成跏坐的姿势，正在低头深思。他的左右双臂已经断去，不知以前取什么样的姿势：是合掌于胸？是交叠于腹？或是垂放于膝？总之，他已经如同那尊著名的断臂维纳斯一样，留给了后人以无数的猜测。他虽是一位权

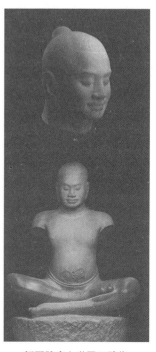

阇耶跋摩七世国王雕像

倾天下的君王，但却是赤裸着上身，没有穿衣，光着头，没有戴王冠，粗粗看去，就像一位盘膝打坐的老僧，正在黝黑的殿堂里静思默想。他闭着双眼，表情宁静，厚厚的嘴唇唇角微微上翘，似在思考着一个重大的问题。

游人寂寂，暮色暝暝，人们大都匆匆从他的身边走过，很少有人对他留足注目。然而，就在几百公里之外的吴哥，这位君王的形象正被无数的游客们举头瞻仰，万众瞩目。他在位时创立下的伟业正成为世界最精美的文化遗产。

这位断臂的君王名叫阇耶跋摩七世。就是他，创造了高棉王国的黄金时期，也就是他，建造了吴哥王城里最雄伟也最精华的部分。

在阇耶跋摩七世之前，已经有若干的君王在为建造吴哥的事作了许多的努力，等到阇耶跋摩七世继位，他所面对的已是一个强邻侵凌、危机四伏的局面，由他祖先所建的国力正在日益衰退，从东南方崛起的占婆国正在逐渐蚕食着他的国家，甚至摧毁了祖先建立的都城。阇耶跋摩七世奋起争斗，率领他的臣民们在陆地上和水上都打败了占婆人，他统治下的高棉王国的版图是历史上最大的，政权也是最强的。小吴哥寺里回廊的四面墙上，有着世界上最长的浮雕，一共有800米长，上面密密麻麻地镌刻满了印度教的神话史诗《罗摩衍那》《摩诃婆罗多》和高棉君王的故事。这君王的故事就是指阇耶跋摩七世征战四方的事迹，他骑着大象，指挥着高棉军队所向披靡，斩敌无数。这幅浮雕的手法显然尊卑有别、主次分明：君王的形象刻得较深，而其他地方的图案则刻得很浅，但很精细，内容极其纷繁复杂。

在阇耶跋摩七世之前的历代君王所信奉的都是印度教，他们在吴哥所建造的寺庙也都是印度教。但阇耶跋摩七世觉得，印度教的神祇并没有为高棉人带来福祉，并没有保护他的城市免受异族的入侵。因此，他改而信奉佛教，在吴哥建造了唯一的佛教寺庙。这座寺庙的规模在吴哥是最大的，也是最精美的，它就是巴戎寺。

巴戎寺是大吴哥城的中心，这也是吴哥唯一的佛教寺庙。进

《神的女儿》 浮雕

入巴戎寺，任何人都会感到一种莫名的恐惧和震慑：劈面而起54座高耸的塔，加上4座城门就共有58座塔，每一座塔上都雕有4张巨大的脸，每张脸都有3米多高。置身中间，环视四周，会被232张巨脸、464只巨眼注视，你会感到浑身不自在，会因为他们逼视而心里发毛，藏在内心深处的私密无处遁逃。这些微笑着的巨脸就是建造了这座非凡寺庙的阇耶跋摩七世，他不仅为自己修建了巴戎寺，还修整了整个大吴哥城，在巴戎寺内所有的塔上都刻上了自己的脸，他用这种独特的方式来化身千千万，从而威仪四方，令诸夷臣服。他也让人在塔上刻上了自己撰写的铭文："他更多地感受到臣民的痛苦，而不是自己的痛苦。因为民众的痛苦就是他的痛苦，且比自己的痛苦更加深刻。"有着这样高尚抱负的人，这心界已近于佛。

巴戎寺里的浮雕除历史故事之外，大都雕着高棉美女。她们都是上身裸露，下穿一条窄窄的筒裙，脸上浮现出那种永恒的高棉微笑。有的还在头顶发髻上插了许多冠状花饰，有的手捧鲜果和香花在供佛，这种装扮类似印度神庙中的那些药叉女。但是这些浮雕美女们却是没有印度的那些药叉女丰满性感，也缺少那种万般媚态和诱惑力，身体的动态并不夸张。她们身材匀称，比例适中，稳稳地站在那里，低眉含颦微笑，宛如一个个供养人。更多的浮雕则是图案，大多刻得很浅，但由于转折明暗凸凹的关系掌握得很好，所以即使经过千年风雨的冲洗，上面苔痕斑斑，也难以遮盖住她们的婉秀和美丽。她们的美和印度药叉女的美是两种风格，一种是含蓄，一种是放纵；一种是秀丽，一种是丰满，两种都不失为美。柬埔寨的佛像造型，已经与印度本土的那种雅利安人的脸型有所区别，形象上已经具有东南亚人圆脸厚唇的特点，与当地的土著形象十分相像。

吴哥窟里气魄宏大的驯象台，只是原来王宫的台基。

大吴哥城里的建筑并不完全是寺庙，也有宫殿。根据当时的规定，只有神才能住石头盖的寺庙，即使是国王也只能住在木头盖的宫殿之中。但岁月流逝之后那些木头殿堂业已腐朽倾圮，荡然无存，人们今天看到的大吴哥城中的宫殿只是基础部分的台基。然而就是这些台基也足以令人折服心醉：在长度达350多米的高台之侧，用高浮雕的方式雕着无数头巨象，它们被雕在垒叠砌造成的石墙上，一只只气宇轩昂，扬首举鼻，奋足疾走，浑厚而大气。在台基的转角处，浮雕巧妙地转成了圆雕，6只大象并为一排，当中留出台阶，用它们的鼻子作栏杆，以供傲世的君王踏着这奇特的丹陛上下。驻足在这举世罕见的奇景之前，恍然聆听到百象

吴哥窟巴戎寺高塔上巨大的人脸，就是根据国王的
形象来雕刻的，被称为是"高棉的微笑"。

嘶鸣、踏足而奔的雄阔场面，这种宏伟的场面从未在其他的国家见过。这里被形象地称之为“驯象台”，昔日的阇耶跋摩七世就在这里接见王公臣民，接受献俘阙下。

然而，就是这种亲近平民的朝觐给君王带来了永生的灾难：他在一次接受信徒的亲吻时被传染上了麻风病，不能痊愈，他终生为这种恐怖的不治之症所困，从此不愿再露面，终生带着隐痛在高高的露台上远远地接受臣民们的朝拜。

一千多年前的高棉是东南亚的第一强国，国号真腊，它曾经把大半个中印半岛统治在自己的版图之内，成为雄视一隅的地方大国，国祚长达 500 年。然而不惜耗费资财来大建宫室导致了国力的衰弱，强力君主去世后发生内乱，又因北方暹罗的兴起入侵而失国，吴哥被攻陷，国都南迁避祸。暹罗人进入吴哥后大肆屠杀劫掠，吴哥尸横遍野腐烂生疫。当地人传说有鬼瘴而不敢进入，吴哥从此成为废都，最终被疯狂滋生的热带雨林所淹没。直到三百多年后被偶然进入的一位法国植物学家发现而再揭盖头。

阇耶跋摩七世有着一张典型的高棉人的脸，鼻头较宽，人中部分短，嘴唇很厚，和巴戎寺上的那些巨脸十分相像。尽管他的功绩非凡，然而麻风病这种难言之隐却是他的终生之痛，他只能深藏于宫中，在远远地接受臣民们的欢呼颂扬之时，把无言的泪水与心底的叹息悄然咽下。他的表情已经成了高棉的一种经典微笑，但我总觉得在这种笑容里含有些微苦涩：他是否预见到了在他的身后不久就发生了铜驼荆棘的悲剧呢？他是否预料到了在千年的时间里，高棉民族经历了种种灾难，竟然从一个地区强国沦为三等弱国，最后沦为法国的殖民地？近代又发生了长达 28 年的内战，经历了“红色高棉”那惨绝人寰的噩梦？千年来，柬埔寨举国信佛，然而以慈悲为怀的佛教并没有能够阻止得住外部和内部的邪恶，阇耶跋摩七世闭目无语，在沉思冥想，然而那高棉式的微笑里，似乎就蕴含着一曲雨林悲歌。

曼谷泰王宫
金殿千塔

　　佛教和旅游，这是泰国独具的两大特色。

　　一个只有 6000 万人口的东南亚小国，每年涌入的游客却达到一千二百多万，旅游的收入达百亿美元，这不能不令人吃惊。当世界各地的游客来到泰国的时候，他们面对的是在热带骄阳下发光的座座佛塔和飘逸的遍地黄袍。那一个充满着佛陀般微笑的美丽国度留给人的印象非常深刻。

　　泰国并不是东南亚唯一的佛教国家，整个中印半岛的国家都信奉佛教。泰国不是历史最悠久的国家，它只有七百多年的独立史。泰国不是古迹最多的国家，它并没有柬埔寨的吴哥、印尼的婆罗浮屠和缅甸蒲甘那样著名的世界遗迹。泰国甚至不是东南亚自然景观最美丽的国家，不是最强大的国家，也不是最富有的国家，然而泰国却是把佛教和旅游结合得最好的国家。泰国的特别之处在于：在二十世纪，英国和法国竞相瓜分了东南亚诸国，把它们纳为自己的殖民地，只有泰国巍然独立。近几十年中，它周边的国家战火纷飞，几无停息，而只有它一直保持着和平的道路，为自己赢得了一个相当长的经济发展期，从而成为亚洲的第五条小龙。泰国虽小，然而却是世界有名的旅游大国。两千多年前，印度的阿育王皈依佛教，主持了佛教的第三次结集，并派出了九队高僧向世界各地宣扬弘法，佛教也就沿着陆上和海上两条路线向外扩展。其中陆上的一路经中亚和西域，由丝绸之路传播到中国，又东传到朝鲜和日本，最终形成了以大乘部为特点的"汉传佛教"。佛教的密宗从陆上的另一路北上，经由尼泊尔翻越喜马拉雅山到达克什米尔和西藏，与地方的宗教相结合，传播到藏、蒙地区，形成了"藏传佛教"。海上的一路则从印度南下到达斯里兰卡，再经海路传到缅甸、印尼和柬埔寨，形成了以小乘部为特点的"南传佛教"。以前的泰国还是高棉王国的一部分，称为暹罗，以后泰人强大起来，兴兵南下，攻灭了吴哥，成为代替高棉的一个地区强国，小乘佛教也被立为国教，一个佛教之国也就由此诞生。

尽管泰国分裂于高棉，然而泰国的佛教却并不同于柬埔寨，古代的高棉同时信仰印度教和佛教，吴哥古迹中的印度教特点就多于佛教。现在泰国国内的佛教大致和缅甸相同，佛寺遍地，佛塔林立，僧侣众多，每到清晨和中午就会见到黄袍飘然、托钵沿街化缘的队队和尚。旅行全国，随时可以看到一个个童稚未脱的小沙弥活跃于青灯古佛旁，俨然一派佛国景象。佛教精奥深邃的教义必须要借助于形象才能表达，从而让识字不多的信徒们接受，它那多如恒河沙数的神祇也必须用图像一一描绘出来才能分清。所以在世界上的宗教中，佛教的造型艺术是最发达也是最丰富的，它被称为是"像教"，这也为泰国留下了无数的佛像和佛画。

如果要看最集中也是最辉煌的佛教景观，就要去曼谷的王宫。那里虽然是世俗的国王居住地，但却与佛寺相邻，里面的佛寺和佛塔宏伟而且典型。它名为王宫，实则是一座博物馆。

塔是佛教中最为重要的建筑，它是瘗埋着佛舍利的场所，从而成为万众膜拜的对象。"南传佛教"中佛塔的造型源自于古印度的窣堵坡，它继承了那种覆钵形的塔体，然而却拉长了顶部的相轮，从而形成了"南传佛教"所特有的一种覆钟形造型，上部峭拔尖耸，流畅细长。塔身多以黄金贴饰，塔下部的底座还加进了印度

青面獠牙、恐怖狰狞的药叉，是王宫和佛寺的保护神。

金碧辉煌、众塔耸峙的泰国王宫

特有的折角，使它在热带的晴空下看上去更加富丽堂皇，繁缛细密。佛徒们认为，塔身被建造得越高，离天界就越近，自己礼佛的心也就越虔诚，也就愈能得到佛的佑福，所以他们在发愿建塔时都尽量把塔建得又尖又高，从而形成了佛国内万塔耸峙的奇观。泰国的塔已经和印度的窣堵坡有所区别，更是迥异于中国境内的那些形制多种的佛塔，成了东南亚佛国特有的风景线，成为召唤信徒们灵魂归宿的象征物。这种覆钟般的塔形的使用已超出了佛教建筑的范围，高踞在其他的建筑的顶部，遍行泰境，无处不在。王宫里随处可见的都是尖尖细细、高耸翘然的金塔，它们在热日晴空下灿烂地放光。泰国的佛塔不同于印度用石块垒叠，而是用砖砌就，外部包贴上灰泥，再贴饰金箔。它的内部密实基本不可进，只供奉着舍利子，不像中国的塔可以循之登临观赏。东南亚的佛教也改变了原始佛教简朴苦行的特点，而改为以奢侈豪华的材料来装饰佛像和佛塔。东南亚产黄金，也产宝石，世俗多以金玉为贵，佛塔和佛像上多饰以黄金和宝石，使之成为贵重的偶像。一般信徒们进寺礼佛，多会购买一种小块金箔，自己动手粘贴在佛像或是佛塔上，以示虔诚。而礼佛的许多法器也用贵金属来做，在佛像前盛清水供奉鲜花用的一种钵盂也用纯银来做，上面雕刻出精致细密的莲花纹样。还用纯金抽出丝来，织成一束立体的金莲花用来供佛，从而表示尊贵。用纯金银和珠宝来饰佛，这似乎有悖佛教的仪规，但倘若能从"色即是空"的角度去想，就能理解到那被金玉所包裹着的是一个极具思辨性的思想，它的内髓和精神不会因为具有贵金属的外部而有所损减。

　　药叉神是泰国佛教的一种特殊景物，也是泰王宫里的守护神。泰国总体留给人的印象是微笑与和蔼，是阴柔与细密，然而唯有药叉留给人的是勇猛刚劲、威武雄壮的感觉。泰国的药叉是泰人特有的一种崇拜，它们大多威风凛凛地站立，身材高大魁梧，面貌狰狞可怖，巨口獠牙，身披金甲，或是手持宝杵，或是横握弓箭，或是双手合十，为佛寺带来了一股雄浑之气。它们如同中国佛寺前的四大天王和金刚，镇守着大门，令人望而生畏。药叉本是古印度神话传说中居住在森林里的一种精灵，如同山精树怪，因为释迦牟尼是坐在菩提树下成道的，所以树之精灵药叉也成为他的护佑神，在泰国，它们变得狰狞可怖，用一种"以邪镇邪、以毒攻毒"的恶煞形象来慑退敢于侵犯的外道邪魔。

泰国到处都可见到供奉的佛像，大大小小，林林总总，各具特色。这些佛像已经不仅仅被供奉在全国的三万多座佛寺里，而是被普遍供奉在一切人们居住和活动的场所。城镇乡村、商店学校、银行医院甚至每一个家庭，到处都设有供佛的佛龛；街道上也可随处见到佛塔和佛龛，前面香烟缭绕，鲜花不断，虔诚的信徒随时都会面对着佛龛合十礼拜，下跪供奉。从佛像的造型来看，泰国的佛像虽然与中国的佛像都是金身莲座，但其造型显然是受到印度本土佛教的影响，他们头顶的肉髻之上有小型佛塔，袒露出右臂跏坐，而且袈裟都是紧贴着身体，如同印度萨尔纳特的"湿衣"风格，与褒衣博带的汉传佛像有所区别。泰人尚金，凡人的穿戴都离不开金，对于崇拜的佛像更不吝施金，他们的佛像全为金色，彩绘的佛像凤毛麟角。

泰王年轻时出家的佛寺前，劈山凿岩建造了一尊高达 17 米的巨佛，这尊佛不是用圆雕或是浮雕的方式来凿造的，而是在陡直的山体上用黄金的线条镶嵌出了一尊巨型大佛。金灿灿的佛像被深灰色的岩石衬托，画的感觉非常强烈，别有风格。走近去看，每一根线条的黄金竟有十几厘米粗，也算是一件浩大的工程了。

吉隆坡伊斯兰博物馆
纸的传奇

　　中国和印度是亚洲的两大文明板块，在中世纪以前，它们的文化互相影响、互相交往，但也互相竞争，互相排斥，表现在具体的地域上，就在东南亚。东南亚由一个大的半岛和一个小的半岛，以及若干的大小岛屿组成，它们夹在两大文明板块之间，当然不可避免地要受到影响。欧洲人把这一地区称为"中印半岛"。在古时，印度文明对东南亚的影响较大，如印度尼西亚和柬埔寨都接受了印度教，缅甸和泰国则接受了佛教。后来，大量的中国移民来到这个半岛上进行开发，从而把中华文明也带到了这里。

　　但是，在中世纪时，一股强大的伊斯兰文化对中印半岛产生了相当大的影响，它从遥远的西亚发端，传导到了印度尼西亚、文莱和马来西亚，使它们从原本的印度教转变为伊斯兰教。这一文明是亚洲重要的文明之一，与中华文明和印度文明都不相同。西亚沙漠上的贝都因民族把他们的宗教带到了遥远的赤道地区，影响了这个蕉雨椰风之国，使他们皈依了对真主的信仰，从此，清真寺的宣礼塔和绿色穹顶就在马来西亚的蓝天下屹立，半轮新月照耀在了马来半岛的上空。

要想了解伊斯兰教的文化，就要去吉隆坡的伊斯兰博物馆。这个博物馆位于国家大清真寺附近，是吉隆坡最豪华最宏伟的博物馆，其收藏之丰富，范围之广泛，远胜于马来西亚的历史博物馆，因为在它的穹顶下展出的不仅仅是马来西亚一国的展品，而是全球的伊斯兰文化的精品。这虽不是一处宗教场所，然而却是一处展示宗教文化的场所，里面琳琅满目的展品令人大开眼界。

伊斯兰博物馆里的展品是按地区和材质来分类的，它几乎包括了除了美洲、欧洲和澳洲的半个地球，展品有金属器、绘画、陶瓷、建筑、武器和服装等等。但无论是何地区的展品，经书总是大宗，因为伊斯兰教是非常重视读书和知识的，对《古兰经》的抄写和摘录是最重要的事，真主和先知的圣言被各种美妙的字体书写，有的与精妙绝伦的图案共同组成了装饰纹样，成为供奉的对象。

伊斯兰教是由游牧民族创立的，在一般人印象中，他们使用的应该是羊皮纸。但在这个馆里，无论是哪个地区或者哪个时代，都有着纸制的经书，或者是单页的抄卷，或者是绘画。在一般人的眼里，纸的出现似乎并不值得稀奇，但是如果知道世界纸张史，就会知道它们出现得不平凡。

造纸是中国人的伟大发明，这一点是现在世界的普遍认知，然而如果倒退回一千年前，那么知名于世的却是阿拉伯纸。

自从人类有文字开始，把文字书写在什么载体上就成了一个世界性的话题：苏美尔人最早把楔形文字划在泥板上；埃及人把象形文字画在莎草纸上；古波斯人刻在石崖上，希伯来人写在羊皮纸上，古印度人抄在贝叶上，澳大利亚土著写在树皮上，中国人则先是划于陶器上、锲于甲骨上、铭于钟鼎上、书于竹简木牍乃至丝帛上，直到纪元之初才书写于纸上。

对纸的需求一直是困扰着世界文化的一个难题。于历史来说，刻于石头和镌于钟鼎利于长久保存，但于传播来说，这种笨重的硬质材料不便携带，更不便交流。纸张发明之前，中国人用了三千年的简牍，然而简牍面积小限制了文章的长度，中国古文的

印度的某苏丹和他的大臣们在听讲经，背后的壁龛里装满了书籍。纸本绘画。

简短精干就是由于简牍面积有限，不可能写出长篇大论。老子的《道德经》五千言如果印成现代的书，只需区区六页，然而当年他却要写成数千片木简！千古一帝秦始皇每天要翻看一百二十斤重的简牍文书，累不堪言。古人感叹"案牍之劳形"，不仅指精神，可能也指体力。继之简牍的是丝帛，虽然书的重量减轻了许多，但用纺织的华裳来书写文字，对寸丝难求的罗马帝国来说简直就是一种难以言状的奢侈，一卷天子的诏书就无异于一袭长袍，一般人难以承受，真正是一书抵万金！

严格地说，中国人并不是世界上第一个发明了纸的民族，如果从把植物纤维做成供书写的载体来看，古埃及人是最早使用纸的民族，他们早在五千年前就普遍使用莎草纸了。莎草是一种在尼罗河三角洲湿地普遍生长的植物，它有很长的茎干，可以从中抽出长纤维，经过削薄、压平之后就可以造出纸。这种纸实际上是几十根莎草纸纤维的互相黏结，纸质较粗，纸基较厚，纸色发黄，而且尺幅不大，只适合用埃及产的那种硬笔来书写。

然而对于当时的世界来说，这种莎草纸就已足够了，因为它远比羊皮纸便宜。所以无论是迦太基人或是希腊人都愿意渡海来到埃及，把这种莎草纸贩卖到世界各地。即使到了后来的阿拉伯时代，在他们的海船上装运着的，也多是莎草纸，虔诚的穆斯林们需要它们来书写神圣的《古兰经》。

用打碎沤烂的植物纤维来造纸是中国人的发明，它实在是对世界的一个伟大贡献，因为这种纸又轻又薄，材料随处可取。当时的西方人在使用着羊皮纸和莎草纸的时候，也偶尔闻知遥远的中国有纸，一直想得到。

然而把造纸术介绍到西方的并不是文明的传播，却是战争。唐代的大将高仙芝曾与阿拉伯军队在中亚打过一仗，阿拉伯军队在俘虏中发现了十几个会造纸的中国工匠，就让他们在撒马尔罕设厂造纸，从此撒马尔罕纸名播四方。阿拉伯人隐而不宣这是来自中国的技术，而是从此垄断了纸业的生产，向世界各地贩卖，以获巨利。造纸术在十二世纪时传到了摩洛哥，并随着北侵的军队传入欧洲，西班牙又成了当时的造纸中心，造纸术是伊斯兰教对欧洲最有益的贡献之一。以后德国人发明了金属活字印刷的技术，从而使纸质的印刷书籍风行世界。纸张的使用，使莎草纸、简牍和羊皮纸都成了古董，从这点来说，阿拉伯人是中国纸张的间接传导人。

在这个展厅里出现的所有书籍都是纸质的，它们来自土耳其、撒马尔罕、叙利亚、伊拉克、麦加、伊朗或印度，它们的装潢多种多样。有的极度豪奢，内容文字是用金汁来书写的非常漂亮唯美的阿拉伯花草体，有着银皮加羊皮包装的封面封底；有的上面还镶嵌了宝石，这是我见过的世界上最为豪华的书籍；还有很多手抄的经卷。

由于伊斯兰文化的禁绝偶像崇拜，所以不仅在清真寺里没有偶像和动物的图像，在其他有关伊斯兰教的文化中都没有出现图像。但是，在这个博物馆里，却是有着多幅图画，画的当然不是安拉或穆罕默德，而是各地的领袖肖像，或是画着圣地的建筑，或是描绘他们生活的情景，这是表现世俗的生活，并不违反禁忌。一般人的印象中，阿拉伯是马背上的民族，惯于叱咤风云、呼啸而至，他们的艺术也必是豪放粗犷，然而事实恰恰相反，伊斯兰教的艺术大多是精致细密，绘画艺术是受了伊朗细密画的影响，和中国的工笔画有着若干相契之处。

伊斯兰的细密画是用硬笔画在纸上的，用勾勒填色的方法来完成。画上形象的结构全靠线条，线条产生不同的疏密效果，且富有装饰性。主体形象的周围常辅以图案，画面上还常以阿拉伯书法来装饰。在经过填色之后，细密画出现的效果是平面而无光影的，构图非常饱满。空白之处则用书法来填充上，体现了一种书画并列的美，在世界上，只有古埃及、伊斯兰和中国才有。只有在某些人物的肖像上，才对脸部和衣纹作些立体的晕染，但并不过分。有一幅印度莫卧儿王朝时的绘画，画着国王出行的内容，平淡从容的风格，平面的效果，与唐代阎立本的《步辇图》相似，已具有独幅创作画的水平了。这些绘画绝大多数是经书的插图，尺幅都不大，有的是在宣扬教义，有的是在描绘宗教故事，有的是叙述历史传说。

尽管我是置身于马来西亚，然而面对着的却是整个伊斯兰世界，这些纸上绘画的故事，把我带到了阿拉伯从西亚崛起的那个血与火的时代。

吉隆坡伊斯兰博物馆
他乡遇故知

　　吉隆坡的伊斯兰博物馆面积很大，外表是蓝花釉砖装饰的高大穹顶，里面空敞明亮，装潢高档而不奢华，来自世界各地伊斯兰教的文物就被一一陈放在橱柜里，这里应是马来西亚的卢浮宫。

　　尽管馆内的许多收藏是我所陌生的，然而我在参观的过程中却一直有着一种期待，一直有着一种预感，我预感一定会在这个展场里看到它们美丽的倩影，它们肯定存在，因为它们已在世界各地普遍存在。它们是一个庞大的家族，源自中国，曾用其美打动过整个世界。

　　这就是瓷器。

　　瓷器在世界上大多数博物馆都有存在，这个博物馆里也不例外，数量众多的精美瓷器，绝大多数是来自中国，它们琳琅满目地占据了很大一片橱柜，在灯光的照耀下，闪烁着晶莹的光泽。我隔着玻璃望着它们，如同他乡遇故知。

　　中国的瓷器出现在伊斯兰世界里并不奇怪，因为在很长的历史时期里，瓷器是中国外贸的最重要商品，而阿拉伯的商人正是出色的转运者，他们从中国贩卖瓷器，通过他们的商船运向世界各地，他们是中国瓷器重要的中间商。

一般以为，中国的丝绸之路运送的货物只是丝绸，这只说对了一半，它因时间地点而异。中国的丝绸之路共有三条，一条是通过河西走廊向新疆，再经过中亚到达罗马的陆上丝绸之路；一条是从四川出发，经过云南到达印度的茶马古道，时间是在宋代；第三条则是海上的丝绸之路，曾从广东的合浦一直到印度东岸的黄支港。丝绸之路的提法是德国考古学家李希霍芬提出来的，他是根据对汉代通往西亚和欧洲道路上的主要商品是丝绸而命名的。

这种交通和贸易是双向的，自古以来，就一直存在着一条沟通欧亚非的海上通道。它首先从西端开始，在公元前3000年，古埃及人就活动于印度洋和红海地区了，亚历山大大帝继之以后，又开辟了从亚丁湾到印度的航线。而在这条海上航线的东端，马来群岛上的土著民则早在公元前就和印度的东海岸建立了联系。把这些断续的海上航线和中国的海上丝绸之路相连起来，已是一种必然。而这些地区到了中世纪后，几乎全部皈依了伊斯兰教。

在汉代的时候，无论是中国的陆上还是海上的丝绸之路，运送的商品中都没有瓷器，因为瓷器迟至六朝时才成熟，才被广泛地在生活中使用。一直晚到宋元之时，才以瓷器和茶叶为大宗商品。瓷器轻薄易碎，通过颠簸而崎岖漫长的陆路来运输成本太高，且不安全。除了中国的商人之外，阿拉伯人则担当了重要的职责，他们让中国的瓷器走向四方，功不可没。当然，他们也从中获取巨利，一次所得可达十倍。

当我面对着这些出色的中国瓷器时，并不仅仅是面对着一个马来西亚，而是在面对着整个伊斯兰世界，他们都是中国瓷器的使用客户。

由于来自全世界，所以这些瓷器的获得是各有路径。我曾在世界各地都见过装载着中国瓷器的沉船，既有瑞典的、荷兰的，也有中国的。我在土耳其和瑞典的博物馆里都见过数量巨大的中国瓷器藏品，足见那时瓷器已经替代丝绸成为当时的第一商品。当瓷器来到这些国家后，被他们视若珍璧，极为宝贵。奥斯曼的王宫里收藏着数量巨大的中国瓷器，多是大器重器，苏丹甚至认为，使用中国的青瓷器可以防止别人在食物里下毒，如果菜里有了毒药，青瓷就会变色示警，就这样地把中国的瓷器推到了神圣的地步。

禁绝偶像，以植物为主的图案，以及书法的运用，这是伊斯兰教文化中最重要的特点，也是他们在购置中国瓷器时遇到的一个障碍。因为在中国的瓷器上，多的是动物和人物纹样，而且还有他们所不懂的中国书法。为此，阿拉伯人在景德镇等地开设办

饰有阿拉伯文书法的伊朗陶器

极度精致细腻的蓝绿粉彩壶

事处，专门为他们的特殊需求而定烧瓷器，由他们提供图样，在烧成的白胚上画出伊斯兰教特有的图案纹样，于是在中国的青花瓷上就出现了富有阿拉伯特点的纹样和书法，这样就形成了一种最早的"贴牌加工定货"商品，满足了伊斯兰的特殊需求。

这种定烧瓷在这座博物馆里有很多，它们来自伊斯兰教的各个国家。伊斯兰教原来产生于干涸的沙漠之中，它的一切文化都在反映对于绿洲的需求，如帐篷式的清真寺、绿色的旗帜以及对洁净的饮水的需求等等，也因此对于象征着草原的绿色和象征着水的蓝色有着特殊的好感，绿和蓝都是这一宗教的标志色，有很多地区的建筑物或装饰上都是这两种颜色，中西亚地区尤甚。这样，中国的青花瓷和绿色的青瓷就很对他们的胃口，有很多器物都是绿和蓝两色的构成。不过，青瓷只是一种单纯的色釉，只能用绿色来代表着伊斯兰教的标志色，而无法在表面添加上伊斯兰教的图案和书法。因此，除了土耳其的王宫里有着大宗的青釉瓷器之外，陈列在这里的各国收藏的中国瓷器都是以青花瓷为主。因为瓷胎洁白，可以用钴蓝在上面画上伊斯兰教的图案，书写上经书的文字，蓝白相衬的效果非常明朗。这些青花瓷的年代有异，从元代的将军罐到清代都有，我还在几只青花器上发现了宝贵的苏麻泥青，显然那是明代的产品。此外还有着明代的青瓷器和清代五彩器，也有一些相当鲜艳的色釉器。

书法是伊斯兰教非常重要的艺术，它是从右往左书写，具有书写的流利性和构图的形式美，即使是一位不懂伊斯兰书法的人看了，也会感悟到这种书法表露出的情绪和力度，也能欣赏到这种书法的抽象美。对教徒来说，这些书写的内容大多是摘抄自《古兰经》中的教义，或者是一些格言和诗歌，是非常神圣的。在这座博物馆里陈列着的青花瓷器中，有很多被中国的工匠绘上了用阿拉伯文书写的经文。如一些盔顶形的将军罐、酒尊、瓷盘、花瓶上，都有用各种彩来书写的文字，这些文字疏密相间，曲折宛转，如同图案一般，具有很强的装饰性。

还有一些原本就画着花草图案的瓷器，那或许正好与伊斯兰的教义相契合，就保留了下来，继续使用，然而当它们来到这些伊斯兰国家之后，用途和装饰都发生了改变。中国瓷器中有很多壶和瓶，原来的功能都是装酒的，是酒壶和酒瓶，然而伊斯兰教是禁绝饮酒的，它们就被用来装香水或花露水，或是用来做浇水洗手的净壶。苏丹的王宫要讲求豪奢，还为它们用金、银和铜加以装饰，装上了金属的盖或流，有的还用金片把口沿、錾和流都包起来，上面细细地錾花镂空，凿出图案来，有的还做出高高的穹顶和长而弯曲的流，让它们尽显阿拉伯风情。有的在蒜头瓶和玉壶春瓶口上再接上一截，形成高而尖的苏丹帽子状，甚至还把葫芦瓶改装成特殊的土耳其水烟壶。在经过这样的一番改装之后，原有的中国特色变成了阿拉伯风格，显然就适合他们的胃口了。洁净的蓝白二色，再配上金银，虽然有点不伦不类，但也很好看。

陶瓷是兄弟，如果说瓷器是中国之器，那么陶器则是世界之器。伊斯兰教各国大多有陶器，有的非常有特色。彩釉的陶器原本就出产于两河流域，早在巴比伦时代就有了彩釉砖，这一技术被后来的阿拉伯人继承，用各种绚丽多彩的彩釉砖来装饰他们的宫殿和清真寺，也生产日用的器皿。如果不去讲求胎质的细腻的话，那么仅从外表的效果来看，陶器还是相当精彩的。这里有来自伊拉克、伊朗和土耳其的陶器，它们的造型奇特，釉水肥厚，釉和彩多是以蓝色为主，也有花彩的釉，但图案纹饰明显和中国产的有区别，显示着浓烈的民族和宗教特色。还有一些釉彩陶砖和陶盘，上面画着各种历史故事和民族风情，也有的就是单纯的图案。有一些伊朗的彩釉陶上居然色彩斑斓，釉水晕染的效果如同中国的唐三彩一般绚丽。

馆内还有一些欧洲和日本生产的瓷器，时间已经到了近代，这是西方从中国学习到了瓷器的烧造方法而做成的产品，无论是胎质釉水的细腻光洁还是图案的精致都要胜中国一筹，显然那是青出于蓝而胜于蓝，已是多种文明的相互结合。

吉隆坡伊斯兰博物馆
金戈铁马

在伊斯兰博物馆里，如果说那些瓷器是中国移居外国的侨民的话，那么那些纸质的书本就等于是中国的第二代混血儿，而另外的一些展品则完全是外国血统的异域人了。

这一类的异域人很多，有不同的民族、不同的国家、不同的分类和不同的材质，然而却都具有伊斯兰的血统，都体现了伊斯兰教的文化。伊斯兰教是一种非常广袤的文化，它经历了一千四百多年的历史，涵盖了西从西班牙，东到中国，北到俄罗斯，南及非洲南端的广大地区，除了南北美洲、大洋洲和大半个欧洲，几乎都有信奉伊斯兰教的国家存在，因此即使是统一在同一宗教下，还存在着不同的地区和民族特点，还有各个不同历史时期而带来的变化，比如说建筑，就是因地而异，服装也是因民族而异的。

由于处于中东这块四战之地，所以从伊斯兰教诞生的第二天起，就陷入了血与火的斗争，骁勇善战的贝都因人高举着他们的弯刀，四处征战，终于把亚非欧的一大片土地都纳入了新月旗帜下。中世纪时，阿拉伯的骑兵令敌方闻之而胆寒，只要见到他们的头巾在远方晃动，对手就望风而靡，因此他们东讨西伐、南征北战，取得了辉煌胜利。

这个博物馆里专门设有一个展厅，展出伊斯兰各国的武器，其中绝大多数是冷兵器，少数是早期的火枪，这是他们克敌制胜的法宝，我饶有兴趣地一一观赏，仿佛正在身处沙场，耳闻金戈铁马之声。

信奉伊斯兰教的主干民族是阿拉伯人，他们是游牧民族，最善于骑马打仗，马行迅捷，风驰电掣，来往飘忽。马战靠的是速度，而马刀就成了骑兵之魂，武器的长短是考验一个战士勇气的试金石，一个手持匕首者远远比持长矛者要冒更大的危险。短武器中有剑和刀两类，区别就在于茎的直和曲，以及两面开刃还是一面开刃之分。中国古时曾流行直茎的剑，因为那时佩剑的是士，大多是佩以防身，或者显示身份的，并不是用于马上的实战。欧洲也曾流行过直茎的细剑，但那是骑士的佩剑，也是为了表示自己的威仪，而且那时的相斗方式是直刺，即击剑，而非抡着砍。直茎的剑在马上实战时被证明杀伤力较弱，因为人在挥臂砍杀时，胳膊划出的是一条弧线，为了适应这一条弧线，把直茎的剑改成弯曲的刀，以利更大面积地杀伤敌人。这种弯刀更适合行动迅捷的骑兵，无论是奥斯曼人还是后来的蒙古人，他们使用的主要武器，都是弯弯的马刀。有的民族为了加强刀头的砍杀力，还把刀的前部加宽加厚，这样抡起来更加有力。

展厅中，一幅二十世纪时英国人的铜版画上，有一位印度的武士，正骑在马上，挎枪佩刀，身披铠甲，马背上还携带着盾牌，威风凛凛。他腰间所佩的，正是那种弯刀，弯刀的形状恰巧与伊斯兰教所崇敬的新月相契合，这就具有了宗教上的象征意义。

能够保证这些武士们所向披靡的，是制造刀的技术。欧洲最优秀的冶铁工匠是北欧的维京人，但钢的出现要归功于凯尔特人，他们在公元五世纪的时候，在偶然的情况下炼成了硬度更强并富有弹性的钢。然而在以后相当长的一个历史时期里，享誉全球的是大马士革钢，这是阿拉伯人征服印度的时候，作为战利品带回他们首都的，他们用这种质地精良然而价格昂贵的钢来打造自己

穿着铠甲的印度骑士骑着披有马衣的马。

的武器和铠甲。随着阿拉伯人对西班牙的征服，这种来自印度的技术又被带到了西班牙，从此托莱多成为比利牛斯半岛上最大的武器制造中心，并一直传播到了北欧和东欧。

　　展厅里展览着许多把形状奇特的马来短剑，它们的剑茎和其他的剑都不一样，既不是直的，也不是弯的，而是呈一种弯曲的蛇形。这是马来民族特有的一种剑，呈波状的蛇是热带常见的动物，被视为神圣。剑柄的形状则象征着马来神话中的一种加鲁达鹰，用它钩形的喙来做了剑首。这种剑前尖后宽，弯曲的剑身有利于刺入人体，并可以扩大创口。它是马来民族权力和荣誉的象征，被装上黄金或白银的鞘套，雕上精致的花纹，当地的苏丹和酋长在身上插着它，来显示权力。在不同的地区，它有不同的佩带方法，有的地区是插在腰前，有的是夹在腋下，有的则捧在手中，还有的是插在后背，而且还有正斜等种种的区别。

在这个展厅里，最多的就是来自印度的武器。印度艺术一向以繁缛著称，兵器的形式也是多种多样，已经达到令人眼花缭乱的地步，有些造型简直匪夷所思。有一种印度人常用的战斧，两侧的刃弯曲度很大，成了大半个月形，斧的背后装着一把匕首，这样使用起来既可以砍，还可以刺，不同于中国的斧钺。还有一种长柄的武器，顶头是一把锋利的短剑，形状略弯如鸟的喙，与柄呈直角安装，在使用时类似中国的戈，是用来啄人的。还有几种锤式的武器，都很有趣，一种顶部如手掌，钢制，被称为手形锤，象征着统治者的权杖，象征意义大于实战意义，类似中国的挝。有一种球形的锤体上满是钢刺，顶头伸出一支矛，装有长柄，可以又锤又刺，像是中国的狼牙棒。此外有一种锤头如瓜形，类似中国的武器骨朵。还有一种更古怪，锤头像一只羊头，还长有弯曲的双角。甚至有一种如同旗帜一般的武器，柄顶装有矛头，旗帜的一面转成直角，开有宽刃，如斧般可以砍人。

一种典型的印度武器是三叉戟，就是俗称的三股叉。这种武器源于古希腊，是神话中的海神波塞冬所执的，后来东传到印度，它有三个利刃，杀伤力大。有一种廓尔喀的军刀，刀身呈弯曲形，顶端渐宽，开有血槽，刀鞘上还附有两把小刀。这本不是伊斯兰教的武器，而是尼泊尔北部的廓尔喀人佩带的一种刀，被视为他们民族的神圣象征物。由于廓尔喀人的尚武和忠诚，被后来的英国人和印度人组成廓尔喀兵团，让他们来到印度担任雇佣兵，这种刀也成为印度的武器。事实上，印度有多种武器影响到中国的武器，在宋代以后演变成十八种武器，挝、三股叉、狼牙棒和骨朵等都是中国以前没有的，它们的到来，丰富了中国的武器库。

如果仅仅是武器，那还只是杀人的工具，然而如果在上面加上了艺术，那就使它成为工艺品，在这一方面，阿拉伯人做得出色，印度人做得更加出色。印度是一个讲求唯美的民族，他们所使用的一切器皿无不被饰以繁缛的花纹，连武器也不能免。印度人把他们的刀视为武士的荣誉象征，也视为是财富的象征，更是一种唯美的装饰品。他们在刀身上雕满花纹，贴上金花，或者装镶上各种珍贵的材料——用玉、象牙、水晶来制成刀柄，上面镶上宝石，嵌上金丝，再用黄金打成刀鞘，用夜光螺和红珊瑚来贴饰在刀鞘上——珠光宝气，无所不用其极。他们的铜盾也是满雕花饰，描金漆彩，就像是一件件精致的工艺品，令人爱不释手，忘记这原是一件件杀人的武器。

展厅中一幅幅绘画，画着的都是伊斯兰各国的武士，有一幅画中的一位武士身穿铠甲，骑着披有马衣的骏马，肩扛长矛，身佩弓箭，这画中含着很多的历史信息，那就是人既要穿铠，马也要披甲，都是为了防御。人的铠甲出现很早，三千五百年前的迈锡尼时期就有了金属的铠甲，阿伽门农甚至有黄金打制的面甲。旁边的橱柜里就展出有几副用金属编织成的锁子甲，有的附有护颈和护心片、护胫护肩，以及用铜打制的头盔，上面有鎏金的图案，非常精致。马的身上也是如此，马是武士在作战时的坐骑，也需要保护。在马身上披上马衣作为防护，这早在一千六百多年前的中国就出现了，有很多魏晋时的壁画和陶俑上都穿有马衣。据信是东征的十字军从东方带回了马衣，他们说那是阿拉伯人的装备。但是马衣的发明究竟是中国人还是阿拉伯人，这尚待探索。宽大的马衣不仅为马提供了保护，也是一种非常美丽的饰品，它为威风凛凛的骑士增添了英姿。

加德满都杜巴广场
天神之居

　　尼泊尔有着"香格里拉"的美誉，即世外桃源，这是因它位于世界屋脊的地理位置，长期与世隔绝而得名的。其实它并非是四面环山，而是一个倾斜的山国，如同一幅绚烂的唐卡般悬挂在喜马拉雅山南麓，北倚长年不化的万仞雪山，面朝着炎热的印度平原，海拔从八千多米直降到六十多米。它是世界上离天最近的国度之一，也是个众神居住的国度。

　　尼泊尔夹在印度和中国之间，因此它的文化就不免受到这两个文明古国的影响，总体来说，它受印度的影响大些，印度教徒的比例比印度还高。但它也受到西藏文化的重大影响，有很多藏文化还遗存着。遍行尼泊尔全国，触目可见的都是各种神庙和塔，一座座在美丽的青山绿水间映现。我到尼泊尔，原本就没指望能看到现代意义上的博物馆和美术馆，即使有一两座，展示的全是皇族历史和宫廷用品，具有美术意义的展品不多，而且还不准拍照，于是就把那些被列为世界文化遗产的景点和建筑作为美术品来观赏，它们也因其具有的巨大艺术价值而被誉为"露天博物馆"。

　　与两千多万尼泊尔同胞居住在一起的，是无数的神。印度教

318

本来就是一个多神的宗教，神明多如恒河之沙：湿婆神大梵天毗湿奴迦尼萨阿修罗伽楼罗紧那罗，加上藏传佛教的大黑天绿度母白度母金度母欢喜天，一尊尊红脸黑脸白脸绿脸，三头五头六臂八臂的神祇们挤坐在堂皇的神庙里，接受着万众的香火膜拜，要想分得清谁是谁，有没有烧错了香，那得要有好眼力真功夫。尼泊尔举国信教，信徒也如这些神祇一样多，人们把钱都建成了庙建成了塔，供奉给了神，于是我们看到的，就是一种庙塔遍地的宏观景象，就个人拥有的庙、塔和神像数计，尼泊尔应是世界之最。

一天黄昏，在边僻小镇杜利凯尔，我为一阵诵经声所吸引。循声而去，绕了好几个圈，才找到一座屹立在小丘上的塔。塔下三位老人，弹奏着一架古老破旧的小小风琴，正在虔诚地撞钟诵经。没有任何听众，天际苍茫的暮云衬着塔的高大剪影，也衬着三个干瘦如火柴杆般的人影，那声音犹如天籁在耳，悠长感人。我这才感觉到宗教对于尼泊尔人来说，如同空气和水一样须臾不能离，那是我见过最为动人的一幕。

进入了位于巴德岗的杜巴广场，才能把露天博物馆里最重要的展品看清。"杜巴"的意思就是"皇宫"，这是统治时间长达500年的马拉王朝的皇宫所在地，神和人都同时占据了这里的空间，人又不断向神奉献出自己的空间，于是神所居住的建筑便越来越多，站在广场之上，触目所见的，都是神庙和塔。就像尼泊尔的印度教和佛教难以分清一样，它们的庙和塔也难以分清，似乎庙就是塔，塔就是庙，大抵凡是庙，都是一座四角形的建筑，重檐而高的建筑就是塔。这种重檐塔有双重有三重有五重，最多的有九重，平面有正方形有矩形，偶尔也有六角形的，大都是独立的建筑，主要是作纵向的延伸，里面供奉着神像，它们应该就是塔，然而却是具有了庙的功能。

尼泊尔塔的形式多种多样，但凡是印度教该有的都有。然而这种重檐而方形的塔却是只在尼泊尔才有，别处不见，这是他们真正的民族式建筑，道地的国粹。塔有重檐，塔檐的四条脊线都是平直的，不像中国的建筑那般有起翘的飞檐，塔顶的正脊也是

杜巴广场的前面是印度教的锡哈拉式塔，旁边是尼泊尔式塔，前面是伽陵频伽鸟石柱。

民居前布满木雕柱子的敞廊，只是为了供居民平时的闲坐。

平直的，没有两侧的鸱吻，也没有复杂的线条和冗赘的饰物，非常简洁。每一重檐的结构都像一只倒扣的覆斗，从下到上逐层缩小，呈现着一种梯级的递进关系，也具有一种数的比例之美。塔顶往往立有一只或者数只铜制的小塔,那是出于古印度的窣堵坡,也就是最早的塔。

这些塔都是砖木结构,塔身是用砖砌的,屋顶上铺着密密的小瓦,其他部分则用木雕来作了补充。我以为,尼泊尔的这些塔,最为精妙也是最为细致的部分就是这些木雕,倘若没有它们,这些塔就少有可看之处。这些木雕包括屋檐下的支撑,由于塔的出檐很大,深深地探出去,而墙则缩在里面,木雕就从墙上的檐口处伸出去,接上了檐口,起着中国建筑斗拱的作用。然而它并不组成复杂的斗,只是斜斜地一根一根排列着,疏疏地作着支撑,上面还附有雕花。最精彩的部分就是门和窗,也全用木头制成。这些门和窗并不仅仅只是填充了墙上的开洞口,而是在两侧和上下都作了延伸,一个窗洞是方形的,那么用木雕装饰之后的形状就是"工"字形的,在上面还要再加上一只半圆形的浮雕板。门更为夸张,有好几重叠套,还要伸出长长的门廊,加上柱子和门楣。这一切木质的物件上都加饰有细密而繁缛的雕花,配上如同编席般美丽的窗棂,每一格上都有雕花图案。在塔的墙体四周,则饰有木头雕成的浮雕带,几层檐间也装饰着细密的窗子,它们大大小小、凸凸凹凹、疏疏密密、重重叠叠,或方或圆、或连或单地布满了整个墙面,最壮观的一座宫殿墙上竟然开有五十二扇形式各样的窗子,如同一个窗子博物馆,吸人眼球,美不胜收。

当地人说,尼泊尔有三种职业最为高贵,一是金匠,二是银匠,三则是木匠,只有这三种职业的人的女儿才配入选"活女神"。在看了这些极度精致的木雕作品之后,不得不同意木匠确实是尼泊尔最为高贵的职业之一,因为他们都是艺术家。在广场的入口处,居然还立有一座独木庙,就是只用一根树上的木头来搭成的庙,它纯是木结构,布满了各式各样的雕花图案,

然而仅仅有重檐和木窗还不够,尼泊尔的塔前还立有精致的石雕,它们是印度教传说中的各种神祇,有人有动物,如鸟、猴、象、狮等,还有大黑天等神像或佛像。塔前还有高大而挺拔的石柱,顶端是仰莲,站立着人头鸟身的伽陵频伽雕像,在合掌礼拜。还

有一些塔或庙的门口站立着一些铜雕的狮子，形状各异。这些庙和塔一律被刷成鲜艳的土红色，塔顶也是红瓦，地下则铺着红砖，配着深赭色的木雕窗棂、青灰色的石雕，塔身上嵌着闪烁着金属光泽的黄金和铜饰品，再配上檐间装饰着的彩布和彩旗，一座座宛如天神之居。

尼泊尔的塔还不止这一种，广场上还矗立着印度教其他形式的塔。有一种锡哈拉式的印度塔，塔体如同一根玉米棒，也像一只放置着的钟，下面有高高的底座，塔身上满布着繁缛的纹饰，纯用石头砌成，塔内供奉着湿婆或大黑天的像，台阶上蹲伏着石雕的大象和狮子，通体被刷得雪白。此外还有一些纯用黄铜制成的塔，还有塔体光滑，如同覆钟般的塔，它们与那些鲜艳的风马旗、群集飞翔的鸽子、缭绕的香烟，加上庄严宏丽的皇宫的绿树红墙，行走其间的彩衣人群，伫立默坐着的黄衣白须的婆罗门，一切如同神话。这些庙和塔并不仅仅只是供游客们观赏的，尼泊尔的每一位行人在走过这些庙和塔时，都会做一次恭敬的礼拜，也有人会虔诚地献上一罐油或鲜花，庙和塔里永远都亮着焰红色的烛光。

尼泊尔多的是闲人，多的是悠然安宁的心态，多的是漫长的时间，为了与此相配，这些建筑物的下部，往往都设计有一层敞廊，它如同伸进建筑物内部的阳台，并不占据公共道路的空间，还铺有木板，配有木雕的栏杆，人们就坐在里面，或是相谈，或是闲坐，或是打盹。尼泊尔并不缺美女，也不缺艳丽的衣着，她们在自己的家里凭窗远眺，那些精致的木雕窗棂就如同一只只做工精致的油画框，把她们的倩影留住，于是一幅幅亚洲版的蒙娜丽莎像就成为一道道美丽的风景。

更令人赞叹的，是这样雄伟的广场竟然有着同样的三座，这是当年的老国王为了他的三个相争的太子而建造的，就此留下了数百座高耸着的神庙和塔。印度教和佛教的无数神祇都栖居在上面，坐北朝南，君临着南亚的广袤大地，与虔诚的尼泊尔人民一道，尽享这蓝天下的山国之风。

加德满都博达哈广场
斯瓦扬布广场
山国双塔

    印度是南亚的一个大国，然而在古时，从文化意义上讲，印度是指一个地区，它包含有巴基斯坦、孟加拉、克什米尔、斯里兰卡、尼泊尔、不丹和锡金，甚至还包括有阿富汗的一部。作为一个文明古国，它曾把它悠久的文化传播到了这些地区。

    尼泊尔是释迦牟尼的祖国，他出生在南部的蓝毗尼，但他一生中的传教弘法活动却都是在印度进行的，他在印度创立了佛教，并在那里圆寂。就是这一点，使得印度和尼泊尔密不可分，在它们的国度里，印度教和佛教都同时存在。印度教和佛教的教义虽然不同，但有着相当多的交叉部分，有很多神明和习俗在两教之中都可以找到。最重要的是，这两种宗教在丧葬仪式上都是相同的，也就是都用火葬，然后把骨灰瘗埋，在埋葬点上面修建高大的建筑物，以示纪念，这就是塔。

    最早的塔出现在释迦牟尼圆寂后二百多年时，那时印度的阿育王统一了印度的大部，出于对自己以前的多次战争产生的忏悔，他宣布皈依佛教，并宣布以佛教为国教，在世界各地大力推行。

他在释迦牟尼圆寂的鹿野苑建塔纪念，虽然当时只是个简单的建筑物，然而已经具有了塔的雏形，即是高耸于地面，下面有地宫，可以安放释迦牟尼留下的骨灰和舍利子，这种建筑在印度语里叫窣堵坡，翻译到中国来后就叫浮图，意思就是坟。目前遗存最早的三座窣堵坡位于北印度的桑奇地区，共有三座，被俗称为桑奇大塔，始建于两千年前。

舍利子在佛教里被视为最宝贝的圣物，它原是释迦牟尼身体里没有被火焚尽的部分，从生理上看，这当是一些骨质或是结石之类。信徒们相信这就是佛的神圣之处，是坚而不化的物质，是释迦身体的一部分。以后这种舍利子又扩大到佛的残留物，如剃度时削下的头发，掉落的牙齿等等，甚至佛的足迹或衣物，以后把一些得道高僧的舍利子和遗物也都称为舍利子了。佛家认为，供奉这种舍利子就等于是供奉释迦牟尼本身，塔也就具有了最神圣的意义，建造一座塔已经成为佛家最高的功德，而礼塔拜塔也等同于拜谒释迦牟尼本身。

如果说杜巴广场上的文化是以印度教占主体的话，那么博达哈和斯瓦扬布这两个广场则是以佛教占主体。来到这两个地方，才能充分体会到尼泊尔文化的多元性，更能体会到在这个国度里印度教和佛教共存的事实，这两处广场也因其丰富的文物而具有露天博物馆的功能。

博达哈就在加德满都的近郊，然而来到了这里，俨然就像到了西藏，因为这里是藏传佛教的圣地。在一片不大的广场周围全是藏式的建筑，店里出售的全是西藏的商品，堂皇的藏式喇嘛庙金顶在艳阳下闪烁着耀眼的金光，五色的风马旗在风中飘扬，墙上挂着巨大的唐卡，沿墙布满了转经筒，连满街上行走着的香客和行人也大多是西藏人，迷人的藏香味混合着酥油味弥散在空气中，一切都和我去过的西藏十分相似。在中心高台上，矗立着一座巨大的白塔，那就是大名鼎鼎的博达哈佛塔。

博达哈塔是一座在世界上非常知名的佛塔，已有一千四百多年的历史了。它有一个庞大而膨鼓的半球形塔体，塔体下面是一

蓝天下的博达哈佛塔

个八边形的坛体，有着印度建筑所特有的那种复杂折角，分为三层，粉刷得雪白，在坛体的四周刻有一百零八尊小型的阿弥陀佛浮雕像。半球形塔体的上部是一座四方形的坛，在四个方位上各画有一双尼泊尔佛教特有的慧眼，因为传说只有佛陀才具有慧眼，它睁开时无所不见，还能看透三界，表示佛法无边。方坛的上方是一个角锥形的四方相轮，用黄金做成，有十三层，象征着佛教所说的十三天。相轮向上层层收缩，如同阶梯，顶部有一个镶满了珠宝的华盖，再上为鎏金的宝顶。雪白的高大塔体、黄金的相轮和宝顶，向各个方向拉开的彩色风马旗，衬着蓝天白云，一切都显得非常庄严圣洁，令人敬畏。根据藏传佛教的说法，这座塔的五个层次分别具有象征意义：半球形的覆钵形塔体代表着"水"；第二层画着佛眼的方坛代表着"地"；第三层上金色的十三层相轮代表着"火"；第四层的伞形华盖代表着"风"；而第五层的宝顶则代表着"天"。这恰恰正是印度人对于宇宙的解释，他们认为宇宙就是由水、火、地、风这四种元素组成的，再加上无边的天，共是五种。

世界上现存最早的佛塔是印度桑奇的窣堵坡，它具有塔的最基本形式：覆钵式的塔体，在地宫中埋葬着舍利子，塔体之上则是相轮。在以后的两千多年里，随着佛教传播到世界各地，塔的形式也有诸多变化，然而不管它怎样变化，覆钵式的塔体和上部的相轮是万变而不离其宗的两大元素，它以或大或小的尺度而存在，否则就不是佛教中的塔了。塔以后被印度教、耆那教和锡克教所吸收，发展成多种的样式，但也在顶部保留了覆钵式的塔体和上部的相轮。比如中国的楼阁式塔，看似像个高耸的建筑，然而在它的顶部还是矗立着一座小小的相轮和覆钵体底座，那就是缩小了的窣堵坡，一座迷你塔，仍是佛陀的象征物。

塔传出印度之后，根据世界各地的国情，都发生了变化，那些变异了的塔都已被人们所习惯所接受，对于这种仍然保持着窣堵坡原始形状的塔反而陌生了。释迦牟尼是尼泊尔人，他在弘扬佛教的时候，把佛教传入了尼泊尔，以后印度教大量传入，与佛教一起在尼泊尔盛行。中世纪时，伊斯兰教传入印度，印度本土上的佛教几近灭绝，佛教徒们纷纷北迁，从而把佛教又一次带入了尼泊尔和我国西藏地区。尼泊尔的佛塔保持了古印度的窣堵坡形式，大都有半球形的覆钵式塔体。尼泊尔与我国西藏地区在历史上也有着非常密切的关系，唐代时吐蕃王松赞干布既娶了文成公主为后，也娶了尼泊尔的尺尊公主为后，藏传佛教也传入尼泊尔。到了元代，尼泊尔产生了一位建筑大师阿尼哥，他应忽必烈之命，在大都北京的妙应寺里建造了一座著名的藏传佛教白塔。直到现在，西藏一些地方还存在着尼泊尔式的佛塔，日喀则江孜县的白居寺里的佛塔，就参照着尼泊尔博达哈和斯瓦扬布塔的形式来建造的，在它的坛体的四面都画着一双睁开的佛眼，只是下面的覆钵式塔体略有变化而已。

距此不远处的斯瓦扬布山上，也有着一座巨大的白色佛塔，它的形制和博达哈佛塔非常相似，也是藏传佛教著名的塔，也是由底座、球形的塔体、画有佛眼的方坛，和上面的十三层相轮和华盖宝顶所组成，然而它的装饰部分要更加鲜艳一些，白色的塔体上用黄粉喷上了莲花纹，底座的四个正方位上立有鎏金的铜门，上有精致的浮雕。最大的不同是它的相轮不是四方的角锥形，而是圆锥形的。基座的外壁上开有八十个佛龛，里面都供奉着佛像。由于它位于一座小山上，地势非常优越，从很远处就能看见它高耸的雄姿，占尽了风光。

仿佛为了说明塔的形式有着多种变化，也为了说明尼泊尔存在着多种多样的宗教，在这座佛塔的周围，有许多小型的塔拱卫。这些小塔并不完全是佛塔，其中有一些是印度教锡哈拉式的造型，呈带抛物线的玉米棒状，顶部立着一座覆钟式的小型窣堵坡，全塔用石块砌叠而成，复杂多转折，附有浮雕。有的塔带有着耆那教的风格，外表光素，简洁明快，塔体雪白，在塔顶也立着一座小型的窣堵坡。还有若干黑色的塔，就纯粹是那种典型的原始窣堵坡，半球体的覆钟式塔身，下面是复杂的底座。还有的一些窣堵坡被刷得通体雪白，画出佛眼，上装金色的华盖宝顶，下面则是代表着印度教的土红色底座。在一边，居然还有一座类似中国大雁塔的三层楼阁式塔矗立。有的塔身上附有多座石雕的佛像，有的旁边立有铜制的大钟，还有一些四面是佛像的造像碑，相貌狰狞的大黑天雕像，以及小乘佛教的造像，还有若干座尼泊尔式的方形重檐砖木塔，立有根根尼泊尔式的石柱，顶部有伽陵频伽鸟站立，一切都尽显尼泊尔宗教文化的驳杂丰富，也显示出它们宗教政策的宽容大度。

尼泊尔是深藏于世界屋脊下的圣地，是一个袖珍的神秘宗教王国，如同它那兼容并存的气候一样，这是众神聚居的一座后花园。

东京国立美术馆
奈良唐招提寺
炎夏里的冰淇淋

　　我在日本访问的时候，每逢博物馆和美术馆必进去参观，发现几乎所有的美术馆里都收藏有东山魁夷的画作，而且都是被作为重点作品陈列着的。东山魁夷是日本当今最为获誉的画家，已被日本人尊为"画圣"，他是最早为中国人所知的画家，也是最为中国人所喜爱的画家。

　　东山魁夷出生于一个渔具商的家庭，但自幼喜欢文学和音乐，以后进入美术学校学日本画，又赴德国留学，打下了坚实的写实基础，从而把西洋和日本的精粹熔于一炉。他在负笈西游的时候，之所以没有选择美术的圣地意大利或法国，是因为他认为与其找感性的环境不如找理性的环境，要体验西方的生活，就要找生活严谨一些的地方，他把艺术的磁针拨向了自己选定的德国。

　　东山魁夷是日本风景画的大师，专以描绘诗意盎然的画境而摄人心魄。他并非是面对着风景作画，而是与风景对话。与那些浪漫激昂、奔放外向的艺术家不同，东山魁夷是一位非常理性的画家，他是一位新古典主义者，一生所绘并未离开过具象。他非常喜欢日本诗人芭蕉的诗"静观则万物皆能自得",认为"静"的意思就是抛却人生的一切杂念和利害得失,去虚心地观察,在自然中去感受万物所拥有的生命。唯有如此,才能使自己笔下的风景皆有情。为了表现这种纯粹的静,东山魁夷"目中无人",从不在他的画中画上人,甚至连豆粒大小的点景人也没有,他宁可画上一匹白马也绝不画上人。他说现今世界已经人满为患,人为了逃避人才去看风景,他的画就是要留给人一种"炎夏里的冰淇淋"的感觉,给身处于炎热的众生世界里的人们以一种绝对的凉爽。看东山魁夷的画,能令人体悟到王维"空山不见人"的禅意,山不可能空,空的只是自己的心,以空寂之心去画风景,一切动态皆成静态,一切有形都化无形。

东山魁夷有一幅著名的《青响》,满纸满幅画着的是密密层层的山毛榉丛,上不见天,下不见峡,一道银白色的瀑布从中间直泻而下,将画面劈成左右两半。这幅画虽云《青响》,是以色彩和形象画出了声音,借助通感来完成了美感。但这"青响"并非是指瀑布,而是指满山苍翠的林木那富有节奏感的重叠所传达出的一种清韵逸响,那是"山中一夜雨,树杪百重泉"的天籁之声,自然在东山魁夷的画里正与他对话,又与每一位观众对话,从而把自然中所富蕴着的"静"深深地沁入每一个人的五内,使他融入自然之中。

东山魁夷并不是严格意义上的日本画家,他对西方艺术的热衷最初超越了对日本画的喜欢,然而当他到了西方后才发现了日本画之美。他从小就具备的日本文化修养,他所具有的东方文化的潜质,他那偏于理性的精神和静思的心灵,无不是他最终选择了日本画的隐缘。东山魁夷使用的是日本的材质,表述的是日本精神,传达的是日本文化,然而他在画面的艺术处理上却吸收了许多西洋画的手法,在色彩的明暗和冷暖、线条的显与隐、层次表现等等都师从西方。他在西欧时的一些写生基本是西洋风景画,然而从其神韵来看又完全是日本画。东山魁夷一生中曾经两次去挪威写生,他背着沉重的画具,在极地的林海雪原里跋涉和静观,

挪威的森林　东山魁夷作

画了很多的写生。那两次写生不啻是他艺术人生的一次蜕变，他的一些名作《雪原谱》《白夜》《冬华》《映象》《树魂》和《青沼》都是那两次北欧之旅的结果。东山魁夷用他的日本慧眼把它们日本化了，使这些本来是西方的风景染上了浓烈的东方情调。

日本画家重写生，画作中多是从景写生而得来的稿子。他们大多不习惯用胸中积累的丘壑去进行意匠式的"移山填海"创作，中国那种咫尺千里、长江万里式的雄浑气魄日本画家不习惯，也没有，所以他们把那几位能够脱离写生而创作的画家奉为大师。日本画家偏理性，多内敛，他们不以开阔的视野去捕捉风景，而是偏向以自然的一角作为题材，这种类似南宋时"马一角"马远的取景法是日本区别于中国和西方的典型特点，他们舍弃远景和中景，往往采用近景来形成特殊的构图，这样就形成了他们的装饰感，这也是和日本人特有的纤细性格有关，他们善于从这大自然的一角中去感受自然的微妙之处。

东山魁夷是日本画家，但他最大的成就却是壁画。日本的壁画有别于其他国家的壁画，这是由于日本的建筑环境而决定的。日本的建筑全是木结构，建筑里面四壁空空，基本没有家具，人们进入室内后全是席地而坐，因而墙壁就成为最重要的装饰对象，被称为障壁。日本建筑内的隔断大多是用纸糊成，室内还有着屏风，这些部分都可以在上面用绘画书法来装饰，从材料来看大都是用纸和漆来绘制的。这种装饰几乎在日本的每一个家庭里都有，因此日本对壁画的需要量很大，历史上有很多的书画名作其实就是壁画。东山魁夷最重要的作品是为奈良的唐招提寺画了障壁。因为唐招提寺是中国的高僧鉴真东渡日本后修建的，可以算是日本的佛教祖庭，以能够被邀在唐招提寺内画壁画，非"画圣"东山魁夷莫属。东山并没有如一般佛寺将佛经故事和佛像画上墙壁，而是着眼于佛教中的"禅"，选用日本最看中的风景山水画，将种种美景用连障巨幅的形式画在壁上，使信徒们即使身处佛殿之中，也能够与名山大川进行对话，从而达到卧游天下的效果。另一方面，他画的是涛声和山中的天籁之声，画的是中国的桂林山水和扬州的风景，这样可让离乡日久的鉴真和尚有思乡之情。

东山魁夷本来是画日本岩彩画的，用的基本是西洋画的层层重堆的方法，他在欧洲的许多写生画都是这样的材料，后来回国后也是用的日本岩彩来作画。当然这种材料非常讲究，非常细腻，我在日本国内见过他的多幅作品，都是这种材料画成的。但是，他在多次访华写生之后，竟然对中国的水墨画产生了浓厚的兴趣，不仅用水墨作了多幅的写生，而且将水墨山水这种形式用在了唐招提寺的第二期障壁画中去，用这种方式画出来的桂林山水和扬州垂柳都非常具有中国的意韵，虽然还和中国笔墨画出的水墨画有一定的距离，但东方的韵味十分浓，在众多的日本画家中算是一项创新。

东山魁夷还是一位优秀的散文家，他在对景作画的同时还用文字纪录着风景的灵魂，用语言来表达自己的感受，以弥补绘画的不足，这样使他更加深入到风景的精髓中去。他的散文也如同他的画，不事雕琢，不事张扬，但文字非常优美，着重写出自己的心理路程，着重刻画自己与风景的对话,时而会有哲理性的感悟。即使不看他的画家身份，也足够做个优秀的作家了。

东京国立美术馆
福冈国立博物馆
很日本，很东方，很世界

　　日本画界流传着这样一种说法：说栋方志功在没有成名之前，曾下了很大的心愿，一心要想成为日本的梵·高。当他疯狂地投入绘画几十年之后，发现自己已经无法成为日本的梵·高了，因为他已经成了世界的栋方志功。

　　不了解栋方志功的人，会以为这句话很狂妄，但了解栋方志功的人就会知道，他确是具有这样的成就。当年立下这个志向的青年只有17岁，是一个在地方法院里打杂的工友，下班回家后还要帮当铁匠的父亲打铁干活。但他并不满足于做一名铁匠，他想画画。他就在那段时间里疯狂地迷上了梵·高，几乎言必称梵·高。他的执著终于感动了法院的律师们，他们凑了一笔款项，集体资助他到东京去上学学画。他的父亲虽然并不高兴，但留给了他一句遗言："你将来若是要当画家，非要参加'帝展'不可！""帝展"是指日本最有权威性的《帝国美术展览》。11年后，他果然成功地入选了"帝展"，实现了自己的和父亲的梦。又10年后，他获得了"帝展"的特别奖，这是一项荣誉性极高的奖项，从而确立了自己在日本版画界的权威地位。

到今天，栋方志功已经是全日本最负盛名、最伟大的版画家。我在日本几处最有名的寺庙的金堂里，都见到有栋方志功的佛像赫然在壁，下面焚着熏香被供奉。在日本多家美术馆和大酒店里也可见到他的画作，都是国宝级的作品。栋方志功还进入了国际画坛，先后曾获得瑞士卢加诺国际版画展奖；圣保罗双年展奖和意大利威尼斯双年展的国际版画金奖，为此，他荣获日本国家的文化勋章。当年鲁迅先生都收藏过他的版画作品。这一切都标志着他已进入国际版画的最高段位。

栋方志功是在版画作品入选"帝展"受到鼓励后才确立了投身于版画的决心的，当时很多日本的画家都在向西方看齐，而他认为，自己要搞的，是一种不能模仿西洋画的艺术，这种艺术应该是从日本的本土之上产生。他觉得，连梵·高都对日本的版画浮世绘赞叹不已，努力从中师法精髓，自己是日本人，没有理由不去师法自己的国粹。以木刻为代表的版画是东方的产物，它最早是从中国的印刷术发展起来的，以后东传到日本，催生了浮世绘。在西方人的眼中，浮世绘是最能代表东方、最能代表日本的艺术，很多艺术大师都从中汲取了营养，并且把传统的以复制为主的东方版画发展成以创作为主的版画艺术，以后又东传回日本，成为一门独立的艺术门类，在近代又传回中国。这样一种螺旋式的轨迹，栋方志功理解得非常清晰，他是日本版画的先驱者之一，筚路蓝缕，开辟荆榛，坚持几十年创作，终于卓有成就。他充满感情地说："这就是版画的世界。幸运的是我找到了一条版画的艺术之路，欣慰的是我从事这项工作，版画艺术的神秘性是在这普普通通的自然界里发现的，它远远超出你我之间的个体。"栋方志功就这样怀着对版画无比的虔诚而进行了数十年的磨砺。

现代的版画创作来自于传统的复制版画，无论是中国的木版水印或日本的浮世绘，都离不开底稿，画家必须依据底稿进行刻削，即使有着对刀味、木味的追求，但也大多不敢离开底稿多远，对"形"的要求往往是对版画家创作的限制。但是这种限制到了

《唐衣》 笔彩木刻 栋方志功作

《般若》 笔彩木刻 栋方志功作

栋方志功的手下就有了质的突破。他在发现日本传统美的同时，并没有使他的画回到浮世绘版画上，也没有重复这种古老的民族风格，而是在既不同于西方也不在东方的领域里创造出一条新的路。他坚持创作性版画的做法，画作无论巨细，全部是直接捏刀向木，率性而作。他始终认为创作时必须抛开一切的设计去制作，用心灵来产生激情，用激情来完成效果，有很多的特殊效果不是预先就设计好的，而是在刻制的过程中产生的瞬间感应。他操纵着他的刻刀，使刀、板和自己完全融为一体，他切削着木屑，减去不必要的空白，从而将充溢在他心中的那件作品从木板中"解放"出来，这是一个完成的过程。他创作的版画有的只是盈寸的藏书票，有的却是一米多的大幅，有一幅《大千世界》甚至是长达 27 米的巨幛，这样一种巨无霸的尺度对于版画家来说已经是难以达到的极限，无论是刻制抑或是印刷都相当困难，但栋方志功还是在事先不画详细墨稿草图的情况下完成了它，使它成为一件惊世骇俗的巨作。栋方志功的视力不好，近视达一千多度，他戴着眼镜、捏着刀时必须将眼睛贴近了刻刀才能看清画面，脸几乎碰到了木板上。面对着光素的木板，他必须成竹在胸，游刃有余才能成全幅。他坚持作品应当自然而然地"诞生"，而不是被设计和生产出来的。而一位画家只有完全沉浸在他的作品里时，才能使他的作品"诞生"，否则那只是复制画稿的工匠而不是艺术家。

正由于栋方志功是处于这种状态下进行创作，犹如中国画式的随意挥写使他的画作具有了一种大写意式的淋漓，一种纵横恣肆的痛快，一种无比磅礴的气势，但也不缺失细微和精致。他的画面非常讲求黑白的节奏感，也讲求力度，尤其讲求画面的形式结构，疏密宽严，从容有度，也讲求版画最为追求的刀味和木味，用他的刻刀刻出种种肌理和韵味，使人有细细的玩味和品读之处。栋方志功的用刀看似并不讲究，但实际上非常用心，他用刀大体上淋漓痛快，基本上用一把大平刀进行切削，但有的画中也会用其他的刀进行刻制，或是急速如骤风，或是钝刀切削，或是密点排列，或是刮削刻凿，制造出种种难以想象的肌理，有的索性就捏刀直切，严谨不苟。几乎木刻家的一切刀法都被他使用殆尽，极其丰富。

栋方志功所画绝大部分取自于本国的传统题材，但凡日本的历史传说、神祇故事、山川田畴、民间人物都一一被刻入画中。他信佛，早年就以一套《释迦十大弟子》在国际上获誉，那是每一幅尺寸有 1 米的巨制，全靠他一刀一刀刻出来。以后又根据佛经刻了大量的画作，有的是佛本身故事，有的是佛经故事，大小不一。栋方志功善书，他在佛画的画面上加刻了许多自己的书法，使它们成为集书画于一体的独特艺术，有的如篆刻，有的如刻经。他的这些佛画根本不同于一般的佛造像，而是根据自己的理解而作出的形神兼备的肖像，人物是变形的，但画面却是表现式的，充满了形式感，即使一位不信佛的人看了也会产生美感。栋方志功并不囿于一种宗教，他也取十大弟子的形式，为耶稣的十二门徒都刻了一套肖像，其人物与十大弟子形异而神同，别具情趣，可看作一套姊妹作。

尽管栋方志功以弘扬日本的东方艺术为己任，所取也都是日本题材，但出现在他笔下的并非是酷肖浮世绘的形式。他的画里其实具有很多西方的内涵：有的具有蒙克的表现主义风格，有的具有马蒂斯和米罗的造型，有的具有比亚兹莱的形迹，甚至有的作品还借鉴了非洲黑人艺术、岩画艺术、中国汉画或民间剪纸的趣味。古拙、厚重、滞涩、刚劲、质朴、灵动、犀利等特质，象征、表现等手法，以及版画特有的黑白处理、疏密安排、刀味木味、肌理表现等都有机地糅合在栋方志功的名下，从东方到西方，从古代到现代，使它们形成了浑然一体的卓然艺术，看了这些画，也足以让人领悟：什么样的人才能够被称为大师，即使他不能成为梵·高也罢。

日本国立现代艺术博物馆
"又造"的加山

    日本是一个绘画大国，名家辈出，一向有"五座大山"之说，这是指东山魁夷、平山郁夫、高山辰雄、杉山宁和加山又造这五位姓中都有"山"的画家，他们也是中国美术界所熟知的画家，其艺术造诣无可厚非。但在这五座山峰中，我认为其中最为头角峥嵘、最为锋芒毕露的，当属加山又造无疑，他是一座旁斜横出的别峰。

    加山又造以一种与众人完全不同的方法去作画，一如中国诗坛的鬼才李贺，亦如画界的怪才八大，他是一位特立独行的诡异天才。出现在他笔下的很多画面简直是匪夷所思，不仅与别人的面貌不同，就与自己以前的面貌也不同，他以一种完全的率性去创作，其根本的目的就是要与别的画家拉开距离，创立自家独有的崭新的个人风格。他是一位人物、山水、动物和花鸟皆精的全才，他的才气甚至溢出了绘画而浸润到了工艺美术和工业美术。

    加山又造最早的绘画创作是动物画，他画的动物并非严格写实，而是用一种变形和装饰性的笔法去画那些斑马、鹿、马、犀牛、乌鸦和狼，他从拉斯科岩洞里的动物壁画受到启发，画中动物的形体大都已经解构，有的已经出现了现代化的抽象因素，有的接近符号，但都没有远离具象的范畴。最为难能可贵的是，他能把动物画与它们所处的自然环境结合起来，他最出名的一幅《冬》，就画了两只在雪景寒林中觅食的饿狼，天空中一群乱飞的寒鸦，其冷寂苍凉的意韵令人肃然。但到了70年代，他的动物画又向传统回归，更多地出现了具象的造型，尤其是那些飞鹤的造型，很多都可以在中国五代和宋代的工笔花鸟画中找到痕迹，有的简直就和现代画家陈之佛的鹤异曲同工。

他画的山水气魄宏大，或黄山或长城，或山岳或海水，都是鸿篇巨制，连幛之作。他的很多代表作都是画在巨大的障壁上，他的巨作《雪·月·花》被日本国立现代艺术博物馆收为镇馆之宝，还有一些巨作被著名的寺院、酒店和美术馆收藏。他画中的很多构图是日本不常见的散点透视，远山连绵，亘无边际。他别出心裁地在金箔纸上用水墨来画长城，夕阳残照，一片灿然。他又借鉴北宋李成的笔法用水墨来画黄山，把背景处理成黑色，俨然万径人踪灭的雪山。他的巨画《火之岛》上一片烈焰升腾，火山喷发出的火烟幻化出恐怖的彤云，笼罩在岛的上空，整幅画中以各种深浅不同的红色组合，没有黑色，却能表现出火之岛的炽热沸腾。他画的《千羽鹤》简直是日本画坛的巨幅奇观，连续十二扇屏风上有几百只鹤在振翅高飞、翩然而翔，它们的背后是巨大的月亮，是翻腾的海洋。这些鹤都用颜色不同的金箔贴饰而成，深深浅浅地组合着、交错着，形成了富于动感的旋律，一片空蒙，气魄极大。加山又造可以在一幅黑底的画右画一株白樱，而在画左画上一丛燃烧的火焰。在巨幛《月光的祁连山脉》一画中，两边是对称形的峥嵘山体，正中是一轮巨大的金月亮。在加山又造的慧眼中，一切自然之物都被打上了他自己诡谲神秘的主观色彩，他的画不同于西洋画，不同于中国画，甚至前一幅都不同于后一幅。加山又造的画中既师法英国铜版画的技法，也参考版画效果，也借鉴中国北宋的水墨技法，当然更有日本传统的大和绘的技法，然而这一切都没有妨碍他成为"日本造"。

《千羽鹤》 加山又造作

　　加山又造有一段时间画过大量的女裸体，他用严格写实的笔法在和纸上画人体，不用光影，只用线条和渲染。他笔下的那一位位裸女结构准确，柔情万种，然而她们站立的背景有的是工细无比的绚烂图案，全以金箔细细贴成，具有丝绸般的华丽，宛若置身于波斯王宫殿里的宫女。还有的背景则是一片墨黑，裸女身着透明的织有图案的性感内装，衬托着白皙细腻的皮肤，犹如魅人的美艳精灵，如梦如幻，却又毫无色情的味道。这些裸体画不同于古典的学院派毫无生气的人体画，而是崭新的、活动着的、富有现代意识的人体画，在视觉上极富有冲击力。

　　花鸟画也是加山又造关注的，出现在他笔下的既有浓艳的牡丹，也有清雅的樱花，还有画在团扇面和斗方上的折枝花卉，但都清新可人。加山又造对图案和肌理显然有非常浓厚的兴趣，他在描绘这些传统题材的时候总会不择手段地把各种图案用到画面上去，成为画面不可或缺的一种构成。或者就是用各种技法来制造出种种匪夷所思的肌理感来，令人惊异。

　　加山又造出生于一个染织工匠世家，家中两代人都是画图案的著名匠师。他从小就浸染在那些精致美丽的布匹之中，欣赏够了那些极具装饰美的作品。他不顾父亲的反对，考进了京都工艺美术学校，以后又进东京美术学校学日本画，从学校提倡的"大胆想象的自由的日本画创作"精神中汲取了真谛。日本是个工艺美术大国，那段时间的学习培养了他细心精致的性格，也赋予了他对各种工艺技巧的谙习。但他并没有囿于做一位工匠，更不满足于仅仅做一名工匠，而是把艺术的气质引入了工艺，又把工艺的技巧引入了艺术。在他十九岁时父亲去世，促成了他养成靠自己的劳动和创作来挣得饭钱和学费的习惯，还要有积余养活母亲和三个妹妹。他上学的时候打过工、为美军俱乐部画过海报、设计过霓虹灯、装饰过玻璃窗、制作过广告气球，尝尽了社会底层美工的一切艰辛，但也锻炼了一颗耐劳作的心，并熟知了多种工艺的技巧。与其他画家迥然不同的是，他在创作绘画的同时，还成立了一个艺术工坊，他亲自设计和亲自动手制作各种各样的工艺品，使这些工艺品具有了艺术大师的匠心，他旋过陶胚、画过陶瓷、填过色釉、画过漆器、制作过铜版画、设计过珠宝、设计过和服和袱纱，甚至还为宝马535新车型画过装饰。他亲自手操喷枪，像个油漆工一样为汽车喷漆，再细致地用贴箔的方法给汽车细细地贴上金银箔，从而将他的代表作中的艺术元素移到这辆汽车上去，仅装饰本身就比车子贵，从而将这件工业产品转变成了珍贵的艺术品。他将这一工作延伸，最后竟为巨无霸的空中客车飞机和庞大的邮轮设计内部装饰，这样的工作，恐怕在世界上没有几位画家经历过。

加山又造出道很早，他在22岁时就办了自己的第一次个人画展，第二年就赢得了全国性的艺术大奖。他一生中获誉无数、获奖无数，在创作的同时还在大学里任教、在艺术工坊里设计产品。他曾先后两次应聘到中国的中央美院来任教，被聘为客座教授，收了许多中国的弟子，教他们掌握日本画的岩彩画法。日本琳派的那种富于装饰美的风格给予加山又造以很大的影响，他毕生都在追求华丽精致的画风，但这并不妨碍他作品的从容和大气，有很多作品还具备日本文化最看重的冷寂苦涩。加山又造如同一位善变的千面人，以他特有的慧根来完成了这两者的统一，他是一位 "又造"的"加山"。

安大略省美术馆

美湖集市 （上）

坦率地讲，在未到那个美丽的枫叶国之前，我一直没把加拿大的美术纳入自己的视线，相信很多世界美术史学者也都一样。

去年在安大略省美术馆偶然的惊鸿一瞥，改变了我的观点，从此不敢对这个新大洲的美术另眼看待，只能怪自己以前是孤陋寡闻。

艺术水平的高低和丰富的收藏是两回事，一个收藏大国并不一定就是艺术大国，虽然加拿大的历史只有 200 多年，但由于它是世界重要的经济体，又有重视收藏的人文传统，因而这座艺术宫殿里收藏极丰，令人眼热。

安大略是加拿大的一个重要省份，位于五大湖之一的安大略湖北岸，著名的尼亚加拉大瀑布就在境内。当西班牙人还没来到的时候，这里是印第安人的居住地，在当地易洛魁人的方言中，"安大略"一词的意思就是"美丽的湖泊"，以后就用它作为这里的省名。它的首府是多伦多，在当地方言中就是人群聚集的"集市"，是印第安人集中贸易的地方。经过两百多年的发展，现在已经成为加拿大的第一大城市，经济非常发达。

那天，我们结束了与多伦多作家的会见后，驱车去多伦多大学，就在大学的对面，忽然见到在一座楼前有一尊巨大的雕塑，我几乎凭直觉就能断定：它出自亨利·摩尔之手！果然，这里就是安大略省美术馆，我立刻放弃了下面的活动，毅然下车，独自走进了这座造型奇特的美术馆。原以为只是稍稍浏览一下而已，岂知却被里面众多世界级的藏品吸引，恍如进入艺术的迷宫而不舍退出，逗留了大半天，留下了极其深刻的印象，等于是逛了一次琳琅满目的艺术集市。

多伦多美术馆始建于 1857 年，因当时安大略省的总督支持而成立，由一座学院再加上一座博物馆合并而成的。以后随着有心人士的不断捐助，馆址也有所迁移，直到 1993 年才完成我现在所见的美术馆，它耗资五千多万加元，有五十多个场馆。整个美术馆的外形以倾覆着的当地印第安人驾驶的独木舟为屋顶，造型大气磅礴，既具有现代感，又富含本土的文化内涵。在美术馆的一侧，安放着亨利·摩尔的一尊巨型青铜雕塑，为两个肢体交错着的人体，庞然赫然，高达三米。后来我才得知，这里设有亨利·摩尔雕塑展览中心，数量达八十多件，当属世界之最。

刚进馆，劈面就是马蒂斯的《斜倚着的裸女》，一下子就把我震了！周围全是印象派和后印象派诸名流的作品，大都是流传有绪、著录有名的世界级精品，登时让人不敢小觑。慢慢往后看，印象派的作品不在少数，毕沙罗的两幅《大桥》，西斯莱的两幅《巴黎郊外》，莫奈的名作《巴黎郊外风景》和《海岬》都在这里，雷诺阿的女孩和高更的裸女，德加的舞女和塞尚的风景都有，还有梵·高的一幅《劳动者》，都是世界有名的作品。

接下去，有莫迪利安尼的裸女肖像和雕塑，有夏加尔的名作《雪地教堂》，有杜非的风景画《庭院风景》，画得极度轻松，油彩很薄，全画一气呵成，爽朗得如同水彩。还有现代派大师米罗的抽象画，爱泼斯坦的雕塑女孩头像。美国画家库珀的风景画，照相现实主义画家克罗斯巨大的油画头像，毛孔毕现。这些全是现代派的代表作，琳琅满目，满满当当。展览厅里全是现代的风格，

伦勃朗的《自画像》 当是他中年的模样。

《庭院风景》 油画 杜非作

全新的照明条件，衬得这些藏品也熠熠有神。

我惊异馆内尼德兰的作品收藏之多，光是巨匠伦勃朗的油画就有3件，都是人物肖像，其中有一幅是伦勃朗自己的自画像。当是他中年时期的模样，穿着尼德兰时期的典型服装，大檐帽，白纱围脖，脸上的光感非常强，显得很明朗。其他两幅都显示了他非凡的写实功夫。同是尼德兰宝藏的，还有勃鲁盖尔的一组油画小品。原以为只有中国才有异形的小品，如圆形的和扇形的形状，岂不知外国的油画也有。勃鲁盖尔的这一套小油画一共9幅，每幅都呈圆形，如同中国的团扇。老勃充分发挥了自己怪异的风格，在每一幅布上画上一个主题，都是与农家生活有关的，9幅画中，有的人在闲坐，有的人在叫卖，有的在披衣出行，有的在喂猪，有的在捕鱼，最有趣的一幅是有人在背向着观众小便。勃氏的画都以浓烈的农民风俗为主题，画风怪诞，有一幅画中居然画了人蹲在地上大便，这幅小便的画正可以与那幅相配，看着不禁令人捧腹。这九幅画的装帧也非常奇特，是共装在一只方形的木质镜框里，分三行，每行三幅，如同中国的镜面画，这是我从未见过的。伦勃朗和老勃一生的画作存世的并不多，能够飘洋过海来到这异域收藏，想必后面蕴藏着一个动人的故事。尼德兰的画家中，还有他们同乡哈尔斯和凡·代克的作品，都很精彩。这里为什么会有这样多的尼德兰画家的作品？是收藏者个人的兴趣所在，还是因为新大陆的荷兰移民特别多的原因？还不得而知。

给人印象深刻的是契里柯的作品，契里柯是出生于希腊的意大利人，曾在希腊和德国工作。他在慕尼黑求学，后来迁居佛罗伦萨，曾去过巴黎，又到意大利服兵役，他的经历非常复杂，但一般还是认为他是代表着德国哲学思潮的意大利艺术家。他和其他几位现代艺术家组成了"形而上画派"，在欧洲的影响颇大。由于在德国时接触了弗洛伊德的精神分析学说，弗氏的那些有关潜意识的学说对他影响很大，他又接受了叔本华和尼采的哲学，因而在精神层面上的思索很多，并把这种关于直觉、幻觉和潜意识等等的观念移到他的绘画创作中去，着重表现出人在当代社会中的一种被异化的感受，通过形象来表达自己的精神世界。在他的作品中，有很多都借助浓黑而斜长的阴影来表达自己的内心世界，来隐喻自己的孤独、不安和失落。他作品中的形象，与其说是现实的景物，毋宁说是从他主观臆想中造出的境界，那是一种观念的艺术。

契里柯以《一条街的忧郁与神秘》而知名，那是他的代表作。在那幅画中，他画了一条街道上的两排建筑物，虽然阳光明媚，然而整个画面的一大半都被笼罩在浓黑的阴影当中，形成了强烈的明暗反差，拖得长长的阴影如同幽灵一般，给人以压抑，并不愉快，这幅画是他把深景的透视用于情感效果的最好例子。从此，广场、拱门和长长的投影成了契里柯个人的情感徽记，在他的作品中到处印盖。契里柯是希腊人，他已经习惯于地中海那明艳的阳光，也习惯看那些古典的拱门建筑，但是，表现在他画中的，并不是希腊蔚蓝色的大海和明朗的情调，而是一种忧郁和压抑，这就是现代派所具有的"异化"。

陈列在安大略省美术馆里的那幅契里柯作品是《一个秋天下午的谜》，在这幅画中，两侧是一明一暗的两排建筑，一侧处在明亮的阳光下，另一侧处在浓黑的阴影之中，反差相当大。正当中是一座希腊风格的带有檐柱的双层亭子，下面是一座没有头的雕塑和两个正在握手的小人。整幅画中虽然阳光明艳，但给人以阴暗而不安的神秘，充满了梦幻般的不安。契里柯认为："形而上的艺术，表面上十分宁静，但给人的感觉却像是在宁静中会有什么事情要发生。"他描绘谜样般的孤寂世界，像冥想中存在的风景画。他的作品荒诞离奇，给观众留下的印象是焦虑和不安，对二十世纪20年代产生的超现实主义绘画产生强烈的影响。

契里柯曾因精神失常而住进精神病院接受治疗，出院之后就开始了这一系列的创作。对他作品上种种怪异的理解，应当在此基点上去看待。

安大略省美术馆
美湖集市 (下)

在未进入安大略省美术馆之前，我根本想不到会在加拿大看到非洲的艺术品，加拿大与非洲相隔太远了，也太没有渊源了，黑人出现在美国是正常的，出现在加拿大就有些突兀，更遑论他们的艺术品了。但是，在美术馆的最后一个展厅里，就摆着许多非洲木雕。

我曾在多个美术馆里见过非洲木雕，也先后从世界各地买回过十几只非洲木雕，这里的木雕应属于上乘之作了，它们的造型奇特，大胆夸张，非常富有想象力，而且刀法肯定，洗练简捷，变化多端，手法也多有变化，并不拘泥于写实，不知名的雕刻家们用尽他们的想象力在进行着创造，但收藏家也具有眼力，能够把这些只是用于平常祭祀时的用品当成艺术品来收集，当是一种慧眼。

以前有的人提起非洲，认为那个大陆既原始又落后，没有文化，不会有真正的艺术品。但倘若用真正艺术的观点去看待非洲，用美学的观点去对待那些产生于森林莽丛中的原始艺术品，当会有一种飞跃的提升。如果就人类发展的历史来看，非洲孕育了人类最初始的祖先，人类就是从东非发展成熟，走向世界各地的。非洲至今还保持着相对落后的社会，还在保持着的原始的生活方式和艺术形式，就更具有文化的活化石的作用。非洲的部落里没有现代意义上的纯粹艺术家，他们在劳动之余，到森林里去砍来一些硬质的木材，自己动手雕刻成一些人物或是动物的形状，主要是供他们在祭祀时的需要，或者是在敬神时作面具的需要，都是图腾之物，他们根据部落里悠久的神话传说，以及自己的想象来进行创作，并不遵循什么艺术创作的原则，事实上也并没有什么鉴赏家或市场经济来评判他们的作品，最为可贵的是，他们并不着意于对自然所见物的酷肖和形似，而是以斧向木，一意为之，率性而作，这正是我们现在更为看重的东西。

展厅里有一组两只木雕，是并排坐着的一对男女，男人伸出左手来，扶在女人的肩膀上，显示出一种恩爱。整座木雕的造型虽是人体，却是具有几何形状多个体块的组合，就着树段的形状进行创作，还注意表现人的表情，亦有细腻之处。这一对夫妻显然是部落的酋长，他们并肩而坐，犹如王者，带有一种凛凛的威严，这令我想起了亨利·摩尔的《国王与王后》雕塑也是同样地无言并坐，它们两者之间的构成有若干神似之处。还有一只木雕面具，两眼处有穿透的孔，显然是供在祭祀时戴在脸上的。它结成髻辫的头发向上高耸，最为奇特的是，在髻辫之间竟站着一个人，双手下垂，它是人，还是神？难以确定，但这种超现实的表现手法却令人感兴趣。

还有几只木雕，都雕的是女人，双膝下跪，有的背上背着孩子，有的高举过头，她们的头上都顶有一只盘子，显然这是用具。非洲人都有用头来顶物的习惯，木雕取这种姿势显然取自生活，而且使它具有实用器具的功能，但上面还留有奴隶时代的痕迹。木雕的人物造型古拙可爱，又是供人欣赏的艺术品。也有造型特别夸张、特别恐惧狰狞的木雕，有的上面涂了白色，有的涂了红脸，还有的贴饰上羽毛，发辫高耸，饰有羚羊角，流苏下垂，这是供祭祀的面具，显示出一股原始的狂野之力。

《顶盘子的女人》 非洲木雕

《吻》 毕加索作

　　看着这些千奇百怪的非洲面具，想起了毕加索当年就是从这些非洲木雕中获取了灵感，从而创立了他那立体主义的风格的。当然他的立体主义更多地富有哲学意味，更多地讲求形而上，但如果仅从这些非洲木雕的造型和创作手法与毕加索的作品相比，就可看出互相之间的相似和师承。在毕加索的画作中，人物的造型都是画得非常粗壮而拙朴，具有量感，这也是从非洲木雕中得来的灵感。他的作品中喜欢用白色来作面部颜色，把形象分割为各种立体的形状来表现，在画面上可以把不同视角看到的形象集中在一个形体上，如同一张脸上可以同时出现正面的和侧面的眼睛，还有，在他的画中，有交叉的格子网线和平行线等图形，还有一些突出的圆形乳钉，这些都不是油画的传统技法，然而却是非洲木雕喜欢使用的。

　　就在美术馆里，陈列有毕加索的两幅油画，一幅是写实风格的《裸女》，那是他"粉红时期"的作品；另一幅是变形的《吻》，这是典型的立体主义代表作，两个人既有正面的形象，又有侧面的形象，都交错组合到了一起。即使不能说是直接师仿，至少也是心有所得。这种例子在毕加索的笔下，并不在少数，他的《三个音乐师》和《台维农的少女》，甚至《格尔尼卡》都是立体主义典型的例子。

　　展厅中还有一幅惊人的画作，那是克罗斯的代表作《自画像》，画的尺幅巨大，有3米多高，巨大的头像充满了画面，近看纤毫毕现，连人眼里的虹彩和皮肤上的斑点都能看到，似乎还能感觉到人的呼吸，不仅几近真人，走近了画面看还有点吓人。克罗斯是世界上超级写实主义的代表画家，他创立了细腻绘画，甚至要画得比照片还要像照片的效果，他认为人们的绘画其实并不真实，人们是通过他们的眼光去捕捉形象，而不同的个体的主观色彩是不同的，所以并不客观。他认为只有通过同一客观的视点去观察出的事物才是最真实的，所以他用感光度极高的照相机拍出照片，这样纤毫毕现的效果正是最客观的。然后又把这些影像放大到10倍，使许多以前我们所忽略的细节都凸现于前，这样就与我们平时所见的事物有所差异，也产生了陌生感，而陌生感正是艺术所需要完成的。他们就把这些放大的照片一一画出来，画得比照片还要像照片，被称之为"照相写实主义"。但他并没有在这些画作中赋予感情，而纯粹是把这些影像当成是抽象的艺术品来表示，这种艺术已经具有现代派异化的本质，所以他们笔下出现的虽然是具像，但却已经具有抽象的观念。

照相现实主义的作品在上世纪 70 年代出现在美国，令人惊诧的是，它竟然越洋过海，影响到了中国画坛，罗中立当年画《父亲》时，就是采用了照相写实主义的手法，尽管他当时还怀有一点政治上的想法，用农民的父亲去替代了政治上的父亲，但他接受这种技法的影响是很明显的。中国的画家受这影响的并不止一人，而是几代人，有很多画家都用此法来创作。当一个人的头像被放大到 10 倍以上时，那种影像的效果是非常令人震惊的，我在安大略省美术馆里所见到的，正是这样一幅巨像，它犹如中国在"文革"中所绘的毛主席像一般，却远比他精细，人物的毛发和斑疵都出现，显示出克罗斯的过人功夫，他是美国国宝级的艺术家。

加拿大的本土画家作品是我所关心的。由于相隔太远，我们根本不知道加拿大美术界的情况，加拿大虽然没有名震全球的大师，但也不乏优秀的画家。展厅里专辟一室，陈列他们的作品，当然这些都是我生疏的画家，然而他们的画艺却属上乘。加拿大国土辽阔，风景优美，并不亚于俄罗斯，生于斯长于斯的画家就有着号称是"七君子"的社团，其中以汤姆·汤姆森为代表。专室墙上全部是他们描绘加国本土的画，绝大多数是写生，山海交错，古原澄湖，朝霞落日，红枫白雪，很多人的风格非常明显，写实的技巧非常高，一点也不逊色于旧大陆的那些大师们，当年安大略省美术馆成立之时，第一个展览就是这"七君子"。

华盛顿国家画廊

都市百态

在华盛顿国家画廊这座世界级的艺术殿堂里，收藏的美术作品汗牛充栋，但它们绝大多数来自欧洲，美国自己的本土作品只占了很少一部分，这未免使想了解美国美术史的我很失望。

但是，就在二楼的英国和美国绘画专室的对面，正在规模盛大地举办着一个《贝洛斯画展》，辟了好几个专室。华盛顿国家画廊是免费开放的，但这个画展却要另行购票，且不准照相，足见其特别。

贝洛斯是谁？我不知道。相信很多中国画家也不知道。在四顾茫然后，看了简介，才约略知道这位乔治·贝洛斯出生于1882年，去世于1925年，是美国19世纪最重要的本土画家。这里是他的回顾展，结束后还要到纽约大都会博物馆和英国皇家艺术学院去展出。一位画家能够享受这样的殊荣，可谓达到极致了。

贝洛斯作品的题材极度丰富，人物肖像、山川风景、体育竞赛、都市街景、社区风俗、渔民生活，甚至战争场景都有，共分9个部分，洋洋大观。他的画风令我感到陌生，和我所知道的任何画家的画法都不同。贝洛斯的画中，洋溢着一种动感。这种动感不仅指他所画的多是海洋、体育、车马这种运动的形态，而且指他画中所具有的运动情绪，甚至所用的笔触也是充满着动感，勃发着一种艺术的激情。这种激情令人振奋，给人以鼓舞，让人感受到贝洛斯必是一位热火四射的艺术家。

展厅中有4幅拳击题材的油画最为抢眼，每幅画中都有两位拳击手在相互对击，个个筋肉暴突，身手矫健，充满动感地扭结在一起。尤以那幅《俱乐部里的两条汉子》最为精彩，由于身处深色背景之前，那位黑人选手的身影只是隐约可见，然而却是充满了力量，矫健的身体弯曲得如同一张弓，富有弹性地向白人选手攻击。白人选手在他猛烈的攻击下，已经难以招架，满脸都是鲜血，仍然不屈不挠，显示出男性的刚勇。暗黑的背景下，强烈的灯光打在他们的身上，愈显得反差强烈，场下众多观众屏声静息，等待着裁判把胜利一方的手套举起。贝洛斯用他的天赋，把这一强者运动的瞬间定格在画布上，让力凝固，使勇定格。还有一幅《丹普尔和费尔波》，赭肤拳击手已奋力一拳，把白肤的拳击手打下了台。如果说前一幅表现的是拳击的过程，那么这一幅表现的就是结果。贝洛斯所画的，其实正是一次著名的拳击比赛的实况，A拳击手把B拳击手击败了。拳击是美国人最喜爱的运动之一，这也是最富有美国特色的绘画。这是强者的运动，但也是最残忍的运动，选手们用自己的身体来尽力一搏，赢得的不只是面包和咖啡，不只是掌声和喝彩，不只是奖金和荣誉，还有无数的赌资和筹码。看着这些令人心悸的镜头，令人联想起杰克·伦敦笔下描写的那些拳击镜头。

富有美国风情的，还有贝洛斯笔下的一些表现美国都市街景的风景画。这些都是二十世纪初时的美国风貌，当时的纽约曼哈顿街头，楼宇高耸，车辆如流，万头攒动，呈现出一个新兴帝国的热闹场景。贝洛斯以他的杰出才华，把这一切纷繁杂乱的场景纳入笔下。这样的街景画有几幅，都十分精彩，显现出贝洛斯处理复杂场景的能力。但最为精彩的，还是一幅作于1911年的《纽约》，画面上还有运送货物的马车进城，华贵的灰调子，微妙的色彩变化，突出了前面被阳光照亮着的马车和人群，响亮而饱满的色调，为业已消逝的二十世纪历史作了纪录。

对于一般画家来说，城市是非常难于表现的题材。尽管法国印象派画家们的笔下已经出现了许多城市风景，但贝洛斯笔下的风景还是与他们大不相同。他并不主要炫耀技法，也不作刻意的

《人体盾牌》 贝洛斯作

《丹普尔和费尔波》 贝洛斯作

美化，更不像莫奈那样，只是捕捉光线的变化而忽视物体。他是城市风景的真实记录者，有几幅画画了城市高架桥工地的早晨，几个工人正在进行着施工准备，然而一股特有的意境就油然而出了。

贝洛斯是俄亥俄州的哥伦布市人，大学毕业前就来到了纽约，在纽约居住了多年，对这座世界上最大的城市已经谙熟于心。他的笔下出现了很多幅有关纽约城市风情的画幅，不仅画了曼哈顿、东河的金融街，也画了低矮肮脏的大街小巷，画了挂在楼屋之间晾晒的彩色衣物，画了闲坐在楼前的贩夫走卒，画了在街头流浪和打架的孩子，画了在中央公园里休闲的富裕市民，甚至还画了街头的游行队伍，此外，他还画了纽约的若干设施，为纽约的城市建设作了留存和写照。纽约的一切，贝洛斯无不关照，也无不下笔。他以一种真实而具有新闻性的眼光来关注纽约的变化，把这一切都迅捷入画，留存于史。贝洛斯的画一直与美国的快速成长同步。

贝洛斯为城市作画的这一特点是和他的师承有关：贝洛斯是罗伯特·亨利的入室弟子。亨利是美国著名的"垃圾箱画派"的领袖人物，他和他的七位同道组成了这一画派，以美国城市里的街景和风情为题材，表现城市下层人的生活百相百态。他们并不是城市财富的歌颂者，而以揭露城市的贫穷和肮脏的面貌为己任，他们要告诉人们在纸醉金迷的浮世相下的一个真实的纽约。他们的画因而被评论家讥讽为"垃圾箱画派"，这当是对于粉饰美化现实的画家们的一种反动，也是对纯艺术纯唯美的画家们的一种反动。贝洛斯虽然不是该画派的成员，但却也接受了老师的一些观点，也有很多表现城市风俗实况的画作。贝洛斯的这些城市题材画作很多，如同美国作家德莱赛笔下的作品，他们正是同一时代的人。但与亨利们相比，他的作品中丑陋和低下的成分减少了，批判的意识也淡薄了许多，并不太尖锐。

贝洛斯画展中最令我心悸的一幅画是《人体盾牌》。这幅画的题材来自于第一次世界大战，画幅正中是一排裸体的人，男女老少都有，他们一律光着身体，高举着双手，作投降状。在他们的背后，竟然躲藏着几位士兵，正在用他们的裸体作掩护，向外射击。在明艳的阳光下，白晰的人体与深暗色的士兵形成了强烈的对比，愈让人感觉到触目惊心，无比残酷。这幅画令人想起以后的二战时德国纳粹以犹太人作盾牌的事实，贝洛斯早在几十年前就用他的画来预言。后来不幸言中。

贝洛斯的画作大气磅礴，痛快淋漓，除了人物的肖像之外，大都是全景式的构图，人物大都处在中远景，分散聚合，或静或动，疏密关系处理得十分妥帖。贝洛斯画中的人或景，都是他多年来坚持外出写生而获取来的新鲜素材，回来后再放大在画布上。他的作品中很多的中景人物都是即兴画成的，并不事先精确地打素描稿，也不屑精雕细刻、反复涂改和堆刮，所以他的作品总体看上去具有一种写意式的流畅和快感，从很多笔触上看得出他运笔挥洒的痕迹，在作画时，他是把自己的感情全部倾注进去的。

贝洛斯在校时同时喜好绘画和运动，虽然他后来选择了绘画作为职业，但运动仍不仅为他提供了丰富的题材，更给了他的画以无穷的活力和动感，这正是美国的精神所在。可惜的是，天不假以年，这位当时已经名震全美的天才，却在 42 岁时突然去世，给后世留下了六百多件油画、数百件素描和两百多幅铜版画。1925 年他去世时，纽约大都会博物馆为他举办了一次回顾展，这次为纪念他诞生 130 周年，又精选了 130 幅画来举办了这次盛大的巡回展，表明了对于这位本土画家的重视。

美国本土上，世界级绘画大师的数量不多，或许是因为它立国时间短所致。与其他画家相比，惠斯勒和卡萨特·金的兴趣在上层社会的家庭上，怀斯以表现一个乡村的历史为主，霍珀的注意力集中在都市人的心态上，克洛斯和波洛克的作品已经进入现代派的抽象；而贝洛斯则坚守在表现美国的城市上，留下了数量众多的佳作，他的作品，恰恰适应了美国的"快"。

华盛顿国家画廊
"小"大师

　　那天，我正在华盛顿国家画廊里看画，疲惫地走到二楼西侧的荷兰厅时，猛地，一个耀眼的小红点吸引了我的注意。

　　真正是一个小红点，发自一幅小小的油画。它只相当于一张16开纸的大小，画着一位头戴红帽的少女，她的上半身处于逆光之中，只有从左后斜打来的一缕强烈光线，照亮了脸的下侧、颈部和肩部，也照亮了她头上的丝绒红帽子，那耀眼的红色就从此发出。在这幅画上，人脸只比一只鸡蛋略大，虽处暗部却色彩丰富，冷土绿色的基调，颊部有红晕，富于变化，显得透明。背后是一幅壁毯，灰赭的调子，深蓝色的衣服，衬得光亮处非常夺目。小小一顶红帽，只有手指宽的一条，毛茸茸的，却如火焰一般，在这空旷的宫殿里燃烧，四下发散着强烈的气场，吸引着人们的视线。

　　最为精妙之处，还在于画家对于细节的处理。画面点缀着一些发亮的圆点，如同珍珠般布置在高光处。少女戴着的耳环、手袋上的饰物，甚至人眼珠中的折光点、鼻尖和嘴唇上的高光，都是这种圆点状的笔触，它富有弹性，使得画面具有了一种音乐般的节奏。整个画幅如中国画的册页小品，发散着珠玑般的光泽。

旁边是另一幅画《称金子的女人》，只有 4 开纸大小。画面上仍然只有一个女人，穿着厚重的衣裙，戴着头巾，这一切都加大了她的体积感，反衬出一副精致而娇小的脸。这位女子正站在窗前的一张小桌子上，用一副小巧精致的天平在称金首饰。背后是一幅厚重的壁毯，画的左侧是窗户，窗帘放下了，但一缕光线仍然从缝隙中投射进来，带着半分神秘。虽然画的是室内，但女人深蓝色上衣上的白色裘皮滚边，以及头上的白头巾给画面增加了明度。最吸引人眼球的，仍是画面上一些如珍珠般闪烁的圆点笔触，那是女子的一些首饰，它们富于弹性地点缀着暗色的画面，在深蓝色台布的映衬下，发出光泽，体现出一种精致的典雅。

这两幅画的作者，都是维梅尔。他是 17 世纪时的尼德兰画家，和伦勃朗和梵·高并列的尼德兰绘画三杰。

尼德兰是西欧低地国家的统称，这是一块低湿而平旷的地区，资源贫乏，景观单调，然而却从来不缺绘画大师，似乎是上帝为了补偿而做出的安排。除了以上三杰之外，还有勃鲁盖尔、霍斯、哈尔斯、凡·艾克兄弟、鲁伊斯达尔、斯泰恩、霍赫，以及霍贝玛等人，天才辈出，不仅照亮了当时寂寞的画坛，而且还影响了后代数百年。在这些画家中，又有一个"荷兰小画派"，它由霍斯、特尔包希、扬·斯廷、梅初和维梅尔这几位志同道合的人组成，主要以较小的尺寸来画室内题材的画作，就其成就来看，当属维梅尔为最。无论就精湛画艺或是高雅格调来看，他都属于个性显著、画风独特的一位大师。

在纽约大都会博物馆里，也挂着 4 幅维梅尔的小油画，一幅是《手执水壶的女子》，一幅是《信仰的寓意》，一幅是《女人和琴》，还有一幅是《打瞌睡的女人》。4 幅画面上都只画着一位年轻女人，都是室内的环境，其中有 3 幅的光线从左侧射进来，画家的笔触和处理技艺都非常高超，无论是画中的人物衣着，还是刻意摆放的缤纷图案的桌毯和静物，都非常耐看，富有极强的感染力。

维梅尔似乎并不介意自己画的是闺房之私的小题材，他丝毫没有大卫和德拉克洛瓦那样以重大的事件和庞大的尺幅作画来济

《戴红帽的少女》 维梅尔作 华盛顿国家画廊藏

《称金子的女人》 维梅尔作 华盛顿国家画廊藏

世救民之心，也不对历史和宗教题材感兴趣，他只是对自己身边的细微琐事感兴趣，用自己的画笔，把自己家庭的人和事一一画出来，这就足够了。有趣的是，维梅尔绝大多数的画，似乎画的都是同一处房子，构图也都差不多，窗子总是开在左侧，光线从外面射进来，出现在画中的也似乎总是那么几位女子，画中的道具也总是桌子、壁毯等，甚至有一幅荷兰地图和一块红花的桌毯曾经在不同的画中出现过好几次，一扇花格玻璃窗户也不断出现。这就是维梅尔的家？画的就是他的家人？如果细细比较，似乎可以辨出点端倪来。只有在一幅画中画着一个客厅，画面上两位女子以及桌上的红花毯子都似曾相识，一位男子正在背着脸听琴，他就是维梅尔本人吗？

维梅尔是个神秘人物，也是位在艺术史上曾经被忽略了的大师。他不像他的老乡伦勃朗那样走运，在生前就声名大作，获誉非常。而是像他的另一位同乡梵·高一样，生前寂寞，死后成名。在他生前，人们对于他的绘画一无所知。虽然还不至于到贫困潦倒、四处飘零的地步，但他却是婚后无房，寄居在岳母的家里的一楼。经常出现在他画中的，就是他逼仄的居所，显然并不宽裕。维梅尔所处的时代，正是力主豪奢的巴洛克风格大行其道的时候，他那简朴平实的画风很难受人青睐。根据极少的资料，他早年师从画瓷器的工匠，出师后就经营瓷器，偶尔也卖别人的画，做点小生意。他只能蜷缩在自己的小屋里，凭自己的兴趣来画点画。然而天不假年，神不假命，人不假财，生活窘态一直困扰了他的一生，维梅尔 43 岁就英年早逝，给他的妻子留下了 11 个孩子，以及一笔债务。他终生也没有卖出去一幅画，以至当时没有任何人知道他的画名、他只是个业余作者。

生活没能给维梅尔带来作画的好条件，他不像鲁本斯那样身处宫廷，也不像伦勃朗那样名满天下，然而在生意之余，却能有好的心情来作画。他架起画板，兴味盎然地把发生在自己身边的生活一一纳入图画。他可能没有足够的钱来买画布，只能采用于这些小画幅，也乐于画这些小画幅。他津津有味地把生活镜头画出来，用精湛的画艺把它们变成诗。维梅尔关注的只是自己的家庭生活，特别是女性在家庭中的生活。他的画中通常都只有一两个人，大都是肖像，她们一般都是在一个临街的窗户边活动，他只画了极少几位男人，只有两幅风景画存世。维梅尔短短的一生只画了40幅左右的画，对于一位大师来说，这个数字未免太少了。但就是这些画，也只是在他逝世之后两百多年才被人们发现的，那时人们才认识到他的价值，那些画张张都是精品。

维梅尔是个"唯美儿"，他具有处理画面的高超能力，他画的虽然是风俗画，然而绝不甜俗，画上的一切都是经过反复推敲才成形的。无论是画中的人物衣饰，还是桌椅静物，每样都丝丝入扣，样样出彩。画中的面包，脆得能透出香味，衣裙的折褶被浆洗过般的挺括，毛茸茸的皮帽和桌布、光彩熠熠的丝绸、沉甸甸的窗帘、有磨边的玻璃窗，这一切，都显示出作者娴熟的技巧。在维梅尔的时代里，对外光的表现还没有达到后来印象派的水平，尽管他一生所画的都是室内环境，然而却与中世纪时的那些"酱油汤"拉开了相当大的距离。他的画中色彩丰富，毫不晦暗，更不单调，他画的人物和物体暗部非常透明，用色既响亮又高雅，他善于捕捉透进室内的一些偶然光线，利用它们成为照亮全室的镜子。维梅尔还善于在画面中安排一些圆点形的笔触，把它们点缀在画面的高光处，仿佛一粒粒闪光的珍珠，提高了表现力。

在学画时，老师总是教导我们说，要多观察，少动笔，颜色是要一笔一笔地摆上去，而不是涂上去或是刷上去的。维梅尔用他的一生来实践了这一技法，他面对着画布，不急不慌地一笔一笔地画着，把考虑周到的颜色慢慢地摆上画布，使它们成为点缀画面的粒粒珍珠。一位画宏伟雄奇场面的人固然可能成为大画家，但如果一个人能够从细微之处寻觅到伟大、把平凡画出精彩、使朴素具有精湛、把简单变成丰富、以少少许胜多多许，那更是一种不同寻常的能力，也是大画家。看维梅尔的作品会使人领悟到：精品力作和巨著大作之间，有时能画等号，但有时也未必。生于小国，专画小画，却为大师，维梅尔就是一个以小而取胜的大师。

纽约大都会博物馆
"喜"大师

看罗克威尔的画,常常让我想起美国的喜剧演员劳莱和哈台,在二十世纪中期,他们是享誉世界的喜剧明星,只要一出现表演,就会全场轰动,他们那夸张性的神情,幽默而滑稽的动作,成了美国文化的典型代表。

罗克威尔是与劳莱、哈台同时代的人,在我眼里,他们都是同类性质的艺术家。他们都从美国生活中汲取题材,用美国式的幽默来表演。他们都有民众性,深受大众的喜爱,具有好莱坞式的喜剧性,并不辛辣,批判性也不强,富有正义感,此外还没有色情,虽然世俗,然而却并不庸俗,可看性很强,然而又与纯艺术有距离。

对于罗克威尔这位享誉全美的画家,评价也是完全两样的。他的画为美国大众所喜爱,拥有最广大的读者群,甚至高票当选为全美最卓越的画家。他的画被《纽约时报》誉为是"美国生活的编年史"。当然,这些都来自非专业的评价,美术评论家们却是对他有所微词——说在他的画里看到的都只是空虚的肥皂泡,他的作品都裹着糖衣;说他的作品不是反映社会的一面镜子,而是用一双渴望的眼睛去看待世界；或者直接说他的作品只是画出了人间的喜剧，而是忘却了人间的悲剧。

那些批评虽然大多数中肯，但也有点失于偏颇。因为如果有机会能把罗克威尔所有的作品都看到，就能从中发现，虽然他的作品绝大多数都是在用一种善意的笔调去描绘人间的美，去描绘一种充实而满意的生活，但他的作品中也不乏有主张正义、斥责邪恶的成分。罗克威尔的作品经历了60年，经历过两次世界大战，他的作品曾经作为政府的宣传品，为激扬正义、鼓励人民起了很大的作用。他的作品将矛头直指法西斯，主张世界和平。只不过他只是不愿意去画生活中的那些反面而肮脏的色调，他不想去表现那些精神病和畸形，他只想画出一个没有极度痛苦的危机和纷乱的生活，画出一个理想的美国。

喜欢画什么，这当然只是罗克威尔的一种个人选择，然而从客观上来看，他的画确实没有起到振聋发聩的作用，没有深刻表现下层人民的痛苦和生活的真谛。

也正是出于对这两种不同看法的兴趣，我一直想看到罗克威尔的原作。在纽约大都会博物馆的铜版画展厅里，我才看到了他那驰名全美、影响世界的组画《四大自由》。正好这里在举办他的一个回顾展，他的很多画作被印成各种文字在展出，因此我有机会得窥他的全貌。

《信仰自由》《免于匮乏的自由》《言论自由》和《不受恐吓的自由》这4幅画，就其内容和表现形式来看，它们其实是4幅宣传画，而并非是主题画，有的画上还印有宣传文字。然而对于这一组图解政治主张的画，罗克威尔却是用了严格写实手法，用了主题画的构图来表现，想使它超越一般的政治意义宣传画而具有纯艺术的价值。在《言论自由》一画中，一位工人正站立在议会里，发表自己的看法，旁边几位着正装的议员们正在侧脸凝神倾听他的意见。《信仰自由》一画上，画着几位不同民族和宗教的人，有伊斯兰教徒、天主教徒和基督教徒，有手捻佛珠的佛教徒，还有犹太教徒，他们聚集在一起，都在凝神祷告，目光专注，

《免于匮乏的自由》 罗克威尔作

显示了不同宗教的信仰自由。《不受恐吓的自由》的表现难度要大一些，他画了一对站立在熟睡的儿女床前的夫妻，男人手拿一份有"纳粹轰炸"字样的报纸，女人正在抚爱地为孩子们掖被子，不想让在睡梦中的孩子们受到恐吓。最后一幅《免于匮乏的自由》的主题其实就是"丰衣足食"，一家人聚在一张桌前，看着母亲端上烤好的火鸡，显然这一家人正在过着感恩节，桌上食物丰富。

这一组画是在二战时创作的，被选为美国国家的宣传形象，并被列为同盟国国家的宣传品来广为印刷，向法西斯国家作为传单来散发，以宣传美国的理念。这4幅画在当时影响巨大，几乎所有的欧洲战场上交战双方的战士都见过它们的印刷品。这实际上就是一种国家的订单，代表着一种国际形象。罗克威尔用尽了自己的全力来绘画，他选用了真人来做模特，拍成照片来绘画，着重强调画面的宣传效果，并不过于渲染技巧。不过，他也在画面上注意艺术表现力，如在《免于匮乏的自由》一画中用逆光来表现，在《信仰自由》一画中注意画出不同民族人的相貌特征和性格，还着重表现人物皮肤的肌理和质感。在《言论自由》一画中，则刻画出了一位粗犷的工人形象，颇有个性。他的这些艺术处理，使得这组本来饱含政治宣传意识的宣传画具有了艺术价值。

在战时，罗克威尔的画多被政府选作宣传用品而广为散发。有一幅《加油员》，画着一位女加油员，她身穿牛仔工作服，头戴风镜，巨大的油枪横架在腿上，英姿飒爽地高坐在一根木桩上，一手扶油枪，一手吃三明治。这本是战时生活中常见的镜头，被罗克威尔巧妙地捕捉入画。但却又意味深长地在她的背后添画了一面巨大的美国国旗，让她在脚下踏着一份印有纳粹符号的报纸，还为她在颈上添画了一串用各部队徽章缀成的项链，在经过这样一番精心创意设计之后，就使这一普通的镜头成了一幅能够鼓舞战时人心的宣传画，鼓励更多的民众投入到这场正义之战中去，为正义之战而出力。它的价值已经远超过了一般的油画。

罗克威尔为《星期六邮报》画了37年的插图，他画了登上月球的美国宇航员，画了手执火炬的自由女神像，画了阿波罗号上的4位宇航员，这些都是他为祖国而做出的贡献，作为一个美国公民，他用画为美国代言，功不可没。他获得了"总统自由勋章"，这是和平时期的最高国家奖章。也正因为这些原因，罗克威尔所出的画册名称就叫作《忠诚于美国》，这句话是对他一生功绩最恰当的褒赏。

罗克威尔另一方面的价值是表现了丰富的美国人民的生活。如果说他前一部分的画作是为了维护国家的尊严，那么这一部分的画则是受到了人民的喜爱。前一部分是为国家而画，后一部分是为人民而画。他的这些题材多是取自生活，而且观察入微，显示了他善于从生活中捕捉细节的非凡能力。一些生活中的平凡小事，到了他的笔下，就会成为非常有趣的画面：如饭前做祈祷的家庭，手拿明星照片揽镜自顾的少女，对镜作自画像的画家，伫立于抽象画前鉴赏的绅士，偷偷进入禁止游泳区域游泳的孩子，与男朋友约会到深夜才回家而被父亲责备的少女，即将离家去求学踌躇满志的少年，以及旅游前后神情不一的家庭等等，无一不是生活中的常见镜头。罗克威尔兴味盎然地画着这些，并用自己特有的夸张手法，对画中人物的表情和动作进行夸张和变形，并有意增添一些趣味性的细节来增加画面的戏剧感。这也是他喜剧性之所在。

不过，罗克威尔的作品中也时有较沉重的主题，他的《望归帆》和《秋风落叶》，表现了老人带着小孩的场面，前者是双双伫立在海边盼望出海的家人归来，后者是两人在焚落叶取暖，都带着些许辛酸和悲凉，令人喟叹。

尽管罗克威尔不算是美国的主流画家，他一直在为报纸画插图，画宣传画，甚至为可口可乐画商业广告。尽管美国的纯艺术界对他颇为不屑，说他不是真正的艺术家。但他始终坚持自己的方向未有动摇，并且以一种极度认真严谨的态度来画这些画，不管是什么画种，他都用一种严格写实的手法来表现，他根据照片来画模特儿，画得栩栩如生，有很多画，简直和纯艺术油画的效果一模一样，他并没有因为所画的是"小儿科"就掉以轻心。他为马克·吐温的名著《汤姆·索亚历险记》所作的插图，简直每一幅都是独立的油画，构图、人物形象和色调都非常精湛，每一个细节都一丝不苟，刻画入微。然而这一切，又都加入了他自己独有的幽默和夸张因素，使之成为一个理想性的喜剧。

这就是罗克威尔，他是一位"喜"大师。

芝加哥美术馆
冷眼阅世 孤寂之诗

　　在空荡荡的芝加哥美术馆里参观霍珀的画真有点情景交融的感觉，特别是当我面对着他的那幅《夜游客》的时候，孤寂冷漠的感觉更加深重。位居美国第三的芝加哥美术馆庞大无比，把进入的少数观众全部吞没，不露形踪，只能听到在硬石地面上传来的清脆足音。光线斜斜地从窗外射进，照得美术馆里光影迷离，阴阳分明，那些举世闻名的画作静静地挂在冷白的墙上，无言地诉说着它们身上蕴积着的古老故事。

　　从《夜游客》这幅画上所散发出的气息也是一样，画上虽然只有4人，然而却比没有人更加冷清孤寂。画面是美国再普通不过的情景：一间在深夜还营业着的快餐店，正位于一条街的转角处，街道上所有的店都已打烊休息，灯光全部熄灭，建筑物都被笼罩在浓黑的夜色里，只有这间夜店还是灯光明亮。灯光从长而宽的玻璃窗里泻出来，照亮了地面，照亮着寂无一人的街道，照亮着店里的人。一位服务生正在准备食物，对面显然是一对情侣，男的衣着讲究，当是有钱人。女子一袭红裙，正在柜台上吃东西。他们虽是一同来的，但彼此之间却是没有互相的照应，脸上没有丝毫表情，各自眼光迷离，冷漠而不相关。店内一角，还有一位男顾客，正在背着脸，孤独地自饮，面目不辨。

整幅画带给人的，并不是温暖和宁馨，而是一种隔膜和茫然，一种冷寂和孤独。一层玻璃窗，把店里与街道隔开，也与观众隔开，店里的四个人都沉默着，笼罩在他们四周的，是大都市浓黑的夜，是深不可测的夜，是清冷而孤寂的夜，是无声而恐怖的夜。画上的人，神情疲惫，茫然若失，似乎都在各想各的心事。他们是一群被都市压迫着的小民吗？他们是处于现代环境之下的异化之人吗？我们不知道，然而作者知道，他说："我在不知不觉中将大都会的孤寂，冷清倾注于画中。"

这幅画的作者，就是美国画家霍珀。这位被誉为是"美国景象"的画家，一向以这种冷寂的手法来反映身处于都市的现代人的内心世界，以他卓越的写实才能来捕捉到隐藏在美国人心里的感受，他冷眼阅世，写出了一首又一首的孤寂之诗。

爱德华·霍珀1882年出生于纽约。父亲是一家杂货铺的店主，他的店铺就位于哈德逊河畔，隔岸就可看见纽约的高楼和灯光。他们亲眼看见纽约从一个小镇极速地发展成一个世界最大的都市，这一过程未免过于迅捷，使一切参与其中的人都产生了失重感和恐高症。霍珀也必不能免，他从进入纽约美术学校学美术，到进入广告公司搞设计，一直生活在车水马龙的街道和楼宇之间，矗立高耸的水泥钢铁建筑、纸醉金迷的都市生活，流光溢彩、眼花缭乱的现代风情，既给了他成长的机会，也给他的心底以压抑。每天忙忙碌碌地生活于其中，每天在高及天际的楼宇间穿行，他感到一种渺小和失落，也感到一种茫然和寂寥。热闹却冷硬的现代都市，留在他心底的，是一种疏离和孤独。碌碌地生存于其间，却是不知道生存的意义在哪里，即使是相亲相近的人，也难以进入对方的世界。

霍珀感受到的这一切，其实也被其他的艺术家感受到。当时的美国，正处在一个迅速发展的时代，然而这个新兴的帝国却被老资格的欧洲嘲笑，认为它只是个暴发户，在文化上没有根基，

100 年的历史积淀不出艺术气氛来。年轻的美国，在经济上飞速发展，但在艺术上却是非常保守，甚至眼界狭窄，当时画坛上流行的，只是已被欧洲艺术家抛弃的流派。他们津津乐道的风格和技法，在欧洲早已过时，却还被当成是新东西在这新大陆流行着。特别是当霍珀在 24 岁时两次赴法国，看到了那些他一心景仰的大师之作之后，这才逐渐确定了要创立美国自己样式的决心。除了印象派的技巧之外，最重要的是，霍珀喜欢上了波特莱尔的诗歌。波特莱尔是现代派的诗人，他的诗中充溢着哲学，对死、对恶、对虚无、对孤独，都有自己独特的看法。波特莱尔教他以敏锐的哲学之眼来穿透现代人的心底之阴影。霍珀从此终生师之，把他的哲学变成自己的画。

霍珀曾经师从罗伯特·亨利，进入他的画室成为入室弟子。亨利是美国　"垃圾箱画派"的创始人，面对着在美术上全盘欧化的趋势，他主张既然是美国的画家，就要关注美国人的日常题材，画美国人的生活。他联络几个志同道合的同仁，在一所军械库里主办了声势浩大的画展，推行绘画的美国本土化，既要画出都市的进步和繁荣，也要画出都市的肮脏和贫穷，来揭露一座城市真正的面貌。这一运动的影响相当大，作为弟子的霍珀不能不受影响，他虽然不属于"垃圾箱画派"的成员，但在哲学上却是认同此观点的。与他同龄的贝洛斯，这时也在亨利的门下学画，两人同师习艺，然而却如庞涓和孙膑，走了不同的道路，呈现不同的面貌。两人同是以都市的生活为题材，但却是一热一冷，一闹一静。贝洛斯的画中很少对都市批判，是以热情和动态画出都市的生存百态，画上的场面热闹、人物众多，色彩绚丽，充满了动感。而霍珀笔下却是冷寂孤独，茫然失落，他们俩从不同的角度体现了现代都市的两面。

迅速发展起来的大都市，虽然能够给人带来物质和经济上的利益，然而对于现代人的心底，却有一种压迫。与霍珀同时代的捷克音乐家德沃夏克，应邀来到纽约，他在《自新大陆》一曲中的开头就表达了自己的感受：一个欧洲人来到纽约，被高耸林立

《上午 11 点》 爱德华·霍珀作

的楼宇压迫得茫然不知所措，从而产生了一种恍惚彷徨的感觉。霍珀想表现的，也是这样的感受，他众多的画作，都表现出都市现代人内心的孤独疏离。

　　霍珀一生中虽然也画了不少自然风景，但他最重要的成就，还是画出了现代美国人的生活，表现出了美国人内心的世界。霍珀的画中，人物出现得非常少，要不是一两位孤寂的人物，要不干脆就是无人的房屋、空旷的土地、清冷的街道，暗示的是在浮华掩饰下的空虚以及内心的失落。有些别的画家不肯或是不屑表现的题材，如加油站、宽阔的柏油路、轨道铁路等等也出现在他的笔下。他甚至有几幅单独表现空白墙的画作，除了白壁之外，别无他物。中国诗人孟郊和贾岛以"寒"和"瘦"为诗，霍珀则以"冷"和"孤"来入画，写出他的心理情绪。

　　在《夜游客》的隔壁，是他的另一幅画《加油站》。夜间的加油站里虽然灯光明亮，然而却是只有一人，3只红色的加油机孤零零地伫立在夜空下，似乎在等待晚归的过客，又似乎在呼唤着远行的灵魂。他的代表作《上午11点》，是以他的爱妻乔为模特创作的，画面是一间逼仄的居室，明亮的阳光从窗外射进，一位裸体的妇人，正坐窗前寂寞地向外闲看。她的头发披散，暗示刚刚起身，脸被头发遮住了，看不清脸面。她是谁？在看什么？在等待着谁？这些并不要紧，重要的是这幅画画出了她所存在的环境，并通过这种环境来表达了生活在都市里女性的怅然心态。

欧洲之行，给予霍珀的，是印象派表现光影变化的高超技巧，他也把这些技巧运用到了自己的画作中去。他的画中，强烈的光影变化是最重要的构成，但他的光影并不如印象派那样只是强调科学，而隐不见人，他画中的光影，是对画后情绪的一种表现和暗示。但是，霍珀的哲学观念虽然现代，但他的绘画技巧却并不前卫，甚至表现方法趋于保守，他并不在画中炫耀技法，卖弄色彩，然而人们欣赏到的，却是充溢在他画中的那种情调，那种变具象为抽象的效果，那种在静止之中透出来的寂寞。

和纽约一样，芝加哥也是个迅速发展的城市，在两个世纪里它从一个湖滨小镇发展成为美国的第三大城市，摩天高楼就是从芝加哥发轫的。这里聚集了世界上的财富，也聚集了所有因财富而带来的罪恶。从美术馆里看出去，窗外就是一望无际的密西根湖，眼空无物，正是霍珀画中的精髓。另一面则是鳞次栉比的高楼，这是霍珀产生绘画思想的根源，霍珀的画就挂在这里，隔着时空，与观众进行着无言的对话。然而这一切，都如同他在《夜游客》中的那一层玻璃，虽可感受却不可触摸，如他所说："人走室空，但阳光依然洒下，我的离开并没有改变世界的什么。"

他早已预言。

芝加哥美术馆
都市的阳台

　　在美丽的密西根湖滨大道上，芝加哥美术馆如同这座庞大的都市伸向湖泊的一个阳台，站在这里，不仅可以远览湖光山色，还可以近观馆内的丰富收藏，在现代化的都市里疲乏了的人来到这里，在这寂静的宫殿里驻足闲坐，纵览世界美术的瑰宝，借以补偿自己的工作辛劳。

　　美术馆里收藏有一幅名为《阳台上》的名画，这是法国印象派画家雷诺阿的代表作，画着一对坐在阳台上的母女，正背倚铁栏杆看风景。她们的背后花草迷离，湖光山色。雷诺阿一生以善画妇女儿童出名，这幅画画着一位绝色少妇，她长着一副他笔下常见的那种东方式面孔，美丽姣好，肤色白皙，红帽蓝裙。小女孩的草帽上则插满鲜花。画面上的人物无所事事，呈现出一股悠然闲散的气息。雷诺阿以轻松而朦胧的笔调，画出了一派花木扶疏的景象，表现出典型的资产阶级情调。这幅画的模特是夏班提夫人和她的女儿，夏班提先生是法国一家著名文学出版社的老板，他的夫人则主持着一家非常有名的艺术沙龙，当时巴黎很多著名艺术家都在此聚会。她垂青雷诺阿，成了雷诺阿的重要买主，雷诺阿一共为她和她的女儿画了 5 幅肖像，这就是其中之一。他为夏班提夫人和两个女儿画的另一幅肖像画也在该馆收藏之列。此两幅画先由美国的克班夫人收藏，后来捐赠给了芝加哥美术馆。

和它并列着的，是雷诺阿的另一幅画，那是一幅色粉画，画着一位弯腰掬水的裸体女子，画在一张灰褐色的纸上。雷诺阿对表现女人的肌体已经驾轻就熟，不仅结构很准，重要的是对肌肤的质感表现得非常好，如同丝绸一般柔润光洁，似乎富有弹性。这幅画显然是他画油画前所作的底稿，因为这一姿势的女子在他以后的作品《大浴女》中出现，那是他最重要的代表作之一，他曾为此作过多种变体画，这幅画画得非常熟练，以后移入油画之中，并未作多大的改变。画厅的一角，雷诺阿的另一幅代表作《马戏团的两名少女》也赫然在墙。在当时的法国，马戏是非常受欢迎的娱乐项目，在巡回演出的时候，雷诺阿几乎是每天必看，他也因之与团长的两个女儿相识，并为她们画了这幅肖像。他选用了橘黄的底色，来衬托出少女粉色的皮肤和白色的裤子，仍然是一副有东方特色的面孔，仍然是他喜欢的丰腴美丽。

喜欢雷诺阿以及印象派画的，并不仅仅是克班夫人一人。相对于古典或中世纪的绘画来说，印象派的画家们注重光与色，画面显得明亮艳丽，所画的主题也从严肃的宗教和沉重的历史转到了社会生活和家庭之上，画的多是轻松而悠闲内容，对于富裕的家庭主妇来说，无疑是非常适合的。形象漂亮的妇女儿童、色彩艳丽的山水风景、花卉静物，这些都适合她们的胃口，也能够提高她们的档次。当时正是美国经济大力发展的时期，芝加哥聚集了无数的富人，他们有多余的钱来买艺术品。

但是，光是有钱还不够，重要的还是要有品位。当时美国的本土画家还没有地位，主宰着美国艺坛的，还是来自欧洲的流派。美国是一个移民国家，它的主流民族来自欧洲，更何况十八至十九世纪时的法国，在文化上负有盛名，很多国家的宫廷里都流行法国的艺术，作为与法国有着良好血缘和亲密关系的美国人也概莫能外，他们的眼光一向朝向法兰西。这时印象派恰得其时地

《阳台上》 雷诺阿作

《土耳其皇宫》 阿尔贝托·帕斯尼作

出现了，但在法国国内还没被国人看好，尚未替代古典主义取得地位，法国画坛还没有脱离巴比松的影响。这时美国的大妈们慷慨地掏出钱来，救了法国的印象派画家们一命，她们大量买进印象派的画作，运到新大陆来，布置自己的沙龙。在当年的艺术市场上，有一位名叫波达·帕马的阔太太，对莫奈和雷诺阿的热爱并不亚于香水和服饰，她狂热地尽其所有来收集印象派的画，只要一听说哪里有，就疯狂地想收为己有。在这样一种热风的促动下，印象派的作品越洋过海，在新大陆获得了青睐。帕马夫人去世后，遵照她的遗嘱，这批数量惊人的印象派作品全部归之于芝加哥美术馆，从此，这里成了世界有名的印象派画的大本营。隔了数年之后，芝加哥美术馆又收到弗烈德利克·巴特雷特的捐赠，他把收藏的印象派和后印象派的作品也全部捐给了芝加哥美术馆，最重要的作品就是点彩派画家修拉的《大碗岛的星期日》。

芝加哥美术馆正式的名称应叫芝加哥艺术学院，这是一所涵盖了美术馆、美术学校和戏剧学校的综合艺术中心，它的前身是芝加哥设计学校，几乎和芝加哥的建市一样古老。随着美国经济的飞速发展，文化事业也随之扩大，因为1893年万国博览会在芝加哥的举行，这座宏伟壮丽的美术馆也得以建立。100多年来，来自于各方的艺术品日渐增多，其中的90%来自于私人的捐赠，这终于使得它成为美国最具代表性的大美术馆之一，足以和纽约大都会博物馆和华盛顿画廊相媲美。

尽管馆内的收藏极多，但最值得它骄傲的还是法国印象派的作品。这不仅使它成为美国收藏印象派作品的头号功臣，也成为世界上收藏印象派画作最早的美术馆之一。正是因为芝加哥有许多印象派的热衷者，给当时还不景气的法国画家们鼓励，人们才开始重视印象派的作品。私人收藏者们的慷慨捐赠，使得它们成为人类的共同财产，芝加哥美术馆不仅打开了一个面向密西根的阳台，更打开了一个面向世界的阳台，让人们通过这里来了解历史，欣赏艺术。

收藏家们的高雅兴趣，使得这里的印象派名作云集，有很多世界知名的经典之作都在馆里。被称为"印象派天皇"的莫奈在这里有好多幅作品，那幅著名的《庭院中的女人》，画着四个身着长裙的女人，都是由他的爱妻卡缪一人扮演模特，画幅高达2.5米，强烈绚丽的光影效果、浓郁的色彩，给观众一种流光炫目的感觉。这幅画一出现便被舆论所批评，说它背离了传统，画得不够典雅立体，官方的沙龙甚至拒绝它入展。此画在莫奈的身后声名大作，没想到它竟然越洋过海来到美国。莫奈生在海边，一生以画水而出名，这里也收藏有他的《海边》，显示了他不凡的技巧。

德加以作品众多而出名，他虽也被归纳进印象派，但他的特点并非在外光外色的技巧上，而是在于对传统的叛逆。身为古典大师安格尔再传弟子的他背弃古典，甚至也不同于其他印象派画家们那样对景写生，而是根据自己的记忆来作画，他用灵感捕捉一切瞬间变化的形象，并不拘泥于对对象的酷肖。他主要是用素描来作画，而且并不只用油画一种形式，他特别关注对象的动态。这里的《女帽店》，把正在整理花帽的女店主和环境画了出来，构图独特，色彩斑斓。色粉画《洗浴的女人》，画得松动而有弹性。他素以画舞蹈演员出名，这里也有多幅，甚至还有几尊舞蹈的雕塑，那件雕塑代表作《浴盆中的女人》也在这里陈列。

给人印象深刻的还有一幅阿尔贝托·帕斯尼画的《土耳其皇宫》，这位作者的知名度不高，然而画得非常出色，对于渍迹斑斑的陈旧皇宫、石材的质感、色调的转换，以及人物的处理，都非常轻松自如，潇洒脱俗。此外，塞尚、高更、莫迪里安尼、格里柯、卡萨特·金、劳特累克和毕加索等人，都有力作在馆收藏。

美术馆2楼和3楼的转角处，各摆放着一尊雕塑，2楼是马约尔黑色青铜的《行走的人》，无头的躯干体量丰硕，显示着力度。3楼是希腊的白石雕塑《与狮搏斗》，显示的也是力度。在这座艺术宫殿里，它们的存在，暗示着200年来芝加哥的生存精神，没有这种执着的力度，就不可能把这座湖滨的小镇变成美国第三的巨大都市。

索菲亚现代美术馆
博特罗美术馆
放肆于体积

　　第一次见到博特罗的作品，是在一家咖啡馆里，墙上挂着一幅行货级的油画，画的是《蒙娜丽莎》那位世人皆知的大美人。对她，任何一位画家或不是画家都是太熟悉了，可眼前的这位虽眼熟，却是怎么看怎么不对。脸模子、姿势和服装都和那幅画一样，可那脸怎么胖了一大圈？两只被世人夸赞的小手滑稽地搭在肚子上，胖胖的肥脸上依然带着那副永恒的微笑。我坐在那里，对着这幅增肥版的画笑了半天。

　　2004年，我在新加坡搞个人画展，新加坡美术馆前面竖立起了一只肥大无比的雕塑，那是一位肥美女，如同充了气般地肥硕膨胀，站在那里就像一座小山。后来才知道，这座雕塑《夏娃》的作者叫博特罗，这里正在举办他的个人作品展，有70幅画和15件雕塑，都是"重量级"的"巨作"。就此我把他的作品和名字一起记在了心里。

　　2007年在西班牙，马德里著名的哥伦布广场对面，看到有一尊庞然大物在阳光下熠熠发亮，宛如一堵青铜城墙。这下眼熟了，远远的，我就知道那必是博特罗！走近一看，果然就是！著名的雕塑《入睡的维纳斯》。一个极肥硕的裸体女人，撅着屁股趴着，身体上无一处不膨胀，如同吹了气一般，手上还捏着一柄小小的镜子。胖美人微闭着双眼，睡着了。她的四周是一个小花圃，鲜花绿草丛中，居然酣睡着的是这样一位肥婆维纳斯，就是 3 个杨贵妃加在一起也没她的分量重。

没几天，居然又在葡萄牙的里斯本，著名的庞巴蒂广场上见到一位肥女的"倩影"。这回是坐着了，怀里还抱了一个孩子，叫《母性》，体现了圣母的情怀。这个广场建在一个山坡上，坡顶就是一个雕塑公园，几十位当代大师们的作品都在此云集。但无论从哪个角度看去，第一眼看到的准是这尊母子像。无论是肥女抑或是孩子，都如同吹气似的，两人一堵墙似的身影挡住了光线，留给人的印象是：除了体积，还是体积。除了量感，还是量感。

费尔南德·博特罗是南美人，他的国家不大，但很有名气，叫哥伦比亚。提起哥伦比亚，一般人会想到印加王国，想到黄金，还会想到毒品。在哥伦比亚，贩卖毒品最为猖獗的城市就属麦德林，而博特罗恰恰就是麦德林人。这是座位于安第斯山脉中的历史文化名城，然而，罪恶的毒品却使它闻名全球。博特罗就在这里接受了他的初始教育，他的父亲只是个沿村叫卖的小贩，在穷乡僻壤挣一点钱来养家糊口，日子可想而知，过得不会富裕。

然而贫穷却没能抵挡住博特罗的艺术灵感，他在 12 岁时就显示出绘画天才，稍大后移居波哥大，19 岁时举办了自己的个人画展。一次，他获全国绘画二等奖，他把全部的奖金作为赴欧洲旅行的经费，到西班牙学习绘画，同时刻苦地在普拉多美术馆临摹那些大师们的作品，就此开始了他职业艺术家的生涯。这期间他也曾回国，被聘为哥伦比亚大学的教授，并多次获奖。但欧洲浓郁的艺术氛围仍然吸引着他，他一生中大多数时间都在欧美发展艺术事业，为世界创作，为世界而展出。

这并没有妨碍博特罗对祖国和故乡的热爱，在他成名之后，他把自己的多件作品，以及他珍藏的一百多件世界著名大师的作品捐给了他的家乡麦德林。尽管对博特罗的艺术充满了好奇，但我也不敢冒险踏上他的家乡麦德林，或者去设在波哥大的博特罗美术馆去看他的作品。好在博特罗的世界已经不限在麦德林，也

《蒙娜丽莎》 博特罗作

位于马德里街头的城雕《睡着的维纳斯》
与近处男子的身高相比，显然是个庞然大物。

不止于哥伦比亚，在他学习和创作的第二故乡西班牙马德里的索菲亚现代美术馆里，我见到了几件他的作品。他的其他作品则分布于全世界，博特罗已经是属于世界的大师了。

博特罗最典型的风格就是"胖"，所画的全是吹气一般的胖人。在他的作品中，所有的形象一律是肥胖的，即使是他画的风景、静物和动物，也是胖嘟嘟的。拉丁人喜欢跳舞，他画了种种跳舞的人，跳舞是最讲究身材美的艺术，但他画的却都是巍乎伟哉的胖子，一个个神色凝重地相拥而舞。在他的画中，有举腿抬手跳芭蕾舞的肥硕女人、有站在窗前搔首弄姿的肥婆、有在卫生间里化妆的肥胖裸女、有裸体坐着打牌的肥女、有对坐闲话的盛装胖女人，还有种种与女人同样肥胖的男人。甚至他在为总统一家作的肖像画中，也把他们都画成了胖子。

博特罗有一套世界名画的临摹系列。名为临摹，实则是以他自己的风格对原作进行改画，是一个"充气增肥"的过程，充满了博特罗的自我个性，实为创作。他为《蒙娜丽莎》画了多幅画，还有《十二岁的蒙娜丽莎》。他还对委拉斯开兹的《宫娥》《玛格丽特公主》《查理四世家族像》，以及凡·艾克的《阿尔诺芬尼夫妇像》等等名作进行了改画，经过这一番改画，原画中无人不是重磅级。如同杜尚笔下加了胡须的蒙娜丽莎一样，它们已经成为博特罗的名画了。即使出现在他笔下的香蕉和橘子，也都是极度浑圆饱满的，充满了体积感。

不过，博特罗所画的肥女，尽管丰满壮硕，然而却并不性感，她们虽有肥臀，却无丰乳，在博特罗笔下的肥女，只显示身材，不炫耀性器官，因此并没有性诱惑性。他画的尽管多有裸女，但并不色情。

世界各地都有崇尚肥硕之美的风俗，欧洲最早出现的雕塑《维林多夫的维纳斯》就是一具极肥硕的女人。肥女是健康的象征，也是多产多育的象征。即使是在中国，也有丰颐肥体的特异审美。印度和非洲的艺术一向崇尚丰肥之美，注重感官的刺激。中世纪时的巴洛克艺术则把肥硕之美发展到了极致，鲁本斯和安格尔都是表现肥女的高手，然而这一切都还比不上博特罗，他让肥硕之美达到了一种新的高度。

然而，博特罗却对自己所画的"肥胖"另有说法，他认为他画的并不是胖子，而是想通过这种题材来表达一种体积而带来的美感和塑性。艺术是变形和夸大的，跟胖子没有关系。他认为，在一般人的心里，肥胖总是和财富、权力、臃肿和慵懒等联系在一起的，而且在人们的心理上，一位肥而美的女人是慈祥而和善的，也是滑稽和可笑的。博特罗把对肥胖的描绘转而到了调侃和戏谑的层面，这里面也深深地藏有他的批判意识以及现代观念，因为他的胖子不是严格的写实，而是他观念下的创造。他用一种自创的寓言来表达他的讽刺、幽默和调侃。他说："我第一次感受到了，原来生活可以变得更加快乐。"看着他的那些肥胖的作品，无人不感到快乐。

正是因为博特罗对体积和量感的极度重视，他已经对二度空间的平面绘画不满足了，转而到了更能体现他观念的雕塑上。雕塑界都非常重视体积，都希望能用最大的体积来获得量感，在这一方面，马约尔就有所探索，但他的探索还远不及博特罗。博特罗创作出了无数体量无敌的巨无霸：《骑马男子》《罗马士兵》《手持雪茄烟的女人》《母性》《入睡的维纳斯》《趴着的女人与水果》以及《夏娃》，甚至他可以单单把一个人的手放大，做成《左手》雕塑，以及巨大而肥胖的《鸟》《马》《猫》等动物。这一切，都出于他对于体积和空间的贪婪和热爱，也展示出他的一种狂妄野心。他认为，他的雕塑如果不是这样放肆于体积，它就不会在辽阔的空间里赢得自己的位置，不会引起公众的注目。

如果有可能把博特罗的这些雕塑集中在一起，我们驻足其间，就会成为一个渺小而伶仃的瘦人，我们必然会失去存在的自信心。这就是体积和量感显示的力量。

把博特罗称之为大师，这个"大"字，当作"胖"的别解。

中国各博物馆
虎虎生威

就其栖息地来说，虎是偏居于亚洲一隅的地方性动物。但几千年来虎的影响却几乎是遍及全球，无论是有虎无虎的地区，它都在发着虎威，这种大型的肉食动物成了世界之兽。它的意义超越了在自然界的存在，已经升华到了形而上，成为种种具有象征性的神圣动物了，从这一角度来说，虎在世界上无处不在。

欧洲无虎，因此无论是在希腊还是罗马的神庙里，出现的美术作品总是狮，不见虎踪。虎是东方之兽，无论是在印度、孟加拉国、中国还是韩国、日本，虎总是最抢占风头的动物，也总是美术界最具吸引力的题材。美洲的印第安人视美洲虎为神灵，在他们的庙宇中，出现得最多的形象就是虎，虎是他们无上的图腾。

中国美术作品中最早的虎出现在原始社会，濮阳西水坡新石器时代的墓葬中，就曾出现了用蚌壳拼镶成的一龙一虎的巨大图案，它们是作为保护神物而守护在死者两侧的，虎形龙形与人一样长。商代一只青铜器皿上，一只虎张口露齿，正抱住一个人在啃噬，在这里，人是反面人物，是邪恶敌人的象征，而虎则成了主人，象征威力。青铜器上曾多次出现过虎影，有只错银的虎形器，

春秋时的错银文字虎形器

用青铜铸成了一只扭头回望的虎，真正是虎视眈眈，威猛非常。一只青铜的车器筒上，用错金银的方式铸造了人物骑射猛虎的画面，虽然只是小小的镜头，但却把人虎相搏的凶险场面表现得淋漓尽致。很多青铜器上都镌有虎形，一只龙虎尊上，两只虎相对而立，虎身是浮雕的侧面，却是共着一只立体圆雕的正面虎头，这恐怕是世界上最早的立体主义艺术品。

虎在汉代被提高到了神圣的位置，它不仅成为器物上普遍出现的图案装饰，而且升格成了神灵。龙、虎、雀、玄武这四种动物分别代表着东、南、西、北四个方位，被称为是各司一方的"四灵"之神。在古人的眼中，东方潮湿滋润，长满了青色的草木，所以东方的龙是青色的，属木。西方气候干燥，汉族的敌人都是从西方攻入中原，战争常常在西方展开，常有刀兵之役，所以西方属金，金属为白色，以虎为象征，虎主兵。南方炎热，属火，为红色，以朱雀为灵。北方寒冷水多，水为黑色，以水中动物龟蛇为灵物。这四方灵物中，白虎是战争的象征，调动军队时就用虎符，一符一虎，当中剖开，王和将各执一半，如要调动军队必须持虎符为信，两个半符合而为一才能听命，所以战国时有"窃符救赵"的故事。

汉代的画像石和画像砖上屡屡出现虎的形象。人物搏虎、骑马射虎，神人戏虎，虎驾车，虎食人，各种各样的虎被无名的工匠们刻画得活灵活现，显尽威风。虎已经足够凶猛，但人们还嫌不够，汉画中很多虎背上加了一对翅膀，神虎添翼，成了陆空两栖的无敌猛兽。中国不产狮，西域以狮为贡品，被藏在皇家宫苑，平常人无从得见，因此最早出现的狮子造型有很多都像虎。西汉时有一只神兽的石雕，虽名之为狮，但颈间无鬣毛，身体瘦长，有八分像虎。霍去病墓前的那只石虎，虽然混沌漫漶，但其蹲伏着的姿势却是神态毕现，可能工匠有机会见得到活着的虎，以它为模特创作。

云南滇文化中，牛是最神圣的，但虎也是最重要的神兽。云南晋宁出土的那批青铜器中，有只贮贝器盖上就雕着云南特产的瘤牛，器盖的两侧，则有两只躬身欲纵的猛虎，这七牛二虎组成的神奇画面令人称奇，都是栩栩如生的典型。另一块铜牌中，一只虎正在扑向一只硕大的野猪，它双爪伸前，正死死地咬住了野猪的腹部。平时蛮横的野猪则瞪大了双眼，拼命挣扎，两兽相斗的生动场面显示了生物间竞争的残酷。

有趣的是，在中国，能够打虎的才是英雄，孙权射杀过虎，武松空拳打虎，都被视为英雄。但是，如果打死了一只熊、一头野猪或是一条恶狼，却是从来没有被称之为"打熊英雄"或是"打狼英雄"的，哪怕杀死一头熊所耗的力气并不比杀死一只虎的力气小，但虎的名气显然要远胜于熊，因为它虎虎有生气，已达到了一种精神的顶峰。中国的十八罗汉中有降龙、伏虎罗汉，龙虎是力量的代表。但如果换成了降熊、伏狼罗汉那就会贻笑大方。

迨至文人画出现，虎也成了文人喜欢画的一个极好题材。画虎的大忌是"谨毛失貌"，因为虎毛皮上的色彩和条纹异常美丽，因而得名为斑斓猛虎。画虎者大都把画的焦点集中在表现这些条纹的转折变化上，因为只要这些转折变化掌握好了，虎的动态和结构就清楚了。中国画中出现的虎绝大多数是工笔的，极少出现大写意的墨虎，因为虎身上的斑纹限制了笔墨的发挥，如果逸笔草草就会失去酷肖。当时的张善孖最擅长画虎，为了更仔细地观察虎的雄姿，他特意在家中养了老虎，与它日夜相伴，行走相随。他以虎为宠物的目的倒并不是"养虎贻患"，而是为了画虎，有了这只山大王做模特，他成了画虎的名家。何香凝、赵少昂、杨善深、刘奎龄等人的笔下都曾出现过虎的画影。

　　以虎入画的风俗在民间犹盛。画虎有讲究，画中的虎如果是站立着，头向上，那么它就是"上山虎"；如果是头向下行走，那么就是"下山虎"。下山虎最厉害，是饿虎，是要吃人的。"虎"与"福"谐音，因为官服中的补子有虎纹，所以画虎又寓意着当官。但是，无论何种虎，画虎的目的都是为了镇邪驱祟，也有的是为了显示自己的威风。家中如果悬挂着一幅虎画，整个厅堂都会显得虎虎有生气。也正因为此，中国的民间多有在家中挂虎画的风俗，即使不是文人画的虎，也可以是剪纸的虎，或是木版年画的虎、玩具的虎，甚或是面做的虎。家里的娃娃也会穿虎鞋，戴虎帽，装扮成虎娃，这一切都是为了借虎的威风，是为了镇宅驱邪，在这里，凶恶吃人的老虎完成了角色的转化，它已成了保护人民的神祇，成了扑食恶鬼的英雄。

中国各博物馆
龙马精神

　　在历史的年代里，汉族以农业为主体经济，内地不产马。作为草原动物的马进入中原的年代很迟，在原始的陶器和青铜器里都没有马的纹样，漆器里也没有。虽然红山文化里有以马为龙的玉玦，但那已是草原文化，中原第一件玉马的出现是在战国时期。马和马车由北方的游牧民族传入中原，汉人向他们学到了驾驭马车的方法，发展为大规模的车战。赵武灵王推行胡服骑射，学会了骑马打仗，战争行动更为迅捷简便。春秋时一个"千乘之国"，养畜的马就要达几千匹，至于"万乘之国"，那规模要大上10倍！国君爱马，至死不弃，动辄以几十匹马来殉葬，从规模可观的"车马坑"中可以想见当时畜马之风。秦始皇陵中的兵马俑和铜安车，都向我们展示了中华第一帝国的车马之盛，马是那时的天之骄子，这些马俑也是中国最早的大型马的美术作品。令人惊异的是，那些陶塑的马俑都是与真马等身，巨大的体量和庞大的数量都是世界之最，写实的风格，成排成列的阵势震慑人心。这样的陶器不仅在塑造艺术上的水平很高，在烧造技术上的难度也很大。马身上很多细节都逼真酷肖，甚至马鬃梳理结髻的形式也多变，倘若没有实体的参照是无法完成的。这也从另一侧面说明秦代的养马业已经蔚为可观，表现马的艺术已日臻成熟。

张骞通西域之后，中西亚的良马开始进入中原，成为汉族最重要的畜力，不仅满足了战争需要，也让日常生活更为便利。汉代对马的重视无与伦比，为了求到珍贵的汗血宝马，不惜施以外交、军事和经济手段，王侯之家都以厩有良骏为荣。汉武帝茂陵里的随葬明器中就有多匹大铜马，它们体积巨大，表面鎏金，显然是皇室用品。从葬的霍去病墓前，有著名的"马踏匈奴"像，粗壮肥硕的马，作为民族力量的象征，居然把以马为图腾的匈奴踏在蹄下。同样精彩的马的美术作品还有著名的"马踏飞燕"，这尊出土于甘肃武威的小型青铜器以其轻盈飞动的姿态，巧妙的力学支撑和生动的造型，被选为中国旅游的形象标志，已经名满天下。我还见过好几尊两汉的大铜马，体型巨大，昂首翘尾，雄骏自得的神态之中俨然有大国之风。

汉朝时，马的形象大量出现在美术作品上。与秦朝的写实风格不同的是，汉朝的马以写意为主，着重神似，汉马的形象出现得最多的是在画像石和画像砖上。画像石和画像砖是汉代的创造，它们虽然是为死者服务的，但由于汉代的丧葬仪规是"事死如生"，所以会把死者生前的生活场景都一一绘上，以供享用，诸如车马出行、宴乐出游、历史故事、劝谕教化、幽冥神明等题材都有，但最为生动的图像还是车马出行。画像石和画像砖上采用减底浅刻或阴线刻的方法，完成的图像是马的剪影，而且大都选取最能表达马的雄姿的侧面形象。这种剪影的手法舍弃了细节，抓住主要特点，专注于马的姿势和动态，把一匹匹昂首奋蹄、扬鬃奔驰的骏马表现得淋漓尽致，神态毕现。虽然只是平面的图形，但仿佛可以听到万马奔腾、群骥嘶鸣的雄阔场面。中国汉画像石上的这种马的处理方法，竟然和远隔万里的古希腊陶瓶上的马相同，都是用剪影的手法来表现其雄姿，都是从侧面来选取，可谓是异曲而同工。

中国北方的匈奴、鲜卑、突厥、蒙古、女真、契丹和满等民

族，都是草原上的雄鹰，也是马背上的民族。马是他们的第二生命，
是他们的生命图腾，也是他们不可离之须臾的生产生活资料和交
通工具。辽阔的欧亚大草原给了他们驰骋纵横的战场，他们纵马

《骑吏荣戟》 汉画像砖 四川省博物馆藏

西汉大铜马 广西博物馆藏

扬鞭，所向无敌，一直突入到欧洲的腹地，改变了世界的格局。然而，他们虽然拥有马匹的雄厚资源，但能够把马的形象表现得惟妙惟肖的，却是汉族的画家。在中国的历代绘画作品中，最为生动的题材应是马，马在中国画家笔下表现出的神髓，已达到了登峰造极的地步。历朝历代的画家都喜欢画马，喜欢借助马来表达出一种人文的胸襟和情怀，借助马的姿态来奔驰四方。这其中，表现马最为出色的时代，继汉之后，当推盛唐。

唐是一个兼容大度的社会，是一个能够吸纳万方的王朝。唐代的疆域辽阔，势力强大，真正达到了四夷远附、八方来朝，西域的胡人都纷纷前来贸易，他们带来了马，也传播了马的文化。唐人志在开拓，建功边塞，所以马在唐代的美术作品中的数量和质量，已经超越了少数民族当家时的北朝，有很多传世精品中都有马。戎马倥偬、征战一生的唐太宗喜欢马，他的天下就是在马背上得来的，还要把他喜欢的六匹名马刻成浮雕，亲撰赞辞，立在陵前，就是著名的《昭陵六骏》。把马与带入棺材中的《兰亭序》并列，足见其喜爱程度。《昭陵六骏》浮雕屹立在秋风暮雨中已逾千年，还是遭到了贼眼的觊觎，竟然被偷盗到国外，侥幸被追回了两块，但已经玉碎不完了。幸好金朝的画家赵霖曾根据拓本为它们留下了一幅图卷，通过自己的生花妙笔在纸上让它们复生，这让我们得窥这六骏未碎时的全貌。唐时画马的名家众多，最有名的是曹霸和韩干，连大文豪杜甫都写诗称赞他们的马画"一洗万古凡马空"。唐人尚肥，连画上的马也是丰腹肥臀，张萱的《虢国夫人游春图》中，一群肥女骑着一群肥马轻盈出行，虽然都是重量级的形象，但看上去并不笨拙臃肿，呈现的反是雍容华贵，看来，唐代善画马的并不止韩干一二人耳。

宫廷画家如此，民间的画师也不弱。唐乾陵章怀太子墓室的壁画中有成群的马，尽管是无名画匠所作，但其生动的姿态和对马的准确描绘，却是不让专业画家，为历史留下了宝贵的打马毬资料。可以夸张地说，中国画中的马甚至要比人物好，画得准确生动。马画如此，唐三彩的陶塑也不示弱。虽然它是明器，但三彩马生龙活虎、宛如真马，斜披的马鬃、华贵的马衣、讲究的鞍鞯、装饰的缨络，一切都是唐代生活的再现。

然而，如同中国的人物画一样，中国的马画在掠过了汉唐的高峰之后，便每下愈况。尽管其间还夹有元和清两个由游牧民族建立的王朝，国力强盛，马匹不谓不多，但终清之世都没有超越前代的佳作。宋代的李公麟是一代画马高手，甚至有些唐代的画马图也是他的摹本，他也在画史上留下了不少有名的马画。但看他的技艺，顶多与韩干打个平手，并未能超出唐人的水平。除了艺术，还有个物种学上的原因：唐代由于疆域辽阔，西及中亚，产自费尔干纳盆地的良马可以输到长安，唐人所画的大都为西域良马。在宋代，由于产马的西北已是敌域，宝贵的汗血马更是远古之遗韵而不可求了，使役的只能就近求蒙古马。蒙古马固然能耐劳负重，然而头颅偏大，四腿偏短，与产自西域的良马相比，体型身材上要略逊一筹。李公麟笔下的马，多是大头粗颈短腿的蒙古马，在血统上低了唐马一等，此李公之所不能为也。

这一问题，堪称是元代画马第一人的赵孟𫖯也遇到了。他画了许多马，全是蒙古马，就精悍神骏来说，更要逊李公麟。何况他是贵族，所画的都是柳塘浴马之类，没有画过在猎猎秋风中、萧萧沙场上的战马。明清画马的水平更不及宋元，汉唐时的大国气象、龙马精神已经消失在纸绢上，骅骝已经元气凋丧了。只有郎世宁，这位意大利来的画家，笔下的马才有了新意，他进行了中西结合，为中国画坛留下了若干写实风格的骐骥骅骝。至于徐悲鸿，则用水墨来开了一代雄风。

在经历了数千年的威风之后，马现在面临的处境竟然非常危艰：由于世界战争格局的根本性改变，骑兵已经永远地退出了历史舞台；更由于现代交通工具的出现，马也永远地失业了。世界气候的变化，使得草场面积萎缩，马依赖生活的根据地也将失去，马唯一的用途就只能在运动场上比赛，但这块蛋糕也未免太小，人们只能面对着前人的美术作品来怀念马之雄风了。

世界各博物馆
马，世界之兽

　　在动物圈里，马最出名，也最受人类的宠爱。对于人类来说，马有百利而无一害，为人类提供了无数的帮助，它是人类最好的朋友。

　　如果从生物学的角度来看，马只能为人类提供交通之利，它看家护院不如狗，耕畜之力不如牛，司晨和肉味之鲜不如鸡，对它在饲养上所花的力气要远甚于它畜，但人们却是心甘情愿地侍弄它，喂养它。在历史里，马已不仅仅是一种生活的工具，而成了人们的精神依托，甚至成了人高贵身份的象征。没有人会因为家有良犬良牛而骄傲，但有了一匹良马就会身价倍增，皇帝会不惜发动战争，远征万里去求宝马。马已经进入了人们的心底深处，进入了人类的文化层面，升华到了人文的高度，也成为人类绘画的最重要对象。

　　尽管动物学家指出，马的被人类驯化只是 6000 年前的事，要晚于狗和牛，但马的形象在人类的绘画中出现却早在近两万年前。拉斯科和阿尔塔米拉岩洞里的壁画上就出现了野马，长鬣奋尾的野马桀骜不驯，咻咻然地站立在岩壁上，虽然只是一个剪影，然而呈现出的却是一种高贵。那时的马，还没有被人驯化，对人类还没有用途，但原始的人类已经注意到了它那矫健的雄姿，把它作为崇拜的图腾,祈求自己能够像马一样迅捷奔跑,马是速度之神。

当马进入人们的生活之后，多个古文明的绘画作品中都出现了马。马是草原上的动物，是游牧民族的坐骑，所以它最早是跟随着游牧民族的征战而奔向世界的。有人考证，最早的战马出现在三千多年前的古巴比伦，当时那里是游牧民族驰骋交战的地方。剽悍善战的赫梯人和亚述人很早就驯服了马，他们不仅是世界上最早使用铁器的民族，还是最早驾驶马车的民族。他们驾着马车四处征战，无往不摧，两河流域都屈从在他们的铁蹄之下，马给了这些残忍的征服者以速度和力量。亚述人在他们的石板浮雕上留下了马车和骑马的形象：一副战车四位战士，两位射箭两位执盾，可攻可守，所向披靡，是当时最厉害的坦克，萨尔贡二世就靠着它们横扫两河。

埃及本不产马，它那沿河的狭长平原和遍布的沙漠没有足够的草地来养活那些动物，早期的任何艺术品中都没有出现过马的形象，只有河马、公牛和狮子。然而，他们的敌人赫梯人和喜克索斯人为他们带来了马，因为那两个民族都是善于骑射的游牧民族。作为战利品，埃及人获得了马，也学会了驾驭马车，从此，法老们就登上了华丽的战车，与入侵的敌人作战，马的形象也在埃及的艺术品中出现了。不过，坐马车那是只有法老才可能有的待遇，平民、战士甚至贵族都没有可能登上马车。有一幅壁画上画着无敌的法老拉美西斯二世坐在马车上，弯弓搭箭、带头冲杀敌阵的场面，很多身穿条纹服装的赫梯人纷纷倒在马蹄之下。这幅壁画已是千古的经典，甚至被制作成黄金的雕塑，作为珍贵的国礼赠送。

古希腊几乎同时使用上了马。希腊的领土虽然一半位于海岛上,但它的民族有很多是从北方的游牧地区来的,因此也带来了马。马在希腊的美术作品中很普遍，除了远处爱琴海中的迈锡尼和克里特岛文明之外，都有出现。希腊神话中的阿波罗就每天驾着金马车巡行天下,此外还有半人半马的牧神,说明当时的古希腊是半农半牧的经济。特洛伊木马的故事发生地在现在的小亚细亚半岛，那里紧邻赫梯，是世界上最大的马的模型，也暗示了3000年前马文化的昌盛。在希腊的陶瓶上，黑绘式和红绘式的马匹都有。古风时期，这种马是装饰性的，被简化成了几何体，有的是寥寥几笔绘就的剪影，有的是被添加了双翼或图案的装饰，或独行或被骑或拉车。到了后期，这些马的外形变为写实，与结构精准的人物形象一起，成为陶瓶上的普遍题材。古代的美术家显然已经非常熟悉马的造型和结构，用非常洗练而简洁的手法，就勾勒出了马的英姿，叱咤生风。

古希腊很多重要神庙的檐间都有表现人们生活和神话传说的浮雕带，马是不可或缺的题材。雅典卫城的帕台农神庙檐下，有著名雕刻家菲狄亚斯创作的浮雕装饰带，160米长的平面上，雕刻着雅典人骑马出行、巡游全城来祭祀雅典娜的欢腾场面。体形巨大的马载着人，动态各异，马身上的结构被表现得非常准确，雄姿勃发，是不可多得的精品。这些浮雕带后来被搬到伦敦的大英博物馆，成为镇馆之宝，现在帕台农神庙的檐间还残留着一个马头，供人举首观瞻。德尔菲的阿波罗神庙檐间浮雕带上也有很多马的形象。雅典国家博物馆里有一尊巨大的青铜马，背上骑着一个小孩，写实的造型，等人大的尺寸，给人以震慑。希腊美术作品中的马与人物一起具有神韵。

描绘阿拉伯人骑马的油画　纽约大都会博物馆藏

马的主要产地是欧亚大草原，中西亚的一些国家都是马的生活地，马在他们的生活中占有非常重要的地位，他们都是马背上的民族。

印度地处炎热地区，草原不多，只有北方部分地区有马，马在这里也属珍稀。但是，北方的游牧民族给印度带来了马，两千五百多年前就产生过释迦牟尼出家前"打马四门"的故事，在佛教无像的时代，一匹罩着华盖的光背马就代表着佛陀的存在。被视为是印度国徽的阿育王柱上的 4 种神兽中也有马，它代表着南方，象征着速度。直到莫卧尔王朝建立，由于主政的是突厥人，所以马在这时的印度大行其道，很多艺术品上都有了马。印度新德里国家博物馆里有一尊纯用白色大理石雕刻的马，鞍缰之类的马具竟然用宝石和黄金来镶嵌装饰，显然是土邦王的用物，贵不可言。

罗马人也很喜爱马，罗马人曾经征服了半个世界，它的陆军军团举世闻名，这其中就有马的功劳。罗马人养马爱马，在很多的艺术品中都表现马。罗马人喜欢为皇帝和将军造像，诸帝诸将都有骑马的形象。欧洲的文化中，马匹是不可或缺的，任何伟人都喜欢借骑马来显示自己的威风。在西方的绘画和雕塑中，马的形象不可胜数，遍行欧洲，骑着马的雕像随处可见。法国的路易十四好大喜功，他最喜欢把自己画成骑马的太阳王，在凡尔赛宫里，这种骑马的画和雕塑都有。无论是西班牙的国王或俄国的彼得大帝，都有无数的骑马形象，人骑在马上，就会借助马的身高而显得伟大，也会借助马的奔跑来炫耀速度。骑马的人，在精神上已经和马形成合一，他认为马即我，我即马。美洲无马，任何印加、玛雅或阿兹台克人的艺术品中都没有出现过马的形象。地理大发现时代，西班牙人曾经带着他们的马征服了南北美洲，土著印第安人对喷鼻奋蹄的高头大马非常畏惧。但他们不知道，在遥远的地质年代里，始祖马就出自于美洲，只是在人类生存的年代里消失了。作为战利品，后来的印第安人也骑马，但他们已经来不及把马的形象刻画在艺术品上了。

冷兵器时代，骑兵是无坚不摧、不可抵御的力量，经历过漫长的历史年代，马已成了世界之兽。

世界各博物馆
蛇，无上王者

　　在生物界，蛇无疑是令许多人恐惧的一种动物。这种爬行动物阴冷、剧毒、生存力强，从恐龙时代一直延续到今天，比人类出现的时间还要早得多，它们从沙漠到海洋、从丛林到荒山，踪迹无处不在。然而，这种阴冷恐怖的冷血动物在美术界，却是有一番奇迹，它的形象几乎遍及整个世界。有很多民族对它顶礼膜拜、崇尚有加，甚至把它捧成了神明。在人们的眼中，蛇就是上帝派下来的使者，它以一种冷血的手段代替上天来监督人们，它是可以沟通阴阳两界的使者，它的冬眠和蜕变能力使人们惊异，人们认为蛇能不死，蛇能长生，蛇能变幻。

　　在四五千年前的古埃及，蛇的形象就上了人们的美术作品。但它不是作为被诅咒的对象，而是作为生命力的象征、神的化身和高贵的王权而存在。在埃及的许多雕塑和纸莎草画中，都有眼镜蛇的形象，它们高昂起头，盘踞在法老王冠的顶上，以一种倨傲而野性的目光睥睨一切，令人恐惧地臣服。埃及的法老就是借助这种生活在沙漠里的无上王者来增加自己的威严，来象征着帝王的权力。埃及所有法老的头冠上都顶着眼镜蛇，用蛇的威严来

增加自己的威严，用蛇的威胁来显示自己的威胁，用蛇的恐怖来
增强自己令人恐怖的力量。拉美西斯二世、阿赫那吞、图坦卡蒙，
以及一切我们知和不知的法老的头冠上，都盘踞着眼镜蛇，那是
王者之蛇。卢克索国王谷的墓地里，有好几幅壁画上画着巨蛇，
它们盘踞在墓室的顶部，头和尾都垂下来，女神就借助它的身体
显示着威力。

在《圣经》里，蛇是十恶不赦的，因为受了它的诱惑，亚当
和夏娃才偷吃了禁果，知道了羞耻，蛇也因此而被上帝诅咒，罚
它永远不能直立。但蛇即使匍匐在地也令人恐惧，无论是在古希
伯来或是古希腊的神话传说中，蛇都不是善良之徒。希腊神话中
有一个女妖美杜莎，每天在海中唱着动听的歌，来吸引舟人渔夫
靠近，诱使他们陷入漩涡和暗礁。为了表现出美杜莎的妖艳和恐怖，
希腊人说她的每一根头发都是一条海蛇。美杜莎更为可怖之处在
于，任何人只要接触到她的眼光，就会立刻变成石头。有一位英
雄珀尔修斯，就采取了借助铜镜来反光的做法，不看她的眼光而
把她杀死。后人根据这个故事创作了许多艺术品，最有名的一尊
铜像是切里尼做的，就放在佛罗伦萨市政厅的广场上，那位勇士
正高举着美杜莎的头，一头海蛇的长发已经失去了生命，软弱地
披垂下来，那曾经诱惑了无数人的美丽身体被踏在他的脚下。

蛇的形象在印度文化中被放大了千万倍——这不仅是指它的
真实倍数，而且指它的出现次数，以及被神化的程度，在印度旅
行，随处可见的就是街头的玩蛇人。在印度教里，蛇成了神，它
叫卡利亚，可以与诸神之神大黑天共舞。在印度教创世纪的神话
中，初始的世界是由一片乳汁汇聚成的海，为了给这个世界创造
出生命，88位具有魔力的阿修罗和92位善神一齐出动，各占一方，
拉动一条巨大无比的蛇，蛇的尾巴缠住曼陀罗山。在天上众神的
注视下，他们就如同甩大绳一般，晃动巨蛇来搅拌乳海，于是，
无数的生灵便伴随着这强烈的搅动在乳海中生出，生命从此而开
始。以巨蛇为搅动棒来搅动整个海洋，这个想象是何等的大胆和
气魄！在柬埔寨的小吴哥窟里，那幅世界上最长的壁画上，就画

着这样的一种场面：一边是巨神阿修罗们，另一边是善神们，双方如同拔河，拉着一条巨粗的长蛇，正在吃力地搅动着乳海。蛇在这里竟然被当成是如同搅动咖啡的棒子，真正是匪夷所思！大小吴哥窟里，蛇还另有妙用：它被一位位力士般的阿修罗们扛着，居然成为神庙门前的栏杆！到了庙里，眼镜蛇更是成了护法神，盘踞在湿婆神的头顶，7条令人畏惧和恐怖的毒蛇，组成了一个扇形的图案，从神明的背后伸出，如同佛的背光一般。一条盘旋着的巨蛇，则做了湿婆神的宝座。这样一种浪漫的构思，全球少有。

对蛇的态度与印度异曲同工的，还有西半球的玛雅人。蛇在这里也被捧成了神明，它能够创造生命，也能够毁灭生命，它无所不能，主宰着人的生与死，因而转化成了高踞一切之上的力量。在玛雅人和阿兹台克人的神殿里，蛇神的形象无处不在，到处显

《搅动乳海》 浮雕 小吴哥窟
众多的阿修罗正在抱着一条巨蛇在搅动乳海，生命就此诞生。

示着狰狞。但玛雅人还嫌其不够，还要为它添上羽毛，使它成为能爬能飞、能钻地上天的神明！这种羽毛神是玛雅文明的独特创造，它们以自己的狰狞恐怖和冷血剧毒而成了万众膜拜之神。

蛇在中国的地位则有些奇怪，人们对它似乎是前恭后倨。在中国神话传说中，早就有巨大无比的修蛇。修者，长也，英雄后羿为民所除的诸害之一就有修蛇。早期的中国人对蛇极度崇敬，传说中的人文初祖伏羲和女娲都是人首而蛇身，在汉代的画像石里，多次出现过他俩一手执规、一手执矩、下半的蛇身互相交缠的形象。甚至传说中的嫦娥也是人首蛇身，这位美女就拖着一条长长的尾巴奔向月亮。著名的马王堆墓葬里，有一幅帛画，上面就画着好几条贯天地、通鬼神的修蛇，它们巨大无比，是负载着大地的神，在画的正中，则是被一条朱蛇缠绕着的女娲。汉代的多种文物上都有对蛇的描绘，蛇还和乌龟一起组成了玄武，成了"四灵"神兽之一。

然后，令人困惑的是，中世纪之后，蛇的形象就很少在中国的纯绘画中出现了，它只是出现在具有象征性、图案性和原始意识的艺术品中，中国文人的水墨画中几乎没有触及到蛇。恐怕这是因为蛇的形象到后来有了一个巨大的转变：它成了龙。中国人觉得蛇的力量还不够大，还给它陆续添上了鹿的角、羊的须、虾的眼、鳄的吻、马的鬃、鹰的脚、鱼的鳞、牛的尾，这样，就形成了一种"龙有九肖"的怪物，成了一种能飞翔、能吞云吐雾、能变幻莫测、能上天入地的神圣之兽。蛇本是龙的祖先，但到龙出现的时候，蛇已不蛇了，只留下了一些诸如蝻之类的小爬虫。庞大威猛龙族的出现，替代了蜿蜒曲折的蛇族；一种虚幻构想的动物，替代了现实存在的生物，艺术想象在蛇的身上发挥了极为丰富的力量，这应该是蛇的一次最伟大的蜕变，它成了万神之王。

如果不去考虑蛇的危害性，只从纯形式的角度去看的话，蛇是美丽的：它的形体修长，具有S形的曲线，变化多端。蛇身的鳞片排列有图案感，具有一种肌理之美，也具有一种角质的闪光之美。蛇身的色彩变化最多，从艳红绀青明黄到黑白，无不具有，单从竹叶青、火赤练、金环蛇、银环蛇等名称就可一觑蛇的色彩之多。所以民间多取蛇的形象来入图，或是看中它的外形之美，或是看中它的毒性，来以毒攻毒。人们畏惧蛇，却又想借助它的力量使自己具有威慑敌人的力量，邪恶在这里被转变成了正义，恐怖在这里被演变成了威慑。如同狮虎一样，阴冷的蛇在众多的艺术作品里被美化得威风凛凛，美艳动人，用它们那邪恶的小眼在傲视一切。

化恐怖为威胁，变剧毒为恐惧，使丑恶升华为美，将对人有害的东西转化成使人崇拜的力量，这就是美学。

世界博物馆
远古牛影（上）

　　牛是最早出现在人类美术作品中的动物形象，两万年前的原始人，就已在他们所栖息的洞窟里涂涂画画了。法国的拉斯科和西班牙的阿尔塔米拉岩洞里，有欧洲的先民们留下的艺术业绩。鸿蒙初开的原始人，在茹毛饮血的年代里，以他们简陋的石器，在山野林间追逐猎杀可以供他们毛骨血肉的巨兽。前额低平的祖先尽管爪指间还带有野兽的膻腥，但在那高隆的眉骨下，闪烁着的已是人类早期智慧的光芒。狂暴肆虐的大自然，留给他们的是一种生的诱惑和死的威慑。他们居无定所，晚间只能胆怯地在岩间的裂罅空隙间蜷缩。他们点燃一堆篝火来度过长夜。跳动的火光，在冰冷的岩石间留下了光怪陆离的效果。有人拿起一段炭薪，蘸着动物温热的血，开始在岩壁上进行涂绘。这位业余艺术家凭他的生活所见，在凹凸不平的岩石出现了神态毕现的野马、冰鹿和棕熊，还有奋然跃进的野牛，正在瞪着圆眼，咻咻然支起翘昂的双角。人类曙光期最稚拙也是最生动的艺术品就此诞生。世界上最早的艺术品不是产生于纸上，也不是产生于布上，而是产生于洞壁上。

如果以为原始人创作这些图像的目的和今天的画家一样是供人欣赏和娱乐的，那就是大错而特错了。在生产力低下的蛮荒时代，没有人会创作那些毫无实用价值的纯欣赏性艺术品。根据"实用第一、审美第二"的原则，他们所画的这些动物并非是为了布置自己居住的洞窟，也并非是为了美化自己的环境，而是出于形而下的考虑。原始人生活中最重要的事莫过于维持生存与延续生存，在一个尚处于狩猎时代的民族里，维系他们生存的重要因素就是能为他们提供生活资源的动物。所以他们将这些能供给他们血食、供养他们生存的动物图之于壁，祀之以礼，祭之以魂，希冀这些灵兽能够世世代代为他们提供毛骨血肉，能够世世代代供养他的氏族生存繁衍。

　　这些栩栩如生的野牛画在今天的我们看来是精妙的艺术，然而在原始人的眼中却是神圣无比的图腾。全部落的人都会匍匐于牛画的面前，献上珍贵的祭物，对它进行顶礼膜拜。在它的身上画满了三角形的箭头，希望这些硕大的野兽能够提供食物，吃了它的人也能够变得和野牛一般孔武有力。原始的画师显然是以一种极度虔诚的态度在描摹着一种宗教性的形象。在今天冷冰冰的岩洞前，或许曾经进行过无数极度庄严而神圣的礼仪？当时光寂然远逝而去，罩在这些动物身上的神圣灵光业已消退，然而作为精妙的造型艺术，它们却是给世界的艺术史留下了宝贵的遗产。

　　两万年前的无名画师早已随着历史而消逝，然而他所创作的艺术却如此深刻地震撼了后世人们的心。有学者说狗是人类最早驯养的动物，但我相信人类对牛的豢养肯定要早于狗，因为养狗的目的是看家护院和看守家畜，被看守的家畜肯定产生于看守它的狗之前。在游牧民族中，牛是他们最重要或唯一的财产。肉可食，血可饮，皮可衣，粪可烧，骨可用，相比起其他动物来，体形硕大的牛能提供的生活资料要多得多，因而更受人重视。牛逐水草而居，人随牛而迁徙，文明的交流因此而被推动。

　　庞然大物的牛是很多民族的崇拜物。在世界文明史中，牛的形象一直不绝如缕。在古埃及的壁画上，曾多次出现过臣民向法

乌尔的一架古琴上以黄金的牛头为饰。

老进贡的场面，来自世界各地的贡品名目繁多，最大宗的就是牛。在一幅《牧牛图》上，一位皮肤黝黑的少年正驱赶着一群牛，这些牛的犄角高耸，身上花纹斑驳，当是一笔不小的流动财产。埃及的法老视牛为神祇，在他们的绘画和雕塑中，在牛高耸着的双角间置放了一轮太阳，使牛成了太阳神。有很多法老的头上就戴着这样的牛角太阳帽。在古埃及的宗教中，太阳神是最高的神祇，有的法老自称是"强壮的公牛"。埃及最古老也是最伟大的女神哈托尔女神则被画成是一头母牛，她具有非凡的繁殖力，并具有保护子女的天性。生能供奶，死能供肉，她甚至是法老的保护者，用她的奶水来哺育法老。埃及的牛就是君临万物的太阳神，足见其地位之崇。

　　与埃及相邻的两河流域，当地人对牛的尊崇丝毫不亚于埃及人。在乌尔的一座塔庙里，曾经发现了一件乐器，在这件无弦乐器的琴箱上嵌着一只精致的黄金牛头，在琴身上不大的面积上，还有四幅镶嵌画，里面也有着人首牛身的怪物。

亚述人对牛也非常崇拜。在著名的萨拉贡二世王宫的门口两侧，屹立着许多对带翼的人首神牛。这些都是公牛，体积非常巨大，每一只重达 32000 千克。它长着牛的偶蹄，两肋上长着鸟的羽翼，却有着一只戴着头巾、长满虬须的人的脑袋。这雕塑的风格是写实的，但却把三种不同生物的形象奇幻地组合，把人的智慧、牛的力量和鸟的自由巧妙地结合在一起。古代的亚述人尊牛为神，这尊牛身雕塑的头是萨拉贡二世的肖像，表明了集神权和王权于一身的一种期望，极富于浪漫色彩。奇特的是，这种人兽结合的"半人牛"却有五条腿，从正面看，它们是双腿并拢而立的，从侧面看，则一对前腿合并为一，仍然看到它在用四腿行走，给人以运动感。这应是世界上最早的立体主义艺术作品，能令 3000 年后的毕加索汗颜。

巴比伦是尼布甲尼撒二世所创建的名城，在著名的伊什塔门上，布满了各种彩色陶釉的浮雕动物图案，这其中就有公牛的形象。在巴比伦人的心目中，公牛是雷电之神阿达德的象征，它与狮子和独角兽一起，威风凛凛地拱立在城门的两侧，是巴比伦城的守护神。在以后波斯帝国大流士建的帕赛波里斯宫殿里，宫墙上也缀着神奇的有翼的独角公牛形象，它们被做成彩釉的陶砖浮雕，更觉斑斓绚丽。

亚述人面兽身的造型给了以后的希腊人一个启发。古希腊人也是牛的崇拜者，他们神话中的米诺斯怪兽就是一只牛。希腊人认为人神同形，但却在人形上加上了许多动物，使之成为人兽结合的怪物，以表示非凡的能力。如半人半马的战神，半人半羊的牧神，半人半牛的米诺斯怪兽等。希腊有很多与牛有关的神话，其中最著名的就是欧罗巴与宙斯的故事，这则神话被画在许多陶瓶上，成为世界的美术珍品。万神之王宙斯变成一只公牛，避着天后赫拉去引诱纯洁的少女欧罗巴，他把欧罗巴驮送到了克里特岛。在另一只黑底红画的高脚酒罐上，欧罗巴正牵着宙斯变成的公牛。一位万神之王等同于一只公牛，足见牛在古希腊人心中的地位。据文字学家考证，希腊字母中大写的 A，就是一只倒置的牛头形状，以牛作字母之首，也等同于是文明之首。

牛在印度的位置之崇高，已经达到无与伦比的地步。牛在印度为神物，不能杀、不能吃，就散放在田野和城市中，让它自由行走，任何人的物品被它吃了都不能打它，还要拔草和用饲料供养它。牛是印度任何一种宗教的圣物，早在 5000 年前的哈拉巴文明中就出现了。在出土的数千枚印章中，有很多品种的牛的形象。有的是印度特有的一种瘤牛，颈部有一个肉瘤般的隆起，两只犄角高高上耸，颈下披有长长的毛，牛的形态十分生动，在它的上部刻着几个无人能辨识的古梵文。还有一种独角的公牛，颈部没有突起，但却与一些象征着神圣的物体置放在一起。也有一些是独角的犀牛，上部也有奇特的梵文。在一枚最重要的印章中，最早出现的神祇偶像旁则有犀牛也有水牛，它们都被当成圣物来供奉。著名的阿育王柱的底座上，就刻有公瘤牛的形象，它与狮子、大象和马一起，代表着宇宙的四方，公牛是西方的神。著名的桑奇大塔上，公牛的形象也无所不在。在后来的印度教中，湿婆的坐骑就是一头公牛，而在印度教的吠陀颂诗中，吠陀之神鲁陀罗的形象也是一头公牛。至于在生活中，牛和印度人的关系之密切就无庸赘言的了。

中国各博物馆
远古牛影（下）

　　牛是一种世界之兽，也是中国的普通之畜。但令人奇怪的是，中国之牛却并不是像西方那样很早就出现在人类的艺术品中。尽管牛的形象已经在原始人的岩画中被偶尔表现过，但当人类进入文明时期之后，却从没有在彩陶或甲骨上描绘过它。我们的先祖在对鱼、蛙、蛇、鸟甚至龟都滋滋有味地涂描的时候，似乎并没有对近在咫尺的牛产生艺术创作的冲动，仰韶文化、马家窑文化或是庙底沟文化中从来没有出现过牛的图案。这其中的原因颇为费解，只能理解为中华民族是以农耕为主的民族，牛在农耕中只是耕作的工具，而并非是食用的对象。而西方的民族大多是游牧民族，牛是他们朝昔相处、日日与共的生活资料，因此也是他们艺术表现的对象。

　　牛在商、周时期才被中国的先祖们提高到了神祇的地位，滥觞一时，繁衍万千。那时正是青铜时代，无数的青铜器上都雕凿着狞厉威严的兽面纹。尽管对这种兽的本体专家们众说纷纭，但绝大多的识者都认为是牛，或者多从牛身上得之。《吕氏春秋》说："周鼎著饕餮，有首无身，食人未咽，害及其身。"但这种有首无身的怪兽饕餮究竟是何种动物？吕不韦并未说清，后人便多以饕餮来称呼这种兽面。以这种兽面所具有的大眼、巨口、粗鼻和双角来判定这种兽面纹的模特儿就是牛。

牛在青铜时期的滥觞并不会猝然而至，而是有着一个渐进的过程。早在四五千年前的新石器时代，虽然牛的形象没有直接出现，但饕餮纹的雏形却已经悄然出现了。浙江良渚文化的玉器上曾出现过一种奇特的巨眼人面图案，有人分析说那就是饕餮纹的先祖，它和后来的青铜器上的饕餮纹有着明显的联系。有趣的是，饕餮纹主要出现在中原地区的青铜器皿上，而器物上兽面的双角却是左右平列，巨而粗，分明是南方地区常见的水牛角，并不是北方多见的黄牛，由此可证这种饕餮纹可能是自南往北影响了青铜器的纹饰的。

"商人尚鬼"，商朝人多迷信，每有要事常要占卜祭祀，凭借神权来统治人民，所以铸在青铜器上的饕餮纹样都是狰狞恐怖、神秘威严，带有浓厚的奴隶时代烙印。牛在这时已被抬高为神，一反昔日驯良温顺的性格，瞪眼耸角地突起在青铜器上，成为神权或王权的象征物。

中国先秦时的青铜器并非是日常生活的用具，而是作为礼器使用的。所谓礼器，主要是用来祭祀或是重大礼仪时用的器皿。古人祭祀祖先时要用牺牲，《周礼》规定："凡祭祀，共其牺牲。""牺牲"二字全是牛偏旁，最早只是指牛。"牲"指毛色纯正的牛，《说文》注："牲，牛完全。"又说："牲，宗庙之牲也。"牺牲以后扩大到猪、牛、羊三牲，但以牛的级别最高，被称为是太宰，用羊则为少宰。天子和诸侯的祭祀才能用太宰，大夫只能用少宰，一般百姓的祭祀则完全不能用牛。祭祀时有牛的级别高，无牛则级别低。

受到如此之隆遇的牛从此进入了中国礼仪的最高殿堂，3000年来一直未绝。牛的进入礼仪和人类进入农耕有关，中国的牛不同于西方的野牛或食用之牛，中国的牛主要是用作农耕。猪、牛、羊都是人类豢养的家畜，都是人类定居的产物,是人类农耕的产物,

春秋时的牛形牺尊

北魏时的陶牛

用它们来作祭祀的牺牲，是为了感激上苍的赐予。所以牛的形象在青铜器中除了作为纹饰出现，也作为器物的造型而出现。以牛形的礼器来盛放牺牲，更为虔诚。

祭祀要用酒，所以酒具是中国古代青铜器中的一大宗。在这其中，牛形的酒具不胜其数，上海博物馆藏有一件著名的牺尊，就是牛形，应是镇馆之宝。这件春秋时的重器虽然已残，但仍不失威风，它四蹄直立，俯首垂角，鼻上缀有一环，满身布满了繁复的蟠螭纹。它的背上留有三只空洞，可能上面原是三只壶，是装酒的，而中空的牛腹里可以装入热水，供温酒用。这样的一件珍品，与其说是一件器皿，毋宁说是一件艺术品，仅从它那准确生动的造型和精致繁缛的纹饰来看就令人爱不释手，而巨大的体积和悠久的历史又增加了它的文物价值。其他一些器物，虽未做成牛的象形，但有的将器下的足也做成蹄形，多是偶蹄，以作牛的象征，以表示以牺牲献祭的庄严。因为牛，进而演变出一种名叫兕的猛兽，其实也是牛。

先秦时的青铜器牛并不仅仅用一般的黄牛和水牛，有时也会选用犀牛来造型。犀牛的原产地不在中国，但从远古时就有人从南方进贡，少有人见，被视为珍稀，也会被做成礼器供祭祀。中国人把犀牛夸大成了灵异的神兽，说它可以避水，可以避疫，它的角可以治百病，皮做成盔甲后可以刀枪不入，犀角做成灯罩可以不被火燃。因此吴王夫差有犀甲军，民间也有犀角灯。

汉代以让百姓休养生息为宗旨，非常重视农耕，耕牛被提高到了无上的地位，政府用"盗牛者死"的严峻法律来保护耕牛，认为"牛乃耕农之本，百姓所仰，为用最大，国家之最为强弱也。"牛的形象也屡屡被搬上了艺术品。汉画像石、画像砖上首次以绘画的形式来描绘牛，一幅人牛相斗的画面虎虎生动，叱咤有神。睢宁和绥德都出土有《牛耕图》，农民驱牛耕地的图景不止一次地出现在画面上，从而体现了汉代扶持农耕的政策。中国流传久远的牛郎织女的民间故事实则上也体现了这一农耕的理想。

扬州邗江曾出土了一具汉代的错银铜牛灯，它造型非常精彩，一只羝角扬尾的牛，身上缀满了流畅舒卷的纹饰，背上有一只带罩开格的铜灯，最为奇特之处在灯罩上有一只大的灯盖，盖顶上连有一根长长的烟囱，烟囱连在牛头上。当背上的灯点燃后，烧出的烟会顺着烟囱进入装了水的牛腹里去，不会熏着人的眼睛，这应是世界上最早的一种环保型灯具。更妙的是，牛背上的灯只有一侧开口，可以任意调整角度，这样可以让光线按照人的意志来集中投射，可保证一旁睡觉的人不至被灯光照亮。这尊铜牛身上遍饰图案，全用错银的工艺来完成，足见其珍贵，非王者不能享受。

早期青铜器上的牛都是作为神的象征物而存在的，它们显示了一种神秘的威严，这是为了服从礼器的特殊功能。到了汉代，这些青铜器的祭祀功能已经渐而失却，转而作为生活器皿而用了，因此它们更加贴近人们的生活，贴近审美功能，不再具有那种威慑作用。汉代还有一些同类的牛灯，都是以牛为造型，有的也是那种环保型的，但却以这具错银铜牛的美学价值最高。

汉代之后，牛又具有另一种功能，那就是拉车。牛车是中国古代农业社会的一道风景，一直延续到近代才消失。中国古人以牛车代步，正是文人士大夫温和平稳人格的体现，也是对农业社会慢节奏的一种适应。无论是北朝还是南朝的壁画或是浮雕上，都曾出现过牛车。这种车并不简陋，有的还是油壁香车，彩饰华盖，拉车的牛也是昂首奋蹄，一派精神。洛阳有一幅著名的《礼佛图》，在贵族供养人仪仗队的后面，居然也跟着一辆牛车，该是那时的奔驰车了，并不觉寒碜。有一件北齐出土的陶牛，非常出色，或许是北方的秋高草茂，拉车的牛也长得膘肥体壮，显现出一股膘悍霸蛮之劲。

自从唐代出现卷轴画之后，历代的画家还是乐意把牛作为他们的创作题材。因为牛是农耕之本，士大夫要标榜自己是清贫布衣，便屡屡取牛而入画。中国第一幅纸本的画就是韩滉的《五牛图》，这位晚唐时宰相级的画家用他的出色技艺为牛这种世界之兽作了非凡的写照。从商至清，牛蹄击地的莘莘之声不绝于耳，一直响彻了 3000 年。

后 记
卧游万里千年

王 川

　　当我三十年前第一次跨出国门的时候，还颇为自得，因为那时能够出国是一项非常难得的事，哪怕是到新、马、泰的人也是极少的。可是在现在，虽然我已经去了四十多个国家，可这一数字对于某些人来说还不是最多的，有的人专门以周游世界为己任，去过四五十个国家的人有的是。

　　我出国的机会不算多，但也不算少。但我出国是有选择的，有很多人向往的南北极，非洲野生动物世界，撒哈拉大沙漠和亚马逊对我来说就没有吸引力，我多次婉拒了那些地方。我出国并不是为了去猎奇探险，也不是为了凑足旅游数字。我想去的地方，首先要有人文的积淀，要有足够吸引人的历史和文化，如果光是美丽的风光，我宁可放弃。因为一个人不可能游遍全球，在有限的生命里，他应该有所选择，只要能够满足自己的某种需求就行了。

　　我爱好人文，一个陌生的国家，对于我来说，最好的地方不是商场，不是赌场，也不是一般的旅游景点，而是它的博物馆和美术馆。走马观花地四处看固然重要，但能够进入博物馆去，就能看到一般人看不到的东西，看到那些业已消逝的东西。逛旅游景点是"知其然"，而逛博物馆则是"知其所以然"，它的趣味要比逐点拍照大得多。

当然，我的这一观点是难以被绝大多数游客所接受的，于是，每到一地，我就开始溜号。幸好我有良好的信誉，都能够说服导游让我离团单走，到晚上再回来——这是要冒着极大的风险的，有时还要国内的旅行社主管来打招呼，或是担保才行。

告别了在商场购物的同行们，我就独自悠悠地钻进了博物馆和美术馆。在这些地方，哪怕是语言不通，也总能从画面上找到共同语言的，形象就是唯一的语言。我能在那些地方泡上一整天，晚上再归队。就这样，多年来，我看了无数的博物馆和美术馆，也积累了无数的资料。

从 2008 年开始，我在《美术报》上开设了《世界博物馆巡览》专栏，专门介绍世界各国博物馆和美术馆里的藏品，每周一个整版，连图带文，彩色印刷，位置显眼。我的这些文章虽是介绍各博物馆的藏品的，但我是有选择的，我的视角并不仅仅在那些举世知名的大博物馆上，还特别注意介绍那些名不见经传的小博物馆，非常有特色的博物馆。即使是大博物馆，也避开那些人们耳熟能详的作品，或者从另一角度来写那些名作，告诉读者一些人所未知的东西。这些文章从一开始就引起了读者们的好评，全国各地都有人告诉我说是看了我的文章，很感兴趣。我的视角并不仅限在绘画和雕塑上，而是从"大美术"的角度，去扩大到建筑和工艺美术品上，有的地方室内的博物馆倒是并无特色，但露天的广场上却是到处是美术品，这些美术品每一个上面都有着它自己的故事，就这样，几年来一共发了百余篇之多。

在中国，写国外的游记书多的是，已远非是我当年初出国门的那番景象了，介绍博物馆的书也有，但像我这种角度的书却是不多。我从这些文章中选出了八十三篇，多是以前的书中未提及的博物馆，配上彩图，凑成一册，这样既区别于驴友们的游记，也区别于一般的旅游攻略，更不是博物馆指南，而是蕴积在艺术藏品中的万里千年做了一番介绍，以供大家在闲时卧游之读。

图书在版编目（CIP）数据

万里千年：世界博物馆巡览 / 王川著.—上海：上海三联书店，
2024.1
ISBN 978-7-5426-8359-5

Ⅰ.①万… Ⅱ.①王… Ⅲ.①博物馆-介绍-世界 Ⅳ.①G269.1

中国国家版本馆CIP数据核字（2023）第244717号

万里千年：世界博物馆巡览

著　　者 / 王　川
责任编辑 / 姜若华
装帧设计 / 徐　徐
监　　制 / 姚　军
责任校对 / 王凌霄

出版发行 / 上海三联书店
　　　　　（200030）中国上海市漕溪北路331号A座6楼
邮　　箱 / sdxsanlian@sina.com
邮购电话 / 021-22895540
印　　刷 / 上海颛辉印刷厂有限公司
版　　次 / 2024年1月第1版
印　　次 / 2024年1月第1次印刷
开　　本 / 640mm×960mm　1/16
字　　数 / 350千字
印　　张 / 26
插　　页 / 9页
书　　号 / ISBN 978-7-5426-8359-5/G·1705
定　　价 / 98.00元

敬启读者，如发现本书有印装质量问题，请与印刷厂联系021-56152633